香川孝三著

政尾藤吉伝

法整備支援国際協力の先駆者

信山社

Tokichi Masao

衆議院議員渡米団長としてワシントン滞在中（1917年10月）

はしがき

本書は、シャム（現在はタイ）で一八九七年から一九一三年までの約一六年間、お雇い外国人として法律分野で働いた政尾藤吉の生涯とその業績を描くことを目的としている。政尾藤吉という名前はほとんど日本人には忘れられた存在である。政尾藤吉が卒業した東京専門学校（現在の早稲田大学）でも忘れられた存在である。ごく一部のタイ研究者やアジア法研究者に知られているにすぎない。タイでも最近まで政尾藤吉の名前は一部の人の記憶の中に生きているにすぎなかった。その生涯や業績について語られることは少なかった。

これまで政尾藤吉についてまとまった本は、彼の次男隆二郎が政尾藤吉の死後一年目にまとめた『政尾藤吉追悼録』しか存在しない。政尾藤吉の甥にあたる故赤松秀雄氏（東京大学工学部名誉教授）はこのことを気にかけ、政尾藤吉の孫にあたる政尾吉郎氏に、「私は時間がなくて残念ながら出来なかったが、伯父藤吉の生涯と事蹟を整理しておかなければいけない」と述べていた（木下圭紹「縁者として思うこと」井上勝也＝井口洋夫＝黒田晴雄『追憶赤松秀雄』岩波ブックサービスセンター、一九九一年五月）という。今のところまとまったものは出ていない。これはアジアの法律を専門としている者にとってきわめて残念なことである。そこで彼の生涯と業績を整理しておくことを決心した。

どのような視点で整理するかが問題であるが、本書の副題にあるように「法整備支援国際協力の先駆者」というコンセプトでまとめることにした。その当時には「国際協力」という言葉や発想はなかったであろうが、今日の言葉で言えば、彼の仕事は「国際協力」の領域に入る。シャムでは国の近代化のために法整備が必要になり、そのためにベルギー人、フランス人、イギリス人、アメリカ人らとともに日本からもお雇い外国人を雇用した。法律分野では政尾藤吉ただ一人が日本人お雇い外国人として活躍した。その業績を分析することは、日本の法律分野での国際協力のあり方を知る手がかりとなる。さらに日本法とタイの法律がどのようにかかわったかを知ることもできる。さらに政尾藤吉はシャムと日本との関係を深めるための活動も積極的におこなっており、それを通して、広く日本とアジアとのかかわり方、当時の南進論の特徴を知ることもできる。

この本の出版にあたっては多くの方々のお世話になっている。この本の内容に関してご教示いただいた方も多くいる。特にお世話になった方々の名前をあげさせていただきたい。

政尾藤吉の孫にあたる政尾吉郎氏、姪の子にあたる原田英子氏、原田健作氏、高鹿和一郎の孫にあたる高鹿康夫氏、茂義樹教授（梅花女子大学）、吉川利治教授（大阪外国語大学）、村嶋英治教授（早稲田大学アジア太平洋研究センター）、飯田順三教授（創価大学）、服部禮次郎氏（株式会社和光取締役会長）、長原敬峰氏（タイ国留学僧の会会長）、永崎亮實氏（タイ国留学僧の会事務局）、大友有氏（タイ日本大使館）、君塚宏氏（タイ日本大使館）、西澤希久男氏（名城大学）、金子宏二氏（早稲田大学大学史資料センター）、松崎彰氏（中央大学大学史編纂課）、田村日出男氏（同志社社史資料室）、澄田恭一氏（愛媛県立大洲高校）、平田哲氏・荒井俊次氏（日本クリスチャン・アカデミー）、戒能信生氏（日本キリスト教団宣教研究所）、学習院五〇年史編纂室、関西学院院史編纂室、神戸大学年史編集室、Mr.Pichet Maolanon（タイ国弁護士、元九州大学法学研究院助教授、前神戸大学国際協力研究科客員教授）、Mr. Kevin Fredette (Head of Public Services, College of Law Library, West Virginia University), Mrs. Katheleen I. Smith (The Jean and Alexander Heard Library, Special Collectins/University Archives, Vanderbilt University). Mr. Sarawut Benjakul (Deputy Secretary General, Office of the Judicial Affairs, Ministry of Justice in Thailand), Mr. Phanom Aiumprayoon (Dean, Faculty of Law, Thammasat University), Mr. Kittisak Prokati (Assistant Professor, Faculty of Law, Thammasat University), Mrs. Suda Visrutpich (Associate Professor, Faculty of Law, Thammasat University)

本の出版にあたっては白木三秀教授（早稲田大学政経学部）、後藤乾一教授（早稲田大学アジア太平洋研究センター）、山口浩一郎教授（上智大学法学部）からは励ましをいただいた。感謝申し上げる。

これらの方々のおかげでこの本をまとめることができた。お礼を申し上げる。調査の不十分なところや資料が見つからないところもあり、なんといってもタイ語が十分に使いこなせない弱みもあり、不十分な分析しかできない部分もあるが、ともかくここで本として出版しておき、明治の中頃から大正にかけてタイでがんばった日本人がいたことを多くの人に知ってもらいたいと思い、出版することとした。

本書に掲載されている写真は政尾吉郎氏、原田英子氏、原田健作氏からの提供による。印刷が不鮮明なところがあるが、写真が古いためでありご了承ください。提供いただいた両氏には大変お世話になりました。

本書の出版にあたって信山社出版の渡辺左近氏には大変お世話になった。心からお礼を申し上げる。

二〇〇二年三月

香川孝三

目次

はじめに

本書はシャムでラーマ五世[1]（チュラロンコーン王）が「チャクリ改革」を進める中で、「お雇い外国人」として法律分野で貢献した政尾藤吉（一八七〇年一一月一七日生まれ、一九二一年八月一一日死亡）の生涯を描くことを目的としている。二〇〇二年には藤吉が生誕して一三二年目、没後八二年目をむかえる。今日、政尾藤吉の名前を知っている日本人はきわめて限られている。その理由は六つ考えられる。

一つ目は、彼が五〇歳で死亡したこと。もう一〇年生きていればその業績が注目されたのではないか。大正中頃は人生五〇年の時代であったので、当時では早い年齢での死亡ではなかったかも知れないが、もっと長生きしていれば注目を浴びたであろう。

二つ目は藤吉自身が自分のことを本に残していない。日記もないようである。五〇歳で死亡するとは思っていなかったであろうから、自分の記録を整理する気持にはなっていなかったのであろう。ただ生前にいろいろな雑誌に文章を寄稿しており、それらを集めれば一冊の本になるであろう。

三つ目は五〇年の生涯の半分ほどを外国で暮らしており、今ほど通信事情が良くなかったために、彼の業績が日本に伝わってきていないこと。

四つ目は藤吉の業績を統一的にまとめにくいことである。ごく少数ではあるが、彼の存在を知っていた人々が、彼についての文章を書いている。それはタイ研究者やタイ法に関心を持っている者と、愛媛県在住の郷土史家に限定されている。タイ研究者およびタイ法を研究している者は彼のタイでの業績について述べているが、その前の経歴についてはあまりふれていない。逆に、郷土史家は生まれ故郷での彼の生い立ちについては述べているが、それ以後のアメリカやタイでの経歴についてはあまりふれていない。ということで彼の全体像を描いた文献は、藤吉の次男である政尾隆二郎が編集した『政尾藤吉追悼録』の外にはないのが現状である。

五つ目は、彼が法律家であったために法律の知識がないとその業績をまとめることは困難である。ところがアジア諸国の法律を研究する者がこれまで少なかったために、彼の業績を整理する者が大変少なかった。そのために彼の活躍が注目を浴びることが少なかった。やっと最近になって日本でタイ語ができる法学者が育ってきたところである。したがって彼のタイでの業績の評価はこれから行われなければならない。

六つ目は、タイでも彼の存在に気がついたのはわりと最近である。(2) 藤吉が死亡してからしだいに忘れ去られたということである。タイ側の日本法とのかかわりについての研究そのものが非常に少ない。刑法や民商法の研究でもその制定過程の歴史にまでさかのぼって研究する者が少なく、研究が進んでいない。タイでは法制史の研究者が少ないので、今後日本側との共同研究が必要である。

彼の経歴をまとめた本として、彼の次男である政尾隆二郎が編集した『政尾藤吉追悼録』（一九二二年発行）が唯一のまとまった文献である。これまでの彼についての文章はほとんどがこの追悼録に依拠している。ところが、この本の記述には複数の者が書いているためか、相互に食い違いが存在している。どちらが正しいのか確認する必要があるし、あいまいな記述もあり、正確を期す必要がある。さらに年齢も数え年で表記している場合と満年齢で表記している場合があって、混乱している。

筆者は約二〇年前に「日本法と東南アジア法とのかかわりについての予備的考察」（富大経済論集二六巻三号、一九八一年三月）の中で政尾藤吉について、先ほどの追悼録に依拠して簡単に述べている。それ以来、法律分野での国際協力の先駆者というコンセプトで、いつかきちんとした伝記を書きたいと思っていた。そこで機会があるごとに資料を集めてきた。やっとその伝記を書くことができる時をむかえた。しかし、それでもまだ集まりきらない資料がある。藤吉の死後、その自宅は代官山、原宿、鎌倉と移転し、代官山時代では関東大震災に、原宿時代では戦災にあって資料が散逸したり、水にぬれて読めなくなり、放棄されている。藤吉の業績に気付き、彼の資料を遺族から借りながら返さないままになって行方不明になった資料もある。

現在、アジアの旧社会主義国（ベトナム、ラオス、カンボジア、モンゴル等）において市場経済に移行するための立法作業が進められているが、それに日本はＯＤＡを使って支援をおこなっている。それは法整備支援事業と呼ばれている。これは市場経済に適した法制度を構築する必要性が旧社会主義国で認識され、それに日本が協力していることを意味する。(3) 日本は西欧の法律を継受して一〇〇年以上の歴史を持ち、西欧法を土着化させてきた。それが現在ではさまざまな問題を生み出し、司法改革の必要性がさまざまな立場から叫ばれている。しかし、日本の一〇〇年に及ぶ西欧法の継受の経験はアジアの旧社会主義国にとって参考になるのではないかということで、日本に協力の依頼が来ている。ODAの予算を利用して日本側は協力している。そのために財団法人国際民商事法センターが組織されている。(4)

それより、ずっと以前に日本法を参考としつつシャムの立法作業に協力した日本人がいる。それが政尾藤吉である。現在の法整備支援事業は組織的におこなわれ、その資金は日本側が提供しているが、藤吉の場合には個人的におこなわれ、人件費に必要な資金はシャム側が提供しており、日本は人選をおこなっただけである。

政尾藤吉の生涯は大きく四つの時期に区分される。(5) 第一期は誕生からアメリカで弁護士としての資格を取って、世にでるための準備の時期、第二期は日本に帰国してからシャムに赴任し、約一六年間シャムでお雇い外国人として仕事をおこなった時期、第三期はお雇い外国人を辞任して日本に帰国して愛媛県郡部選出の衆議院議員として活躍する時期、第四期はシャム特命全権公使として赴任して、通商航海条約の改定交渉中に死亡するまでの時期である。

この論文の記述に際し、次の三点に注意した。一つはできるかぎり客観的な証拠によって事実を確認することである。藤吉は日記を残していないので、できるかぎり当時の記録に当たることによって事実をつきとめることにした。二つ目はできるかぎり、その当時の社会的背景にふれて、藤吉の人生の選択を位置づけていきたい。なぜならば、藤吉が生きていた時代は一〇〇年以上も前のことであり、その当時の社会的背景にふれないと、理解が困難だと思うからである。三つ目は、記述するにあたって敬称を省略させていただくことを断っておきたい。政尾藤吉については親しみを込めて藤吉と呼ばせていただきたい。

第一部　修業時代

1　出生から東京専門学校卒業まで

政尾藤吉は一八七〇年（明治三年）一一月一七日、愛媛県喜多郡大洲町（現在は大洲市）で、大洲藩の御用商人政尾吉左衛門六代勝太郎とかめとの間に生まれた。勝太郎の父は五代吉左衛門、母はハルであった。かめは矢野喜三郎とサダの娘であった。藤吉の孫にあたる政尾吉郎氏の話によれば、もともと「政屋」という姓であったが、父勝太郎が「政尾」という姓に変更したという。勝太郎とかめの間には五人の子供があり、女二人、男三人であった。藤吉はその長男であった。次男は覚治郎（一八七五年一二月二四日生まれ、一八八九年八月一七日赤松家に養子にいく(6)）、三男は定次郎（八幡浜の呉服商であった長野家に養子にいく(7)）、長女はハナ（成田家に嫁ぐ）、次女はヤス（矢野家に養女にいく）であった。ヤスは大藤竹三郎を婿として結婚し、その三女貞子が原田健次郎と結婚して生まれた長女英子氏、長男健作氏にあって話をお聞きすることができた。原田英子氏と健作氏にとって藤吉は大伯父にあたる人である。藤吉が生まれ育った家は大洲市の中一商店街に今も残っており、そこは現在陶器を扱う店になっているが、看板は「矢野陶器店」になっている。その家は藤吉がアメリカに行く費用を得るために近くの「嶋田薬館」に売ったが、後にヤスが買い戻して、その家で商売を始めた。幸い大洲は戦災にあっていないので、当時の家が残っており、藩の上役を接待するために二階に立派な座敷が今も残っている。当時の屋敷は広くて中町から本町通りまで南北にまたがっていた。

「政屋」という屋号で食料品を取り扱う大洲藩の御用商人であったので、政尾家は裕福な家庭であったが、一八七一年（明治四年）の廃藩置県によって大洲藩がなくなったことで、一八七六〜七七年ごろからしだいに家業が傾きはじめた。藤吉が六〜七歳ごろであった。そこで藤吉が八歳ごろ、父は郡中の山崎小学校（現在の郡中小学校の前身で、一八七四年八月から一八八三年二月までの呼称）教員に転職した。

藤吉自身の一九一五年一月一二日におこなった郡中尋常高等小学校での講演によると、郡中に移ってから郡中の山崎小学校に入っている。一級から八級まであって八級として入学したという。この時代を「私は一生の最も面白い、なつかしい、腕白時代を郡中で過ごしたのである。叔父さんに叱れたり人に泣かされたり又人を泣かしたりした事もあった」(8)と振り返っている。いつ小学校を卒業したのか今の郡中小学校には記録がないので分からない。藤吉の母がなくなった後は母代わりの役割を果たした中野ミツ（光子とも表記している）(9)の記述では「小学時代は神童と申す方にはあらざりし」となっている。

一八七二年（明治五年）の学制をうけて、明治五年に大洲の片原町に設置された肱南小学校（現在は大洲小学校）、中村常盤町にできた肱北小学校（現在は喜多小学校）があった。後者は一八七四年（明治七年）に二本松御貯蔵に移転したが、藤吉はそこに通ったという記述があるが、[10]これは間違いである。中等教育機関であった喜多学校を小学校と勘違いして喜多小学校に通ったと書いた可能性がある。

勝太郎は長女ハナと長男藤吉を連れて、郡中町呉服商吾川屋に居候した。それ以外の子供は母かめとともに大洲の家に残った。吾川屋は岡井常吉が当主であった。岡井家の祖先は元和元年大阪落城の際に郡中にのがれて来て商売をはじめ、わかれて唐川屋、上谷屋の三家になった旧家であった。[11]郡中は大洲藩に属しており、[12]勝太郎と岡井家とは親類であったようである。約七年間岡井家にやっかいになっていた。[13]藤吉は店の手伝いをして岡井常吉にかわいがられたという。しかし、藤吉が一六歳の時父と母が離婚した。父は小学校の教師をやめ、一八八六年（明治一九年）郡中の郵便局に勤務し、郵便配達の仕事をしていたが、月給が四円であったという。それでは生活が苦しいので、藤吉は父と一緒に郵便配達の仕事をおこなった。[14]郵便配達の時に身につけていた笠を保管していて、後に苦学時代を藤吉は懐かしんだという。

この当時の藤吉像に関して二つの相反する見方が残っている。一つは、昼働きながら夜独学で勉強に励んだという。コツコツと勉強するタイプであったという。中野ミツの追想文には「小学時代は神童と申す方にはあらざりしが、中学御入学後より、普通人に優れて御勉強ありし」と書いている。また、郷土史の雑誌である「郷土」九号でも、「藤吉は神童ではなく、学問より外は考えない努力型の真面目な少年であった」とする。この根拠は中野ミツの文章であろう。もう一つは、愛媛新報（現在は愛媛新聞）に掲載されている新聞記事「シャム両陛下の御来朝と故政尾藤吉博士㈠〜㈨」（一九三一年三月三一日〜四月九日）にみられるが、「一五、六歳には大洲町付近を旅芸人の群れに投じて、青年田舎の馬の脚という処だった。然し図体も太く、写真で見た如く堂々たる美男子なので田舎の女達に随分騒がれ、芸も巧かったといふ」。父は浄瑠璃が得意であったので、その血をひいたのであろうか。この記事では遊び人であったという書き方である。小学校在学中か卒業後に、将来への不安感や貧乏生活に嫌気がさし、遊んでいた時期があったようである。その根拠となったのが、藤吉が死亡した時に、国民新聞（一九二一年八月一三日）に書かれた記事ではないかと思われる。それには、「幼年時代は土地の木村といふ造酒屋の樽拾いであったところ一二〜三歳の頃何に感じてか其処を飛出し其れから所所を彷徨った挙句、田舎廻りの役者になり、或る日例の通り馬の足を勤めて帰り掛けに叔父に遭ひ夫の叔父から」諭されたことが書かれている。一方、中野ミツの記述によればキリスト教徒になってから品行を正しくし、実に良き青年と世間で言っているとしており、それ以前には品行がよくなかったことを示唆していると解釈できる。したがって両方の側面を持っていたのではないかと思われる。

小学校卒業後ぐれた時代があったようであるが、その後まじめに勉学に励んだということであろう。

藤吉は一七歳になって喜多学校に入学した。喜多学校は一八八四年（明治一七年）七月七日喜多郡町村立喜多学校として開校した。校地は現在の大洲高等学校の敷地内にあった。中等教育機関として、一八七二年に大洲英学校が設けられたが、一八七三年一二月廃校となり、その後中学校の新設運動の結果、一八七八年（明治一一年）に共済中学校が開校したが、その後一八八四年六月に廃校となった。そこで設置されたのが、喜多学校であった。これは経営主体が私立、町村組合立、郡立と変遷したが、一九〇一年（明治三四年）四月に県立宇和島中学大洲分校となった(15)。

喜多学校には士族の師弟が多く入学していたが、商人の出身であった藤吉も入学した。しかし、その在学期間は一年にもなっていない。喜多学校に英語の主任教師として青山彦太郎がいたので入学したが、それ以前から藤吉は英語の夜学校を開いていた青山のところに通っていた。これから英語が必要な世の中になるという自覚から、英語には非常な興味を覚え、勉強していたことが分かる。

青山彦太郎は一八六三年（文久三年）八月二日生まれで、一八八七年六月明治学院神学部に在学中に喜多学校の英語主任教員として来ないかという話があった。そこで七月一日東京から大洲に旅立った。途中土佐堀にあった一致女学校（現在の大阪女学院の前身）(16)を訪問した後、船で伊予長浜港に到着し、そこから人力車で大洲についた。肱北小学校の向かい側にあった中野ミツ宅の二階に住むことになった。そこに藤吉は英語の勉強に通ってきた。それがきっかけとなって藤吉は一八八七年（明治二〇年）一二月一日大洲教会で宣教師J・B・ハーストより洗礼を受けた。彼は一七歳であった(17)。愛媛県史によれば、大洲に最初の教会ができたのは一八八七年（明治二〇年）三月である。それは後の日本キリスト教団の大洲教会であり、殿町二本松角に設置されていたが、そこで藤吉は受洗した。藤吉は一八八七年一〇月二七日宇和島、一〇月三〇日八幡浜、一八八八年一月一五日八幡浜での伝道活動の手伝いをおこなった記録が大洲教会の日誌に残っている。

青山四郎著『土器と黎明――ある伝道者の生涯』によれば、藤吉のことが次のように書かれている。

「毎日のように昼夜の別なく、英語の書物を携えて、中野家の二階に彦太郎を訪ねてくる青年があった。――その青年は政尾藤吉といった。ある日、彦太郎の宿に政尾が訪ねて来た。

『先生、実は父が亡くなりました。私の家は貧しいので、遺産という程ではありませんが、若干のものを残して呉れました。つきまして、今後どうしたらよいのか、お力を貸して下さい』

『勉強でもしたいのですか』

『ええ、是非大学に行きたいのです』

『しかし君、よく考えてごらん。今の時世で、大学までいくのには巨額の資金が必要だ。いっそのこと、どうだろう。渡米を考えたら。アメリカなら働きながら勉学できる方法がある。それが最良だと思うけどね』」（八〇―八一頁）

当時青山彦太郎自身がアメリカに行きたいという願望を持っており、中野ミツにそのことを伝えていたが、藤吉は師と仰ぐ青山に人生の相談をしたことが、ここに記されている。青山の示唆から藤吉も、アメリカにいくことが目標になった。そのために、日本の学校を卒業しておくことが当面の目指す目標となったという意味で、藤吉の人生の転機になったと言えよう。しかし、将来なにになるかという具体的な目標が定まっていたわけではない。藤吉一七歳の時であり、父の死に直面して、政尾家の戸主となる身として、これからどうすればいいのか悩んだ時期であったであろう。

一八八八年（明治二一年）二月一日から青山が喜多学校の英語主任になると、藤吉は喜多学校に入学したが、青山は明治学院に復学したいということで一八八八年八月初めに喜多学校を退職したこと、父が一八八八年（明治二一年）三月二一日死亡したこともあって、勉強のために故郷を飛び出す決心をした。親類はつぶれた「政屋」を再興することを藤吉に望み、故郷を出て勉強することに反対した。その時母は生きていたが、どのように考えていたのであろうか。母は藤吉がクリスチャンになることに反対して藤吉と対立していた(18)。経済的に親類の援助を受けていた手前親類の意見に反対もできず、かといって藤吉が故郷を出て勉強をしてもそれでうまくいく保証はどこにもないので、思い悩んだのではないか。

藤吉は友達二人といっしょに家を抜け出る約束をした。しかし、二人はしりごみして、一八八八年八月末に藤吉一人が明け方に二階から柳行李を綱でおろして家を抜け出た。伊予長浜まで船で行き、そこから大阪商船の船にのって大阪にむかった。当時はまだ大洲には鉄道が敷かれておらず、肱川を船で下るか、馬車で伊予長浜まで行き、そこから船で大阪や神戸にいくのが通常の交通手段であった。

肱川は「水の道」と呼ばれ、その豊かな水量と緩やかな流れを利用した帆掛け船が輸送の動脈として重要な役割を果たしていた。

大阪に行く費用をどう調達したのであろうか。当時書店を経営し、そのかたわら教科書の出版・販売をおこなっていたが、学校教育が普及するにつれて、それが当たって相当の資産を持っていた中野ミツから援助を受けたと思われる(19)。

一八八八年（明治二一年）九月、藤吉が一七歳であった時、大阪のミッション・スクールに入学した。中野ミツの記述では「大阪の中学校」になっている。それ以外の文献では川口のミッション・スクールに入ったとしている。いずれなのか、確認できないし、ミッション・スクールとしてもどこなのか、残念ながら分からない。

男子が入学できるミッション・スクールは四つあったと思われる。その学校は川口居留地に開校していた「大阪英和学舎」、「大阪三一神学校」、「男子英語塾」と中之島に設置され、後に梅田に移転した「泰西学館」（アメリカン・ボードの系列）である。その内可能性の高いのは「大阪三一神学校」か「男子英語塾」（Boys' School）である。

一八五八年（安政五年）の日米修好通商条約の締結によって長崎、神奈川、兵庫などが開港され、外国人居留地が設置された。大阪では条約締結後一〇年たった一九六八年一月一日に大阪港が開港され、その八カ月後に川口が外国人居留地として設定され、居留地の区画が競売に付された。はじめは貿易商が住んだが、大阪港は水深が浅かったために神戸港に移動し、その後宣教師が多くすむようになった。宣教師たちは教会、学校、病院を開き、ここからプール学院、梅花女子学園、桃山学院、大阪女学院、信愛女学院、平安女学院という学校を作り上げる基礎を作った。[20] 川口居留地は大阪の文明開化に貢献した。

大阪英和学舎は一八七四年（明治七年）、米国聖公会（American Episcopal Church）から派遣されたC・M・ウイリアム司祭が開設した学校であった。彼は一八六九年（明治二年）長崎から大阪に移り、伝道拠点を大阪に置いた。居留地付属内外雑居地・与力町に居を構え、伝道活動を開始した。自室に礼拝所をもうけ、英語礼拝をはじめ、英語教授も開始した。[21] これが川口基督教会の起源である。一九七〇年にA・R・モリス司祭が派遣されて、英語塾を古川町二丁目に移し、「聖テモテ学校」と改めた。一八七八年T・S・ティング夫妻が着任し、「聖テモテ学校」の再建につとめ、一八八一年（明治一四年）居留地二一番に校舎と寄宿舎を新築し、「大阪英和学舎」と改めた。一八八一年一月二〇日の大阪日報の広告によれば、ここでは学課を増やして英語、漢学、数学を教授していた。アメリカ人の男女の教師が教えていたが、一八八二年（明治一五年）には河島敬蔵が母校である大阪英和学舎の英語教師になっていた。[22]

一八八七年大阪英和学校では立教大学校教授モリノーが校長となったが、夫人の病気のために帰国してしまった。一八八七年（明治二〇年）六月大阪英和学校が閉鎖され、生徒の一部は東京・立教学校に移された。したがって、藤吉が川口にきた時にはすでに東京に移転してしまっており、入学できなかったはずである。

そのころ英国聖公会も大阪で伝道を開始し、司祭ワレンは一八八四年九月二九日宣教師養成のために川口町に大阪三一神学校を開校し、その一室から一一人の男子のために「男子英語塾」が生まれた。これは川口一二番地に開設された。これが後に桃山学院となった。この英語塾は一八八六年には居留地二三番地に移った。生徒は四二名、うち寄宿生一五名であった。はじめプール監督(Rt.Rev.Arthur W.Poole)が、生徒を指導していたが、後を継いだポール(Rev.George H.Pole)が一八八九年まで指導を担当した。一八九〇年(明治二三年)居留地を離れて江戸堀に移り、一八九一年には天王寺村に移転し、高等英学校(Boys' High School)と名付けた。藤吉が川口のミッション・スクールで勉強したとすれば、男子英語塾であったのではないか。ポールの指導のもとで日本人による授業とミス・カスパリ(Miss Jane Kaspari)の英語教授で教育がなされていた(23)。しかし、この男子英語塾は小学校程度の教育機関であったという記述(24)があり、そうなると藤吉には物足りなかったであろう。もしかしたら「大阪三一神学校」に籍を置いた可能性もある(25)。大洲にいる時伝道の手伝いをしており、本格的に宣教師への道に進むかどうか決めていなくても、英語の勉強にもなるので宣教師学校に通った可能性も否定しがたい。

大阪では寄宿舎に入らないで、時計屋の二階に住み、粗末な靴をはいて通っていたようである。親戚からの財政援助がなく、手持ちの金でやっていけたのであろうか。学校に入っても学費が払えたのであろうか。一八八八年（明治二一年）一一月には慶応義塾に入学しているので、三カ月ぐらいしか大阪にいなかったと思われる。「青年の登竜門は須く帝都に於て学ぶに如かず」(26)という判断から東京に移ったとされている。

東京に移って、慶応義塾と同人社に籍をおいていた。一八八八年（明治二一年）一一月には慶応義塾普通部に入社している。その入社帳二四号によれば、彼は戸主になっている。これは父が死亡し、彼が長男であることから戸主になったものと思われる。

その入社帳には、保証人として「芝区西久保城山町七番地　大井上前」という記録がある。この地名は今もそのまま残っており、地下鉄神谷町駅の近くである。「大井上前」という人物は「大井上輝《おおいのうえてる》前《ちか》」のことではないか。彼が出席した大洲教会の一八八五年日誌に「大井上前　二人」の記録がある。(27)大井上輝前は大洲教会で最初に洗礼を受けた大井上逸策の兄であり、キリスト教徒の理解者であったことから保証人になったものと思われる。大井上輝前は大洲藩士であり、蘭学を志し、幕末に脱藩して長崎に行ったが、一四歳でアメリカ・サンフランシスコに渡って英語を勉強して帰国し、北海道で典獄として囚人の感化事業をおこなったことで有名である。明治維新後の混乱期で反政府運動もさかんで犯罪が多発した。それらの犯罪者の多くが、北海道の監獄で開拓に酷使されていた。大井上輝前はそこでキリスト教主義に基づく感化事業に従事していた。さらにロシアの南進に対抗するために対ロシアとの外交交渉にも携わっていた。弟である大井上逸策も北海道に渡って看守として働き、屈斜路湖畔の開拓を指導している。一時期藤吉は彼の東京の家に住んでいたのであろう。大井上輝前は東京の丸山清吉の次女チカヨと結婚したので、東京に家を持っていたのではないかと思われる。大洲の教会関係者、特に中野ミツの紹介で、藤吉はそこで滞在したのであろう。東京にいる間そこにずっと滞在していたかどうかは分からない。もしかしたら、そこの家賃を払えず住居を点々としていた可能性がある。

しかし、大洲藩から脱藩して、長崎、江戸、薩摩を経て函館からアメリカに出かけた大井上輝前がいることは、藤吉にとってアメリカに留学したいという気持ちをより強くさせたであろう。大井上は北海道で仕事をしていたが、東京に帰ってきた時に藤吉と話をする機会があって、アメリカ時代の話を藤吉に聞かせたかも知れない。脱藩してアメリカに渡った人物としては同志社を設立した新島襄が有名であるが、藤吉は進取の気性に富む大井上輝前を同じ郷里の出身者として身近な存在として感じていたであろう。大洲藩では三瀬周三（諸淵）(28)に代表されるように蘭学が盛んであり、蘭学を通して海外に目を向ける進取の気風が大洲藩には存在していたのではないかと思われる。それが藤吉にも影響を与えていたのではないか。一七歳で郷里を飛び出していったが、その根っこでは郷里大洲の風土や気風を引きずっていたのではないか。後で振り返って見ると、大井上輝前と藤吉とは似通った側面を持っている。二人ともアメリカに留学し、キリスト教と接していたこと、大井上は北海道で、藤吉はシャムで方向は別であるが、郷里から離れた土地で活躍したこと、ところが郷里からも日本からも忘れ去られた存在になってしまっていることである。

慶応義塾では一八八七年（明治二〇年）小泉信吉が大蔵省を辞任して総長に就任し、大学部の設置に努力していた。大学部が開設したのは一八九〇年（明治二三年）であり、藤吉が籍を置いていた時には、間に合わなかった。藤吉は慶応義塾を卒業するにはいたっていない。東京専門学校に合格した後退学したか、そのままに自然退学になったのではないか。[29] 当時東京専門学校と慶応義塾の両方に籍をおくことは珍しいことではなかった。しかし、藤吉が次々と学校を代わっていったのは、学費の支払いが続かなかったためである。追悼録によれば、錦町にあった英語塾や麹町にあった漢学塾で英語の教師として働いて学資を稼いでいたという。錦町の英語塾として東京ＹＭＣＡが考えられるが、東京ＹＭＣＡが英語学校を設立したのは一八九〇年であり、しかも場所は京橋であり、錦町に移ったのは一八九五年である。したがって東京ＹＭＣＡとは違うであろうと思われる。したがって、二つの塾は小さな私塾であったのではないかと思われる。

藤吉は中村敬宇（正直、一八三二年生まれ一八九一年死亡）[30] が経営していた同人社にも入ったことが記録されている。しかし、いつからいつまでそこに籍をおいていたかは確認できなかった。慶応義塾と同人社の両方に籍をおいていた可能性もある。この同人社は一八七三年（明治六年）二月に開校し、小石川区江戸川町一七番地に設置された。これは私立の外国語学校であるが、当時専門学校に入るためには、外国語学校の課程を修めることが求められていたために、このような外国語学校がいくつか設置されていた。(31)藤吉が同人社に籍をおいたのも、専門学校に入ることをねらっていたためであろう。

　中村敬宇は昌平坂学問所で学んだ儒学者として知られていたが、一八六六年（慶応二年）一〇月イギリスに留学生取締として出発し、一八六八年（明治元年）六月帰国し、明治四年『西国立志編』、明治五年『自由之理』を出版し、ベストセラーになった。一八七四年（明治七年）一二月二五日、横浜のユニオン教会で、横浜在住のカナダのメソジスト教会の宣教師G・カックランによって洗礼を受けて、メソジスト教会の信徒になった。このことから中村敬宇は宣教師と交渉があり、「大阪英和学舎」を設置したアメリカ聖公会の宣教師C・M・ウイリアムズともかかわりがあった。藤吉はクリスチャンであることから入学したのではないかと考えられる。

　同人社の経営は中村敬宇の著述の印税によって維持されていたようであるが、藤吉が入学したころはその最盛期をすぎていた。一八八一年（明治一四年）ごろが最盛期であり、慶応義塾、玉攻社とともに規模の大きい私立学校であったが、最盛期のころ修養期間が五年、生徒数三一九名、教員数二四名、一カ年の授業料が五七四二円であった。藤吉が入った一八八八年ごろには経営が危うくなりかけていた。一八八九年九月には同人社の経営を杉浦重剛らに委ねることを広告している。(32)その後、杉浦重剛が経営していた日本学園と合併し、現在も東京世田谷区松原に日本学園中・高等学校として存続している。同人社関係の資料もここに保管されていたが、戦災で焼けてしまい、藤吉がいつ同人社に入学したかが分かる資料は残されていなかった。

一八八二年（明治一五年）に開校した東京専門学校に、藤吉は一八八九年三月一日に入学している。一八八八年一一月に英語教育に関して二年制に改めた。英語本科を英語普通科、兼修英語科を英語兼修科と改称し、英語普通科は英語専門諸科に進学する者また専ら英語を学ぶ者を受け入れることになった。英語普通科教則によると「英語普通科ニ入ラント欲スル者ハ、本校予科ヲ卒業シタル者、若クハコレト同等ノ学力アルモノタルベシ。但シ試験ノ上、学力相当ノ級ニ編入スルコトアルベシ」とあり、実力検定試験に合格すれば、その成績にあわせた学年に入学できる制度があった。藤吉は、この制度によって二年生のクラスに入れた。大洲での英語の勉強、大阪での英語の勉強、「同人社」、「慶応義塾」で、英語を勉強したことが東京専門学校に入学する時に評価されたものと思われる。学校を点々としたのは、父が死亡し、親類は勉学に好意的でなかったので、学資の補助がなく一つの学校に継続して勉学することができなかったためである。授業料が満足に支払えなかったものと思われる。そのために不規則な教育しか受けられなかったが、一日でも早く学校を卒業したいという希望がやっとかなえられることになった。実質的に四カ月ほど勉強しただけで一八八九年（明治二二年）七月一五日に英語普通科を卒業した。この時彼は一八歳であった。この時期は英語の勉強に集中しており、まだ本格的に法律を勉強していない。しかし、訳読でバジョットの憲法論やミルやスペンサーの代議政体論を読んでおり、まったく無縁であったわけではない(33)。

東京専門学校交友会編集の一九〇一年（明治三四年）一二月発行の名簿によると、一八八九年七月に英語普通科を卒業したのは五七名であり、彼は四三番の成績で卒業している。名簿が成績順になっているので容易に成績順がわかる。同じ愛媛県出身者は三名いる。山田三良（後に東京帝国大学法科大学教授）が同じ時に英語普通科を五番の成績で卒業している。

中野ミツの記述によると、藤吉は東京専門学校卒業後、一八八九年（明治二二年）八月に広島江田島の「海軍予備校ありし時にて、其校に英語教師と米国より日本に始めて来りし米国人に日本語を教えて」収入を得ていた。ここで言う海軍予備校はなく海軍兵学校であろう。(34) 海軍兵学校は一八六九年東京築地に海軍操練所として開設され、一八七六年海軍兵学校と改称された。それが一八八八年（明治二一年）江田島に移転された。海軍では英語が重視され週四時間の英語の授業があった。

さらに「広島の宣教師学校」の教師としても働いていたという記述もある。それは広島英和女学校（のちの広島女学院）のことではないか。月一〇円の給与を受け取った時は、「飛び立つ程の嬉しさであった」という。それまでアルバイトをしながら生活費を稼いでいたためであろう。苦学していたのである。広島英和女学院に就職できたのは、クリスチャンであったことから、これまでのつながりのあった宣教師の紹介があったからではないかと思われる。

その学校であるが、砂本貞吉がJ・W・ランバス（Lambuth）の協力を得て一八八六年（明治一九年）一〇月一日に女子塾を開き、一九八七年四月に設立認可を受けて広島英和女学校として発足した。

アメリカ南メソジスト監督教会の支援を受け、一八八九年A・E・ゲインズが校長となった時に藤吉は英語教師として就職した。一八九九年には流川に新しい校舎を建築し発展していったが、藤吉はその前の細工町仮校舎で教えた。砂本貞吉の談話では、この当時財政難で、最高の俸給を受けていたのは杉江タズと砂本自身であり、月一五円であったので[35]、藤吉の給与が月一〇円であったのも納得がいく。藤吉はここでランバス父子と交渉が生まれたのであろう。もしかしたら、それ以前から藤吉はランバス父子のことを聞いていた可能性はありうる。というのはランバス父子は宇和島で伝道をおこない、一八八七年九月二五日に宇和島美以教会（現在は宇和島中町教会）、一八八八年には八幡浜教会を設立しているからである[36]。藤吉はすでに洗礼を受けており、大洲の近くでのキリスト教の動向に関心を持っていたであろうし、宇和島美以教会の設立後の一〇月二七日に青山彦太郎、藤本壽吉などと一緒に宇和島に伝道に出かけて、三夜説教をしていることを考えると、直接ランバス父子と会った可能性もありうる。勉強中の英語の力を試したいという気持ちもあったではないだろうか。もし会わなかったとしても、その名前は聞いて知っていたであろう。

藤吉は一八九〇年（明治二三年）九月には関西学院神学部に入学しているので、せいぜい一年間ほど広島英和女学校で働いたにすぎない。同年九月一五日関西学院神学部に入学している。これは関西学院院史編纂室にある資料によって確認された。さらに日本基督教団大洲教会の受洗者の記録によると一八九〇年九月二〇日に大洲教会から神戸美以（メソジスト）教会（現在は日本基督教団神戸栄光教会）に転出している。(37) 日時があっている。ところが、神戸栄光教会には藤吉が在籍していたという記録は残っていなかった。教会側の話では、すべての人の記録が残ってはいないということであった。ともかく藤吉は一年間ほど関西学院で勉強した。この当時関西学院は「原田の森」（旧原田村）にあり、現在のＪＲ灘駅の北にある王子公園のあたりであるが、「関西学院四〇年史」によれば、三宮から外人居留地を過ぎて、さびしい田舎道を経て昼なお暗い竹林を通った所にあったという。北は雑木林であり、猿の棲む摩耶山麓の松林と接しており、寂しい場所であった。今では想像のつかない状況にあったようである。三・三ヘクタール（一万坪）の広い土地にバラック同然の木造校舎の中で勉強したようである。(38)

Ｊ・Ｗ・ランバスの指導を受けた関西学院は一八八九年（明治二二年）九月に兵庫県知事より設立の認可を受け、同年一〇月一一日から授業を開始した。藤吉は開学二年目に入学したことになる。この当時、藤吉は本格的に神学を勉強し、宣教師になることを考えていたのではないかと思われる。青山彦太郎の影響を受けていたことが想像される。中野ミツの記述によれば、関西学院の入学後、一カ年後に大洲に帰郷している。母は存命中であり、母に相談し渡航費用のために財産を処分することに合意してもらった。さらに中野ミツに会って、アメリカに行くことを伝え、その費用の支援をお願いしたのではないかと思われる。ミツはごちそうを作って藤吉に食べさせ、別れの賛美歌を歌って送り出している。

当時旅券は一八七八年（明治一一年）二月二〇日に制定された「海外旅券規則」によって発行されたが、賞状型で縦三一・四センチ、横四二・二センチの大きさであり、鳥の子和紙に印刷されていた。手数料は五〇銭であり、開場港であった神戸港の役所で旅券を手に入れたものと思われる。[39] 藤吉は神戸から一八九一年（明治二四年）九月にアメリカに渡っていった。

当時は、横浜や神戸からサンフランシスコまで船でいき、大陸横断鉄道にのってシカゴで乗り換えて最初の留学地であるナッシュビレまで行く。一八六九年五月一〇日東から工事をしていたユニオン・パシフィック鉄道会社と西から建設してきたセントラル・パシフィック鉄道会社の線路がつながり、大陸鉄道がはじめて貫通していた。船で一五日、鉄道で五～六日ぐらいかかっている。途中の休憩日を入れても一カ月以内にナッシュビレに到着したと思われる。

2　アメリカへの私費留学

広島英和女学校での給与や日本に初めて来たアメリカ人に英語を教えた報酬がアメリカに行く費用の一部になったようである。さらに大洲に持っていた家や土地を売った代金もアメリカに行く費用になっているが、当時アメリカに留学するには一年間七〇〇～八〇〇ドルから一〇〇〇ドル必要とされており、[40] 私費で留学した藤吉がどのようにして旅費、学費と生活費を捻出したか興味を感ずるところである。中野ミツがそれを用立てたことが判明している。[41]

後で述べる留学生のための貸費制では年一〇〇〇円、ニューヨークまでの旅費は四八〇円、支度金が一六六円になっていた。藤吉はそこまでの費用を捻出することは不可能であったであろう。大洲教会の中心となっていたクリスチャンの中野ミツは青山彦太郎が一八八八年九月一七日シカゴのマコーミック神学校に留学する時にも、三回に分けて送金し、総額で一一〇〇円の援助をしている。青山彦太郎は長い年月をかけて返済をしたという。当時の東京帝国大学の年間の授業料が二五円であったことを考えると、一一〇〇円は莫大な額であった[42]。中野ミツは青山と同じに藤吉のアメリカ留学の際にも援助したのであろう。その額は不明である。青山は三年間の留学を終えて一八九一年六月に帰国し、同年九月大洲に中野ミツを訪問し、渡米直前の藤吉とも再会し喜びあった[43]。

藤吉はなぜアメリカに留学する道を選んだのか。一つは貧しさから脱し、立身出世する方法として留学をして箔をつけたいと思ったこと。海外の情報が乏しい時代には「洋行帰り」はもてはやされ、立身出世のふみ台となっていた。二つ目は小さい時から英語に関心を持ち、英語をさらに磨きをかけたいと思ったこと。三つ目はアメリカならば私費での留学が可能であると判断したことである。英語が使える国としてイギリスかアメリカがあるが、アメリカの方がイギリスより生活費が安く、学問的レベルも高くないということでアメリカに留学するのが当時の一般的傾向であった[44]。四つ目は徴兵制を逃れることである。一八八三年（明治一六年）一二月の徴兵令の改正によって、国民皆兵主義を徹底させた。それまで猶予制を導入していたが、それを制限した。猶予事由の中に学術修業のために海

外にいる者は徴兵制が猶予されることになっていた。藤吉はこの規定が適用されることをねらったと思われる。(45)

留学制度はどうなっていたのであろうか。一八七二年八月の「学制」で、「海外留学規則ノ事」によって海外留学制度の規定が設けられ、さらに一八七三年三月に「海外留学生規則」が制定された。これは留学の成果をあげない者がいることから、能力による選抜制度が導入され、すでに留学していても不適格な官費留学生を整理することがおこなわれた。一八七五年「貸費留学生規則」によって、留学生は文部省留学生や司法省、工部大学校からの留学生を中心となってきた。一八七五年から一八八九年までに文部省留学生は九〇名にのぼり、うち六七名が学士号その他の学位を得て帰国しており、社会のエリート層が専門的な教育を受けて、お雇い外国人に代われるだけの能力を身につけてきた。私費での留学には年間約一〇〇〇円ちかい資金が必要であり、(46)一部の華族や資産家を除いては私費留学生は限られていた。一八八二年二月「官費海外留学生規則」を制定し、官費による留学生を官立の高等教育機関に限定し、専門的な学術研究を目的とした留学に限定している。(47)これによって「貸費」から「官費」に変化しているが、「貸費」の場合には個人の自由な進路決定を認めていたが、「官費」の場合には、文部省側は留学生が帰国後、国家の諸機関に幹部要員として役に立たせることが目的としていた。そこで東京帝国大学、高等師範学校等の文部省管轄の学校の卒業生が留学生の対象になった。一九〇一年（明治三四年）三月から私立学校の卒業生も官費留学ができるようになったが、藤吉が留学したころは、それ以前の卒業であったので、官費の留学は不可能であった。

　留学国として一八九〇年以降は官費留学生の場合、ドイツが圧倒的に多くなっていた。官費による学術研究者、富裕な家庭の子弟はヨーロッパ留学が多いのに対して、私費留学生や貧しい留学生はアメリカに行く場合が多かったとされている。(48) これは、アメリカに行けば生活はなんとかなるということと、日本のようにその当時の未開発国からの留学生はパイオニア精神を持っていることをアメリカ側が好意的に見ていたことを意味している。

　早稲田大学一〇〇年史第一巻に、初期海外留学生の一覧表が載っている。そこには出発の年月日順に記載されているが、藤吉の出発年度を一八九六年（明治二九年）として疑問符がついている。早稲田大学として正確な年度をつかんでいなかったことを示している。東京専門学校から最初に留学生がでかけたのは一八八五年（明治一八年）である。この時期にはまだ東京専門学校が校費で留学生を派遣する制度はなかったので、多くは私費で留学している。藤吉以前に留学したのは一二名ではないかと思われる。一二人中ドイツに留学したのは一名、それ以外はアメリカを留学先に選んでいる。先に述べたように私費での留学はアメリカに行きやすかったことの証拠であろう。一八八七年（明治二〇年）英学科を卒業した三名が一八八七年ないし八八年にアメリカに留学している。英学科からははじめてのことである。神戸喜一郎、竹村真次、渡辺竜聖がミシガン大学に留学している。(49) このことは一八八九年に卒業した藤吉にアメリカ留学の気持ちを高めることになったのでないかと思われる。同じ一八八九年の卒業では佐賀県出身の相良大八郎もアメリカに留学して法学士を得ている。彼とどの程度交渉があったのであろうか。

(1)　バンダビルト大学神学部への留学

留学先はミシガン大学、エール大学、コーネル大学、ウイスコンシン大学、インディアナ大学が多いのに、藤吉はまず一八九一年一〇月テネシー州の州都であるナッシュビレにあるバンダビルト大学に留学した。この大学が設立されたのは一八七三年であり、藤吉が入学したのは設置から一六年目であるが、なぜこの大学を選んだのか。それは関西学院の創設に指導的役割を果たしたＪ・Ｗ・ランバス（老ランバスと呼ばれる）の息子Ｗ・Ｒ・ランバス（若ランバスと呼ばれる）が一八七五年から三年間学んだのがバンダビルト大学であったからであろう。医療宣教師であったＷ・Ｒ・ランバスは一八八六年一一月アメリカから神戸に到着し、布教活動と関西学院の創設に力を尽くし、そこの初代院長となった。一八九一年（明治二四年）一月に一時休養のため日本を離れ、アメリカに帰国した。その間にナッシュビレにある南メソジスト監督教会の本部で伝道局主事補として働き始めた。ランバス父子は藤吉の入学やその後の世話をした可能性は大きい。関西学院の設立にかかわった吉岡美国(50)が先に留学しており、藤吉より一年早く、一八九二年六月に英語による神学コース終了の証明書を得て日本に帰国し、ただちに関西学院の二代目の院長（一八九二年から一九一六年）となった。したがって吉岡も先輩として藤吉の面倒を見たであろう。

関西学院はアメリカ南メソジスト監督教会が経営母体であるが、若ランバスは日本宣教部総理として関西学院の設立のための資金調達に尽力し、自ら関西学院でも教鞭をとった。若ランバスは一八七七年バンダビルト大学で神学と医学を修め、六〇人中首席で卒業した[51]。藤吉は若ランバスの紹介でバンダビルト大学に入学することができたのではないかと思われる。藤吉は個人的にアメリカの大学に関わりを持っていなかった時であり、若ランバスにお願いしてアメリカ行きを実現させたものと思われる。

バンダビルト大学は南メソジスト監督教会が、教会の高等教育機関として設置されたものである。ニューヨークに住むC・バンダビルトの特別の寄付によって一八七三年創設されたものであり、教会のリーダーの養成に中心的役割を果たした[52]。しかし、一九一四年には大学は教会の監督から独立した。

藤吉はバンダビルト大学では神学とリベラル・アーツを勉強したが、神学を勉強していることに青山の助言を想像させる。一八八〇年の記録ではアメリカでは三六四校ものカレッジやユニバーシティが存在していた[53]。大学の大部分が学生数一〇〇名に満たないものであった。五〇〇名以上の学生数をかかえていた大学はハーバード（八九七名）、イエール（八三一名）、コロンビア（五三四名）の三つだけであった。アメリカは広いために、広い範囲から学生を集めるためには、学生は寄宿舎生活が一般的であった[54]。藤吉も寮の設備があるWesley Hallに入ったが、バンダビルト大学では、神学生の場合授業料は無料であり、入学金が一〇ドルであった。そこでの費用は年間九〇ドル、光熱費が年に二五ドル、図書館利用費が年五ドルで、最低でも年一二〇ドルが必要であった(55)。

藤吉が留学した時期は南北戦争（一八六一年〜一八六五年）が終わり、工業化が押し進められていた時期である。農村から都市に人口が移動するとともに、海外からも大量の移民が流入して工業に従事する労働力が増大していた。トーマス・A・エジソンによる発明がなされたのはこの時期であり、そこには技術革新がおこり、電気の発明や、鉄道を基盤とする交通網、電報や電話による情報網が整備され、経済発展を遂げつつある時であった。そこで多くの人に職業を確保しやすい時期にあたり、職業変更の機会が開けてきた。ということは留学生にもアルバイトをおこなう機会があったことを意味する。ナッシュビレはカントリー・ミュージックの中心地であり、周辺は農業や牧畜業の盛んな所である。藤吉はそれらで麦刈り等の肉体労働や皿あらいに従事したり、日本人の通訳をしたり、また日本の事情を紹介する講演会を開催して講演料を稼ぎだして、学資にあてて、日本から持ってきたお金をできるかぎり長く使えるよう工夫した。追悼録の中で早川鐵治が、藤吉がケンタッキーで日本の風俗や女性の地位について英語で講演したこと、その英語が達者で発音が上手であったことを書き記している。そこにはナッシュビレにある南メソジスト監督教会からの援助があったのではないか。大学が学生に収入を確保させるために長期の休みの時に仕事を斡旋している。ここに南部の親切(Southern Hospitality)、つまり厳格だが温情のある家父長主義があったであろう。

バンダビルト大学では約二年間学んだ。西バージニア大学同窓会の記録でも「約二年」バンダビルト大学神学校（Biblical School）で勉強したとなっている。ここで藤吉は一八九三年六月英語による神学のコースを終了した証明書（Certificate in English Theological Course）を得ることができた。神学士の資格を得るために上級のコース（Theological Candidates）に進学したが、途中で退学した。したがって、大学の資料では神学士を授与したという記録はない。しかしバンダビルト大学同窓会の記録では神学部の卒業生として扱っている。これは英語による神学コースを終了したことと、たぶん留学生であるので特別扱いされたのではないかと思われる。

(2)　西バージニア州立大学ロースクールへの転校

バンダビルト大学で神学士を得ないで西バージニア州立大学に移ったのはなぜか。それまで神学を勉強していたのが、なぜ法学に進路を変更したいと思うようになったのか。一年間のアメリカ滞在で人生の転機が訪れたように思われる。生涯牧師としてやっていけるかどうかについて悩んでいたのではないか。彼のその後の人生を見ると牧師という職業は彼にはあまりふさわしくないように思える。自分自身もそのことを感じていたのではないか。

転身のきっかけを作ったのが、西バージニア州立大学のロースクールで勉強していたKouroku Waichiro（Kaurokuとも Karikoとも表示されている）であった。日本語の表記では高鹿和一郎であり、埼玉県吉川の出身である。[56] 父である一〇代目高鹿新八は、醸造業を営み、当時の平沼村の庄屋であったが、進取の気性にとみ、長男である和一郎をアメリカに留学させた。和一郎は西バージニア州立大学に一八八九年から一八九二年まで在籍し、一八九二年六月法学士を得てエール大学に進んでいる。西バージニア州立大学ではじめての日本人の卒業生である。彼の推薦で藤吉は西バージニア州立大学に入学できた。彼とどのようにして知り合いになったのか不明であるが、彼が藤吉を西バージニア州立大学に推薦したことは当時の新聞であるMorgantown Weekly Postの一八九四年一〇月一三日の記事に記載されている。一八九三年九月に入り、新学期がすでに始まっていたのに途中で入学したのではないかと思われる。

西ヴァージニア州立大学はモーガンタウンに一八六七年に農学部を設立したのがはじまりであるが、ロースクールは一八七八年に設置されている[57]。一八八〇年の調査によるとモーガンタウンの人口は一三七〇名ぐらいであり、そこに大学ができた当時は残っている写真からも分かるように閑散としたキャンパスであった。学生総数も藤吉が在学していた時には二八〇～九〇名ぐらいであった。一八九二年六月にはじめて二年のコースを経て法学士になれることになった[58]。藤吉の所属した学年がそれを適用されて法学士になった最初の学年ということになる。

今のようにロースクールに入学するために学部を卒業することまでは求められていなかった時代である。なぜ藤吉は西バージニア州立大学を選んだのか。最終的にはエール大学に行きたかったが、暑いテネシー州からいきなり寒いニュー・ヘブンに移るのは健康に良くないのでその中間にある西バージニアを選んだという文献[59]があるが、これも一つの理由かも知れないが、それだけだったのどうか疑問を感じる。

西バージニア州はもともとバージニア州に含まれていたが、そこから別れて一八六三年に一つの州となった。別れたのは奴隷制に賛成のバージニア州に対して、西バージニア州は反対の立場をとったこと、さらに東のバージニアに対して西側が不利益を受けていたことへの反発が、その理由である。アメリカの中でも発展の遅れた州の一つとして知られている。領域のほぼ全体がアパラチア山系にあり、七五%が森林に覆われている。

ロースクールに入りやすかったのであろうか。生活費用や授業料一学期一二・五ドルをどうしていたのであろうか。授業料の免除を受けられたのであろうか。炭鉱や農林業の州であり、石炭堀や農作業のアルバイトがあったのであろう。さらに教会で講演会を開いた新聞記事が残されているが[60]、そこで何らかの収入を得ることができたのであろうか。その教会は南メソジスト監督教会に属しており、キリスト教とのつながりを持っていたことも分かる。そこで二年間勉強して優秀な成績（cum laude）で法学士（Bachelor of Law）を取得する。州法によって試験を受けることなく、卒業と同時に西バージニア州弁護士の資格を取得し[61]、モーガンタウン地方裁判所に弁護士登録をした。

西バージニア州立大学に在学中に母かめが死亡しているが、帰国はしなかった[62]。母とは父との離婚以来別々に住んでいたが、藤吉は母の消息を中野ミツとの手紙でのやりとりで知っていた。母の死亡のことがモーガンタウンの新聞に掲載されている[63]。それによれば、母は藤吉がクリスチャンになることに反対したが、後にそれを理解して仲直りしたことが記載されている。実母の亡くなった後、藤吉は中野ミツに「私の母に願ひ度、どうか其積りにて御引立下さる様」という手紙を出している。藤吉がこのような手紙を出したことは中野ミツが相当の援助をしていたことをうかがわせる。藤吉はシャムから一時帰国していた一八九八年（明治三一年）七月に大洲城が見える龍護山の墓地に両親の墓を立てている。

筆者が西バージニア州立大学のロースクールを訪問して学校案内（二〇〇〇年～二〇〇一年版）をいただいた時に、あっと驚いた。藤吉の写真が三頁目に掲載されていたのである。藤吉が恩師や同窓生とともに卒業式の時に写した写真であった(64)。これは追悼録に掲載されていない写真であり、筆者にとって初めて見る写真であった。それ以前にも学校案内に掲載されていないか調べてみると一九九〇―九一年版にも同じ写真であったが、もっと大きく掲載されていた。藤吉は洋服の上に羽織の上着をはおっており、日本人であることをアッピールしていた。二五歳であったのでほっそりとしている。西バージニア州立大学のロースクールではいまだに藤吉が卒業生であることを誇りとしていることを知った。

藤吉が優秀な成績で卒業したことをうかがわせる新聞記事が残っている(65)。それによれば、彼はモーガンタウンを去ってエールにいったが、そのままモーガンタウンで弁護士として働けば、アメリカ人の弁護士の好敵手になるであろうと書かれている。だからこそ藤吉はエール・ロースクールに行くことができたのであろう。

(3)　エール大学ロースクールへ進学

藤吉はなぜエール大学に移ったのか。杉田金之助（一八五九年一月二五日生まれ、一九三三年六月二四日死亡）は東京専門学校法律学科を一八八九年卒業し、三三歳になった一八九二年（明治二五年）ミシガン大学に入学している。一八九三年（明治二六年）にはエール・ロースクールに移って、一八九五年（明治二八年）Doctor of Civil Law を取得している。[66] 藤吉とは時期が重なっていないが、エール大学から同じドクターを取得した先輩がすでにいたことになる。藤吉は西バージニア州立大学在学中に、エール大学にいたKouroku Waichirouからこの情報を得て、エール・ロースクールに入学する気持ちを固めたのではないかと思われる。特に日本人学生には授業料を無料にする特典があったので、苦学生であった藤吉にとっては有り難かったであろう。

アメリカで最初にロースクールが設立されたのはハーバード大学であり、一八一七年のことである。それまでは大学での法律の講義は一人の教師によっておこなわれ、一般教養としての講義であって、法律家を養成するためのものではなかった。多くの州では、弁護士資格を取るためには、独学で勉強して、短期間弁護士事務所で見習いをしてから簡単な試験にパスして資格をとるのが普通であった。[67] したがって、弁護士の質はあまり高くなかった。

ハーバード・ロースクールははじめはうまくいかなかったが、ストウリ（Joseph Story）が教授となって判例を中心とする法学教育を実施しはじめてから学生が増え出した。これ以降ロースクールが見直され、その数が一八五〇年には一五、一八六〇年には二一に増えてきた。一八七〇年にハーバード・ロースクールでラングデル（Christopher Columbus Langdell）が、ケース・メソッドという新しい教育方法を導入し、これ以降しだいにアメリカのロースクールの教育方法となっていった[68]。当時、ハーバード大学ではロースクールは他の分野の大学院に比べて劣位にあった。医学、化学、生物学の大学院と同じレベルにもっていくためにケースメソッドが導入された。医学や生物学では解剖や実験があるが、それに対抗して、判決を解剖して裁判所の考えを分解し理解していくためにケースメソッドが取り入れられた。一八七六年には教育年限が三年に延長された。

一八七八年にはアメリカ法律家協会（American Bar Association）が設立されて、法律家の質の向上と倫理の向上にのりだしている。この協会を設立するきっかけを作ったのがエール大学のボールドウィン（Simeon E. Baldwin）[69]であるが、彼は憲法、商法と遺言法を教え、藤吉の指導教授になった人である。ボールドウィンとは一生連絡を取り合い、藤吉にとって大切な恩師であった。一九一七年一月二一日付けのボールドウィン宛ての手紙では、ボールドウィンから彼の研究室でローマ法と国際私法の授業を受けたことが、シャムで非常に役に立ったことを伝えている。

一八二四年に二番目のロースクールがエール大学に設置された。一八八六年での学生数は六〇人であり、六人の教授と八人の特別の指導者や講師がいた。それが一八九五年には二二〇人の学生、一〇人の教授、二五人の特別の指導者がいた。これは一八九五―九六年から教育年限が二年から三年に広がったためである。[70] 規模がしだいに拡大していった時期に藤吉は入学したことになる。ロースクールの建物が手狭になり、一八九五年にそれまで本拠地であったニュー・ヘブンの市庁舎（county court）から、Hendrie Hallに移転した。[71] 彼はM・Lのコースに入っているが、同期には三六名が大学院に入学していた。藤吉と同様にすでに弁護士資格を得ていたのは一三名もいた。[72] 修学期間が二年から三年に延長になったが、大学院には、法学士を得ている者や五年以上の実務経験を持っている者には無試験で入学を認めていた。藤吉は大学院入学後一年でM・Lを取得でき、さらに一年でドクターをとることができた。

大学院での授業料は一八九六年七月一日までは、一年目の秋学期（クリスマスまでの一三週）五〇ドル、冬学期（クリスマス後三週間の休みがすぎて七週）四〇ドル、春学期（二週間の休みがすんでから卒業までの七週）四〇ドルで、まとめて支払うと一二五ドルであった。それが値上がりして、すべての年度で秋学期八〇ドル、冬学期七〇ドル、春学期七〇ドル、まとめて支払うと二〇〇ドルにもなった。卒業の際にはさらに五ドルが必要であった。この当時日本人学生には特別に授業料を免除する制度があったようであり、[73] 苦学生にとっては有り難かったであろう。この制度のためにエール大学には日本人が多く集まったとされている。

エール大学のあるニュー・ヘブンでは、藤吉ははじめウエリー（Whalley）街六八番地にいたが、そこからパーク街一一九番地に引っ越しし、ジョンソンという老婦人が経営しているアパートに移り住んだ。この二つの家は現在はなくなっている。薬局と病院の敷地の一部になっている。パーク街一一九番地の家は三階建てで地下室のあるレンガ作りの家であり、一階には応接室、食堂、厨房室、二および三階には三ないし四つの客室と浴室、物置があった。室料は一週二ドル、食料は一週四ドルであったので、一カ月二七～八ドルあれば生活できた[74]。そこでは日本の学生がかたまって住んでいた。岡田泰蔵[75]、山田太郎[76]、小寺謙吉[77]、若松忠太郎[78]、松本亦太郎[79]等が住んでいた。当時日本人が結構エール大学に留学しており、同志社を卒業して私費留学していた横井時雄、綱島佳吉、坂田（後に村井）貞之助、白洲長平、山口精一、三宅亥四郎[80]等が神学や哲学を勉強していた。同志社で教鞭をとっていたラーネッド博士の母校がエール大学であったために、同志社出身者がエール大学に来ていた[81]。神学を勉強したことのある藤吉と交流があったのではないか。弟の赤松覚治郎が同志社に在学していたことも交流の存在を推測させる。その中で藤吉はボス的存在であったようである。ニュー・ヘブンに来た時にはすでにアメリカでの生活は四年以上になっていたからである。老婦人がよく日本人を世話していたが、日本人は集まっては日本料理らしきものを作って食べていた。中国人のところに行って、中国の醤油、たぶん魚醤であろうが、それを譲り受けて料理に使っていた。キャベツを塩漬けにして香の物にしたり、椎茸や湯葉のような乾物を仕入れて料理していた。それを率先してやっていたのが藤吉であった[82]。一八歳ごろから独り暮らしをしており、料理の腕を上げていったのであろう。ジョンソン夫人は酒が嫌いであったために、食堂では酒を飲まなかったという。酒豪家の藤吉としては、これは残念であったとつぶやいていたと松本は追悼録の中で述べている。

藤吉は生活のためにアルバイトをおこなったであろう。ホテルや学生食堂でウエイターとして働く場合には食事前後の一時間半ぐらいの勤務ですんだ。英語が熟達すると会社で勤務することもあった。しかし、それだけではとうてい足りない。夏休みの三カ月に集中的に働いて生活費を稼いだ。ニューヨークのハドソン川で船遊びのための船頭をやったり、料理人やウエイターの仕事をしたり、避暑地でのアルバイト等多くの仕事をして収入をあげていた。(83)

女性とのつきあいがあったようである。松本亦太郎の追悼文によると土倉政子（まさ子または満佐子ともいう）とバイオレットという女性と文通をしていた。土倉政子は奈良県吉野の山林王と呼ばれた土倉庄三郎の次女であった。梅花女学校から同志社女学校に移り第七回本科を一八八八年六月卒業した。その年一〇月八日に同志社に赴任してきたデントン（Mary Florence Denton）に会い、彼女の勧めで一八九〇年、一九歳の時にアメリカに留学した。(84)フィラデルフィアの予備学校からクェーカー派に属していたブリンマリー・カレッジ（Brynmawr College）に移って勉強中であった。このカレッジは津田梅子が学習院での勤務をやめて二回目のアメリカ留学を一八八九年（明治二二年）七月から一八九二年六月の間おこなったところである。したがって両者の留学の時期が重なっていた。

土倉政子が文通で書いた英語の文章が非常に流暢であったことが追悼録の中の松本の文章で述べら

れている。藤吉とどのような経緯で知り合いになったのであろうか。藤吉の弟覚治郎が同志社在学中に兄がアメリカにいることをだれかが知り、その人がアメリカに留学しようとする政子に紹介したか、あるいは直接に覚治郎が政子に兄を紹介したのかも知れない。

政子は約七年間の留学を終えて一八九七年八月日本に帰国し、同年一〇月に外務省に帰国のお礼のために訪問した時、当時アメリカとハワイの合併問題に伴う日本人の処遇について弁理公使として交渉後、ハワイから帰国し、通商局長であった内田康哉に見初められて一八九九年（明治三二年）四月に結婚した。内田は一八六五年八月一〇日生まれの熊本県出身であり、一八七六年九月同志社に入学したが、キリスト教主義教育になじめなかったこと、当時同志社で勢力を持っていた熊本バンドの人々とうまくいかなかったことから一八七八年九月に退学していた(85)。その後内田は、東京帝国大学法科大学を卒業し、外務省に入った。結婚後は、オーストリア公使、アメリカ公使、ロシア公使を歴任し、一九一八年九月成立した原敬内閣のもとで外務大臣になり、満州事変がおきた時には満鉄総裁であった。英語だけでなく、仏語・独語もできた政子は内助の功を発揮したという(86)。結局、同じ頃日本に帰国した藤吉との仲は実らなかった。藤吉はシャムから帰国後衆議院議員になったが、その時国会や外務省で内田康哉と会っているし、公使としてシャムに赴任する時には内田が外務大臣であり、直接に接する機会があったが、政子と会う機会もあったであろう。

もうひとりの交際相手であるバイオレットはニュー・ヘブンに住む実業家の娘であり、藤吉はその

エール大学助手時代（中列右より5人目）（1896年）

家庭に呼ばれてごちそうになっている。松本亦太郎の追悼文によれば、スラリとして血色の好い、面長の品のよい令嬢であった。どの程度のつきあいであったのかは不明である。藤吉が衆議院議員としてアメリカを視察した時に、シアトルでバイオレットと再会したという。

一八九六年六月 Master of Law を得たが、修士課程の間に商法、ローマ法、国際法、法理学の単位を取得した後、ロースクールで助手（クイス・マスター）となって、月二五〇ドルの給与を受けた。これでアルバイトをしなくてもやっていけるようになった。一八九六年九月にはアメリカ連邦政府の弁護士資格を手に入れた。この時二六歳になっていた。一八九七年度の最優秀な成績であった（cum laude）学生に選ばれた。一八九八年には Doctor of Civil Law を得ることができた。最優秀の成績をあげたので、エール大学の講堂に肖像が掲げられていた時期があった。藤吉の甥にあたる赤松秀雄が東大工学部教授時代に交換教授として一九五七年にエール大学を訪問した時、伯父の若い肖像が壁の上からじっと見下ろしているのを発見して驚いたことが記録されている[87]。

藤吉はエール・ロースクールに在学中に論文を発表している。Yale Law Journalの五巻に「The Kowshing in the Light of International Law」という題で掲載されている。発行年度が一八九六年六月であるので修士課程にいる時にまとめた論文である可能性が高い。この論文は日本籍の船である浪速丸が韓国沖で攻撃をしかけて英国籍の興信丸を沈めた事件を国際法の観点から考察したものである。つまり、この攻撃が戦争を宣言しないでなされたが、それは国際法のルールに従った行為なのかどうかを議論している。戦争の宣言をした後、指示に従わなかった興信丸を攻撃したので国際法違反は生じないことを実証している。日本の後進性や日本人の野蛮な行動を非難する論調に対抗する意欲を感じる論文である。まだ学生であったのにYale Law Journalに掲載されたことは、彼の優秀さが認められていたことを示している。

藤吉は「日本の新しい民法典」(The New Civil Code of Japan) という題で論文を書いてドクターを得ている。一八九七年六月二八日に開かれたエール大学第七三回目の記念祭に、藤吉は博士論文の口頭報告をおこなった。この論文は現在エール・ロースクールには保管されていなかったが、一八九〇年（明治二三年）に公布された旧民法が法典論争（民法典論争）によって施行が延期された後、一八九六年（明治二九年）四月二七日公布された民法について書いたものであろう[88]。その内容の詳細が残念ながら分からないが、エール・ロースクールの図書館には藤吉が日本の民法典を英語に翻訳した本が残されていた。後にシャムで民商法典を編纂する際に、翻訳したのを藤吉がロースクールに送ったものである。

この頃、日本の法律雑誌に一本の投稿と二本の論文を寄稿している。投稿は法学新報五八号に掲載されているが、これは法学新報五六号の大審院の刑事判決の批評の中に、「借用証書ヲ以テ有形有価ノ動産ト為シ窃盗ノ物体タルコトヲ得ヘキモノト判決セリ各国ノ判例ニモ学説ニモ認メサル所吾人ヲ一驚セシムルニ足ル」と断言していることに対して、アメリカやイギリスの事例を紹介して借用証書を動産として窃盗の対象とする判例が存在することを述べたものである。法学新報五九号（一八九六年二月）に「水面使用権ニ就テ」と同じく七一号（一八九七年二月）に「北米諸州立法ノ傾向」が掲載されている。前者は水面使用権に関するアメリカの判決を二件紹介し、後者は個人主義に反してアメリカの立法が規制を加えることについて批判している。この二つの論文は投稿された短いものであるが、日本の法律雑誌にはじめて掲載されたものである。エール大学に藤吉がいることが日本に少しは知られたであろう。日本で法学教育を受けていないので、藤吉にとっては貴重なチャンスであったであろう。しかし、日本の法学界ではドイツ法の影響が強くなっていき、アメリカ法の影響が薄くなっていく時期でもあった。

藤吉は西バージニア州の弁護士資格だけでなく、連邦政府の弁護士免許を博士号を取得したことによって認められた。後者の資格を得た最初の日本人になった[89]。しかし、藤吉は弁護士活動をアメリカでおこなうことはなかった。ただニューヨークでアメリカ人を殺害した疑いで長く勾留されていた日本人を裁判で無罪を勝ち取る手助けをおこなったことが記録されている[90]。

(4)　日本への帰国

この頃から藤吉はアメリカに永住することを考えていたようである。両親はすでになくなっていたし、日本からアメリカに移住する者が増えていた時期でもあった。しかし、日本排斥運動が芽生え始めた時期であったので、アメリカ本土で長く弁護士の職を勤められるかどうか不安を感じ、アメリカ本土を離れる決心をした。そこでハワイに渡って弁護士を開業しようとしたが、アメリカがハワイを併合する問題が現実化するおそれがでてきた。そうなるとハワイは独立国でなくなり日本人排斥運動が強くなるおそれがでてきた。一八九七年三〜四月にアメリカはハワイにいる日本人のアメリカ大陸への上陸を拒否してきた。ハワイの弁理公使であった島村久に諭され、一八九七年七月ハワイをたって、同月二九日に日本に帰国した。

日本人より早く中国人がアメリカにやって来て、大陸横断鉄道の工事で働き、農工業や商業に乗り出し、はじめはアメリカに歓迎された。しかし、数が増えるにつれて、白人との衝突がおきた。特にカリフォルニア州では中国人が多かったために一八七七年頃から排斥運動がおこった。この運動は効を奏して一八八二年中国人排斥法が制定され、さらに帰化法の改正によって中国人の帰化を禁止した。

次に中国人にかわって日本人が安価な労働力として注目され、日本人の移民の道が開かれた。それに伴って日本の船がアメリカへの航路を開いた。一八九六年日本郵船がシアトル、一八九八年東洋汽船がサンフランシスコ、一九〇八年大阪商船がタコマに新航路を開始した。当然日本人が増えて、そのためにアメリカ側から排斥運動が起き始めた。アメリカにいる日本人の数は次のとおりである。(91)

一八八〇年	一四八人
一八九〇年	二、〇三九人
一九〇〇年	二四、三二六人
一九一〇年	七二、一五七人
一九二一年	一一一、〇二五人

最初に日本人排斥を主張したのは一八八六年サンフランシスコの医師オードンネルが市長選に立候補する時である。しかし、当時サンフランシスコ港で働く日本人は五〇〇〜六〇〇名にすぎず、反響はなかった。一九〇〇年黒死病が発生し、カリフォルニア州では黒死病を日本人や中国人に特有の病気と誤解し、日本人や中国人に強制的に薬品を注射した。これに怒った日本人や中国人との間で衝突が発生した。このころからハワイやサンフランシスコの労働者たちが日本移民に反対の立場を明らかにしはじめた。サンフランシスコでは一九〇五年に亜細亜人排斥協会を組織し、中国人、日本人の排斥運動を進めた。一九〇六年サンフランシスコで日本人学童隔離事件がきっかけとなって、一九〇七

年二月二〇日、セオドア・ルーズベルト大統領が署名した一九〇七年移民法改正によって日本人の移民を抑制することになった。日本政府は黒死病事件以来、アメリカへの移民を制限し始めた。藤吉がアメリカを離れる頃は、日本人排斥運動が明確な形を取り始めた時期にあたる。

藤吉は日本に帰ることになる予感があったのであろうか。ニュー・ヘブンを立つ前にボールドウィンに鳩山和夫への紹介状を依頼している。これはボールドウィンの持っていた資料がエール大学スターリング図書館に保管されており、その中に藤吉が左ききの手で書いた手紙が何通か残されている。一八九七年六月二四日付けの手紙の中で、その依頼をしていた。鳩山和夫はエール・ロースクールで日本人として最初にドクターを取得した人物であり、藤吉にとって大先輩にあたるし、一八九〇年から鳩山は東京専門学校の教授（のちに一九〇七年まで校長）をしており、そこを卒業した藤吉にとっては日本に帰国した後頼りになる人物と写ったのであろう。さらに一八八六年から八七年にかけてエール・ロースクールで学び法学修士を得た三菱合資会社の荘清次郎(92)、同じくエール・ロースクールを一八七九年に卒業し、当時横浜正金銀行頭取であった相馬永胤(93)への紹介状をも依頼していた。

いよいよ日本に帰ることになって、感慨もひとしおであったであろう。約六年間に渡るアメリカでの生活で苦しい時も楽しい時もあったであろう。博士号を取得でき、所期の目的を達成したことで満足感も感じていたであろう。しかし、アメリカでの苦労が日本に帰って実を結ぶのか、どのような生活になるのか期待感と不安感を持ちつつ、日本への帰路についたことであろう。

（1） 藤吉がシャムにいた頃はシャムと呼ばれていた。タイと名称が変わったのは一九三九年六月二四日からである。シャムという名称を最初に使ったのは一五九二年James Lancasterとされており、一七世紀にはヨーロッパ人の間で使われていた。シャムを正式の国名として使用されたのは、ボーリング条約である。シャムがサンスクリット語で浅黒いと黄金という二つの意味を持っていることについては河部利夫『タイ国理解のキーワード』（勁草書房、一八八九年六月）一〇八頁。

（2） 飯田順三『日・タイ条約関係の史的展開過程に関する研究』（創価大学アジア研究所、一九九八年三月）六八頁によれば、タイ人が藤吉の業績について自覚しはじめたのは一九八〇年ごろと記されている。一九八六年、タイ字雑誌のThammasat Law Journal一六巻二号にタイ法典編纂事業が取り上げられ、そこで藤吉の略歴が明らかにされたことによって、タイ法学界に知られるようになったとされている。藤吉はシャムでその功績によって貴族に準じる扱いを受けてから、プラヤー・マヒトンマヌーパコーンゴーソンクンというタイの爵位で呼ばれるようになり、公文書にもそれで書かれたために政尾藤吉という名前が消えてしまった。これも藤吉の名前が忘れ去られた原因であろう。

（3） アジアの旧社会主義国への法整備支援事業については、森島昭夫「ベトナムにおける法整備とわが国法律家の役割」自由と正義四七巻七号、一九九六年七月、原優「アジアへの支援」ジュリスト一一二六号二七〇頁、一九九八年一月。

（4） 国際民商事法センター（International Civil and Commercial Law Centre）は法務省の支援を受けて一九九六年四月一六日財団法人として発足した。市場経済に移行しつつあるアジアおよびその周辺諸国からの経済活動に必要な法制度の基盤整備についての支援をおこなうことを主たる目的としている。それ以前に刑事法関係の整備支援のために一九八二年アジア刑政財団が結成されている。

法務省法務総合研究所が運営を担う国連アジア極東犯罪防止研究所が一九六一年に設置されている。その前には一九五四年にビルマで国連主催の犯罪防止・犯罪者殊遇アジア地域会議が開催されたが、これが地域内協力の最初であった。そこでアジア地域研修センターの設立の決議がなされた。それを受けて設置されたのが国連アジア極東犯罪防止研究所である。アジア刑政財団は国連NGOの中でももっともランクの高い「総合協議資格」を二〇〇〇年五月に認められた。日本に本拠を持つNGOとしてはオイスカに次いで二つ目である。

(5)　飯田順三・前掲書六八頁。藤吉は波瀾万丈の人生をおくっているが、四つの時期区分は妥当と思われる。

(6)　弟覚治郎は一八八九年八月一七日赤松傳三郎の養嗣子となり、一八九八年六月同志社高等普通学校を卒業後、外務書記生として仁川領事館に勤務したが、兄と同様アメリカにおもむき、一八九九年ミシガン大学に留学し、哲学博士（Ph.D）の学位を経済学で得て一九〇三年に帰国した。徳富猪一郎（蘇峰）の紹介で三井物産に入社した。一九一四年六月ロンドン支店次長になっている。しかし、病気となってロンドンからの帰国中、一九一五年七月一日夜香港上海間の海上で船から飛び込み自殺をした。

(7)　弟定次郎は八幡浜の呉服商長野家に養子にいったが、名前を長野利寿と改めた。土管、セメント、玩具、雑貨等の商売を営み、八幡浜町議にもなっている。兄にあわせて政友会に入党している。

(8)　「政尾博士の話」海南新聞一九一五年一月一八日。これは郡中町尋常高等小学校で講演した内容をまとめたものである。

(9)　中野ミツについては澄田恭一「大洲の女傑・中野ミツ」『温故』復刊一八号（一九九六年）三六頁。

中野ミツは一八四七年一一月一五日西宇和郡伊方浦に生まれ、一八七七年、三〇歳の時、資産家であった中野家に養女となる。一八八六年一一月五日大阪南一致清水堂会堂においてアレキサンダーから受洗し、一八八七年大洲教会に転入した。本屋「雙松堂中野書林」を開業し、大洲女学校の設立に尽力している。

(10) 新愛媛編『南予の群像』(新愛媛、一九六六年四月)一九二頁。

(11) 伊予市誌編纂委員会編『伊予市誌』(一九七四年一二月)六一四頁。

(12) 二代目大洲藩主加藤泰興が松山城在番中、大洲領の飛び地であった風早郡、桑村郡と松山領の交換が認められて、伊予郡、浮穴郡が大洲領になった。寛永一二年(一六三五年)のことで、この地は「御替地」と呼ばれた。愛媛新聞社編『愛媛県百科大事典上巻』(一九八五年六月)四一三頁。

(13) 景浦稚桃「日秦親善の功労者故政尾藤吉氏の事蹟に就て」伊予史談一〇七号(一九四一年一〇月)六一三頁。

(14) 水野広徳の随想によれば、海南新聞社が新聞配達に少年を使いはじめたのは、一八九一年ごろとしているが、藤吉はそれより以前に郵便配達をしていた。愛媛新聞社編『愛媛新聞社百二十年史』(愛媛新聞社、一九九六年一二月)一〇四頁。

(15) 大洲市誌編纂会編『増補改訂大洲市誌上巻』(一九九六年三月)三九〇頁。

(16) 大阪一致女学校は一八八六年九月開校し、伊予大洲出身の桜井昭直牧師が校主となった。大阪北一致教会と大阪南一致教会の信者が娘にキリスト教教育を受けさせたいために設置された。中野ミツは校舎改造のために一〇〇円を寄付した。学校は土佐堀から西成郡清堀村(現在の中央区玉造)に移転した。

(17)　大洲教会百年史編纂委員会編『流れのほとりに植えられた木——大洲教会百年史Ⅰ——』（日本基督教団大洲教会、一九九九年六月）七一〜七四頁。
(18)　The New Dominion, June 22, 1895.
(19)　愛媛県立大洲高校の澄田恭一氏からの私信による。留学の費用として家を売って得たお金より中野ミツが用立てたお金の方が大きかったのではないかと推測されている。
(20)　吉住英和「川口居留地のキリスト教と学校」堀田暁生＝西口忠編『大阪川口居留地の研究』（思文閣出版、一九九五年二月）二五一頁。
(21)　新修大阪市史編纂委員会編『新修大阪市史』第五巻（一九九一年三月）七九五頁。
(22)　渓昇編『大阪府の教育史』（思文閣出版、一九九八年二月）二九四頁。
(23)　野々目晃三「キリスト教学校における伝道と教会形成」桃山学院年史紀要五号、六九頁。
(24)　大塚久則「高等英学校についての若干の整理」桃山学院年史紀要六号（一九八五年一月）一頁。
(25)　大阪三一神学校では終業年限が最初五年で、しだいに短くなって四年、三年となった。一九〇八年までに二四年間に六二名の卒業生が出ている。日本聖公会歴史編纂委員会編『日本聖公会史』一九五九年四月。藤吉は卒業していないので、この数の中には入っていない。梅渓昇編・前掲書、二九五頁。
(26)　三木榮「政尾公使傳」政尾藤吉追悼録、一六頁。
(27)　大洲教会百年史編纂委員会編・前掲書、四三頁。大井上輝前は原胤昭、留岡幸助とともに囚人の感化事業に尽力した。一八四八年（嘉永元年）一〇月二二日生まれで、一八六二年一四歳で大洲藩を脱藩してサンフランシスコに渡り、三年修業した後、帰国した。北海道開拓使の通訳となり、開拓使大主典まで栄進し、帝政ロシアとの外交交渉に従事した。のち一八八二年二月内務省に移って、監獄局の事務取扱を命ぜられた。釧路、空知、樺戸で集治監典獄を歴任したが、不敬事件によって四六歳で非職となった。のちに札幌区（後に市）会議長になったが、一九一二年一月一四日死亡。日本の近代行刑史を語る上で欠かすことのできない人物である。鏑木路易「北海道バンド論」、同志社談叢二〇号（二〇〇〇年）一八頁以下では、大井上がアメリカ留学中にクリスチャンになったとするが、そうではない説がある。釧路集治監を語る会編『釧路集治監に勤務した人々』一九九二年二月一一〇頁ではアメリカよりキリスト者となって帰ってきたが、これは記録がないため伝承によるとされている。広谷和文「典獄　大井上輝前の軌跡」基督教論集三八号（一九九五年三月）六九頁では大井上自身が基督信奉者でないと書いた書簡が引用されている。彼の墓は東京谷中にあるが、神道式であることを指摘するのは大洲教会百年史編纂委員会編・前掲書、四四頁。岡田重則「典獄旧大洲藩大井上輝前評伝」温故復刊九号（一九八七年）一〇頁と重松一義『名典獄評伝大井上輝前』（日本行刑史研究会、一九八四年一月）参照。

(28)　三瀬周三は一八三九年一〇月一日生まれで塩問屋麓屋半兵衛の子であった。叔父二宮敬作のもとで学問にはげみ、蘭学と医学を勉強しシーボルトの教えを受けた。電信機の実験に日本ではじめて成功した。シーボルトの日本地図持ち出しに関わったとして四年佃島で獄舎生活を送った後、シーボルトの娘であるイネの子高子と結婚した。大阪医学校（今の大阪大学医学部の前身）や東京医学校（今の東京大学医学部の前身）で教育に携わった後、一八七七年一〇月一九日三九歳で死亡した。大洲市誌編纂委員会編『増補改定大洲市誌上』（一九九五年）二九三頁。三瀬死亡の時藤吉は七歳であったから直接三瀬とは面識はなかったであろう。郷里の偉大な人物として知っていたと思われる。

(29)　慶応に入社したが卒業はしていない。しかし鎌田栄吉のすすめで交詢社に入会している。鎌田栄吉については鎌田栄吉先生伝記及全集刊行会編『鎌田栄吉全集―全三巻』(非売品、一九三五年二月)を参照。藤吉が慶応に入社したころは、鎌田は内務省御用掛を辞し、大分県師範学校校長、学務課長であったが、一八八八年一二月に慶応義塾教員になっている。国際労働機関での第一回の国際労働会議に政府代表として出席した人物である。

(30)　中村敬宇については石井研堂『中村正直伝』(明六社、一九〇七年)、高橋昌郎『新装版中村敬宇』(吉川弘文館、一九八八年二月)、荻原隆『中村敬宇研究』(早稲田大学出版部、一九九〇年)、星新一『明治の人物誌』(新潮社、一九七八年一二月)一―二八頁。

(31)　高橋昌郎・前掲書、一二七頁。

(32)　杉浦重剛は一八五五年生まれで、膳所藩の士族であったが南校で化学を専攻した。一八七六年イギリスに公費留学を果たし、一八八五年東京英語学校を設立したが、これが後に日本中学校に改称し、同人社と合併させた。東宮御学問所御用掛、帝国議会議員や枢密院顧問官を歴任した。

(33)　『早稲田大学百年史』五五四～五五九頁。

(34)　海軍と関係の深い学校として攻玉社という学校がある。ここでは一八九〇年に海軍予備科を設けており、海軍に入るための予備学校の役割を果たしていた。そこで、この学校につとめたと考えられないことはないが、中野ミツは江田島という地名を明記しており、東京にある攻玉社ではないであろう。

(35)　広島女学院編『創立五〇周年記念誌』(広島女学院、一九三六年一〇月)三六頁。

(36)　ランバス父子が宇和島での伝道が実を結んだ背景に、旧藩主伊達宗紀の病気治療にあたったことがある。殿様が外国人に診せるというのは大変なことであるが、ランバスは丁寧に診察し、神戸に帰ってからも若干の食料と薬品と聖書を患者に送ったという。これに殿様も感心し、ランバスに親しむ気持を持ち、キリスト教に協力したという。山崎治夫『地の果てまで―改定版』(啓文社、一九六一年三月) 六七頁。

(37) 教会の歴史は神戸栄光教会七〇年史出版委員会編『神戸栄光教会七〇年史』(一九五八年九月) 参照。

(38) 毎日新聞阪神支局編『新月ここに―関西学院九〇年史』(毎日新聞阪神支局、一九八一年三月) 二三頁。この関西学院の敷地の西隣の旧葺合村に神戸高等商業学校 (神戸大学の前身) が一九〇二年三月に設置された。

(39) 柳下宙子「戦前期の旅券の変遷」外交史料館報一二号 (一九九八年六月) 三一頁。

(40) 石附実『近代日本の海外留学史』(中公文庫、一九九二年六月) 二一一頁。

(41) 青山四郎『土器と黎明』(グロリア出版、一九七八年) 八二頁。

(42) 大洲教会・前掲書、七六頁。

(43) 前掲書、七五頁。

(44) 富田仁編『海を越えた日本人名事典』(日外アソシエーツ、一九八五年一二月) 一六頁。

(45) 一八七三年制定された徴兵令は、一八七九年一〇月、一八八四年一二月に大幅な改正がなされた。軍備の拡張によって兵力を増強する必要性がうまれ、国民皆兵制度を徹底するために免役を制限する改正がなされた。その一八条には、「教正ノ職ニ在ル者」、「官立府県立学校 (小学校ヲ除ク) 卒業証書ヲ所持スル者ニシテ、官立公立学校教員タル者」、「官立大学及ビ之ニ準スル官立学校本科生徒」、

「官立府県立学校（小学校ヲ除ク）ニ於テ修業一個年以上ノ課程ヲ卒リタル生徒ハ、六個年以内徴集ヲ猶予ス」等の規定があり、官立府県立学校が特別に優遇されている。私立学校出身である藤吉には不利である。その中で「学術修業ノ為外国ニ寄留スル者」は徴兵が免除になる規定があり、藤吉はこれを利用した。

(46)　石附実・前掲書、二六九頁。

(47)　前掲書、三〇六頁。

(48)　前掲書、三一五頁。

(49)　武田勝彦「東京専門学校海外留学生の航跡」早稲田大学史紀要二八巻（一九九六年九月）八四頁。

(50)　吉岡美国は一八六二年京都に生まれ、京都英学校、後に京都中学校を卒業し、ただちに母校の助教諭になったが、一八八五年神戸の英字新聞「兵庫ニュース社」に入社して、ランバス父子に会ってキリスト教徒になり、南美以神戸教会の牧師として関西学院の設立に参加した。南メソジスト監督教会の日本宣教部の指導者でもあった。一九四八年二月死亡した。

(51)　関西学院百年史編纂事業委員会編『関西学院百年史通史編Ⅰ』（学校法人関西学院、一九九七年五月）一一九頁。日本キリスト教学校教育同盟編『日本キリスト教教育史―人物編』（創文社、一九七七年三月）一八一頁。W・R・ランバスの生涯を描いた本として山崎治夫『地の果てまで―改定版』（啓文社、一九六一年三月）。メソジスト教会は一八八五年になって日本伝道を決定し、その初代の責任者として三二歳のW・R・ランバスが選ばれた。日本に滞在したのは四年間であったが、パルモア学院（パルモア英学院）、関西学院、広島女学院、ランバス女学院（聖和大学）の創立に寄与した。父J・W・ランバスは神戸で死亡し、再度山のふもとにある修法ヶ原の外人墓地に埋められている。子W・R・ランバスは横浜で死亡したが、上海の外人墓地で母の傍に葬られている。

(52)　バンダビルト大学についてはEdvin Mims, History of Vanderbilt University, Arno Press, 1977.

(53)　潮木守一『アメリカの大学』（講談社学術文庫、一九九九年一二月）一八頁。

(54)　潮木守一・前掲書、二四頁。

(55)　Register of Vanderbilt University for 1892-93 and Announcement for 1893-94, p.16, Vanderbilt University Press, 1893.

(56)　和一郎は日清戦争直後日本に帰国し、ただちに結婚したが、一九〇九年四二歳で死亡した。和一郎の孫の康夫氏の教示による。埼玉県議会編『埼玉県議会歴代議員録』（一九六六年）二五七頁。

(57)　西バージニア州立大学の歴史については、William T. Doherty, Jr. and Festus P. Summers ed., West Virginia University-Symbol of Unity in a Sectionalized State, West Virginia University Press, 1982.

(58)　西バージニア州立大学のロースクールの歴史についてはD. Lyn Dotson, "West Virginia University College of Law; Its First Hundred Years" (unpublished paper)、これは西バージニア州立ロー・ライブラリーのKevin Fredette氏から提供を受けた。

(59)　"Japanese Worthies Abroad--Dr. Tokichi Masao, Legal Adviser to the Siamese Government", The Rising Generation 青年, vol.1,no.5.

(60)　The Post, December 1, 1894, January 19, 1895.

(61)　Herbert B. Adams ed., History of Education in West Virginia (Contribution to American Educational History No.30), United States Bureau of Education, p.61, 1902.

(62)　母の死亡後、妹ヤスあてに出した手紙が原田家に残っていた。ヤスが一八九五年三月二八日付けでだした手紙への返事であり、五月一二日の日付けになっている。それには、母死亡のことがアメリカの新聞五〜六種類に掲載されたことが記されている。ワシントンの新聞にも掲載されたことを書いている。これは藤吉がアメリカで名前を上げたからであると自慢をしている。大志を目指してがんばっているので心配しないこと、母の死後妹も大変であろうが、辛抱してほしいこと、赤松伝三郎、中野ミツにもよろしく伝えてほしいことが述べられている。今年か、来年か、再来年には「タダイマフジニツクイサイユウビン　ヨコハマニテ　マサオトキチ」の電報を受けとるだろうと希望を持たせることを最後に書きしるしている。

(63)　The New Dominion, June 22, 1895.

(64)　この写真には女子学生一人も写っている。一八九五年に女子学生がロースクールを卒業したことを示す写真である。西バージニア州立大学としては早い時期に女子学生の入学を認めていたことも自慢の出来事であったようである。この女子学生Agnes Morrisonは夫とともに同時にロースクールを卒業している。Waitman Barbe ed., Alumini Record of West Virginia University, 1903, p. 157.

(65)　The Post, June 29, 1895.

(66)　武田勝彦・前掲論文、一〇〇頁。杉田金之助は東京専門学校卒業後、明石治安裁判所の判事試補から神戸地方裁判所判事となった後、ミシガン大学に留学した。帰国後東京区裁判所判事となり、東京専門学校講師も兼任した。一九一四年から早稲田大学教授となってローマ法、法学原理、英法、債権法、アンソン契約法の授業を担当した。一九二三年六月死亡した。

(67)　田中英夫『アメリカの社会と法』（東京大学出版会、一九七二年）、二九七頁。
(68)　田中英夫『ハーバード・ロースクール』（日本評論社、一九八二年）、一六頁。
(69)　Simeon Eben Baldwinは一八四〇年二月五日に生まれ、一九二七年一月三〇日死亡した。祖父Simeon Baldwinはコネティカット州最高裁判所の判事であり、父Roger Sherman Baldwinはコネティカット州知事、合衆国上院議員であった。ボールドウィンは一八七二年からエール・ロースクールの教授になり、藤吉が教わっていたころはコネティカット州の最高裁判所の裁判官も兼ねていた。一九〇七年から一九一〇年まで裁判長であった。Who Was Who 1916-1928, p.45 Adam & Charles Black, LondonおよびAmerican Council of Learned Socities ed., American National Biography, vol.2, p.66, Oxford University Press, 1999.
(70)　Yale Law Journal vol.5,no.3 p.144.
(71)　Frederick C. Hicks ed., Yale Law School: 1895-1915 Twenty Years of Hendrei Hall (Yale Law Library Publications No.7), Yale University Press, 1938.
(72)　Yale University ed., Bulletion of Yale University, 1895-96, 369p.
(73)　河北新報一九〇二年一月二二日一面にこれまでエール大学では日本人に授業料を免除していたが、この当時二二名の日本人がこの制度の適用を受けていたが、それを廃止するという記事がある。
(74)　松本亦太郎『遊学行路の記』（第一公論社、一九三九年一〇月）一七五頁。
(75)　岡田泰蔵は丹後竹野郡上宇川の出身の弁護士であった。東京法学院を卒業して一八九六年から一八九九年エール・ロースクールに私費留学し、Doctor of Civil Law を得て帰国した。京都府選出の帝国議会議員及び枢密院顧問を歴任した。

(76)　山田太郎はジャパン・タイムズを創設した山田季吉の息子であり、アメリカに帰国後ジャパン・タイムズ社に入社したが、数年して死亡した。

(77)　小寺謙吉は兵庫県三田の出身で神戸商業学校を卒業してから、杉浦重剛の称好塾で学んだ。一八九七年エール・ロースクールに留学し、後にコロンビア大学に移って法学博士号を取得して一九〇四年帰国した。帰国後再びアメリカに渡り、ジョンスホプキンス大学で政治学、ハイデルベルグ大学に移って政治・公法学を勉強した。帰国後第四師団騎兵隊に入営して日露戦争をたたかった。第二次世界大戦後神戸市長になっている。父小寺泰次郎は、三田藩の侍であったが、九鬼隆一、白洲退蔵（元横浜正金銀行取締役）とともに藩主九鬼隆義の重臣で三羽ガラスと言われていた。後に小寺泰次郎は巨万の富を得、今の相楽園の所に住宅を構えていた。藤吉は九鬼隆一の娘と結婚しており、さらに同じ時期に衆議院議員となっており、小寺謙吉とはなんらかのつながりを保っていたのではないか。

(78)　若松忠太郎は築地新栄町の出身でエール理科大学（Sheffield Science School）に留学していた。

(79)　松本亦太郎は私費でエール大学に留学し、後に文部省の留学生として心理学の勉強のためにライプチヒ大学に留学した。同志社で学んだこともあり、横井時雄とは友人であった。横井から藤吉のことを紹介されてエール大学留学のためにニュー・ヘヴンに初めていった時のことを政尾藤吉追悼録の中で書いている。帰国後高等師範学校兼女子高等師範学校教授、東京帝国大学教授を歴任した。日本における実験心理学の基礎を築いた。

(80)　横井時雄、綱島佳吉、山口清一、白洲長平、坂田貞之助は同志社を卒業して、私費でエール大学神学部に留学した。横井時雄、綱島佳吉は熊本バンドのメンバーであるが、横井は一八七九年同志社を卒業して布教活動に従事し、東京本郷教会牧師に就任した。一八九四～九六年エール大学で学び、四一歳で帰国して同志社の三代目の社長になった。しかし、一八九八年辞職して後政友会に入り代議士として活躍した。一九二七年九月一三日脳溢血のために死亡する。同志社社史資料室編纂『追悼集四』六〇～七四頁。綱島佳吉は一八八四年神学校を卒業し、平安教会の伝道師、霊南坂教会を経てエール大学に留学し、帰国して番町教会の牧師となった。白洲長平は注（77）でふれた白洲退蔵の次男で、創世期の同志社野球部のスターであったが、一八九三年卒業して森組を経てエール大学に留学した。一九三〇年一二月一三日死亡した。同志社大学体育会公式野球部編『同志社大学野球部部史』（一九九三年一一月）九～一六頁。山口精一は一八九七年同志社卒業後エール大学に留学、帰国後茂木商店に入り、支配人となるが、一九三一年一月三日死亡した。同志社社史資料室編纂・前掲書Ⅳ二四八頁。村井貞之助（旧姓坂田）は一八八九年英学校英語普通科、一八九二年神学校本科を卒業し、エール大学神学部に留学し、村井本店を経営しつつ、学校法人同志社の理事として活躍した。三宅亥四郎（旧姓鎌田）も一八九〇年同志社普通学校、一八九四年神学校本科の卒業であるが、心理学を専攻していた。早稲田大学教授、第六高等学校教授を歴任した。

(81)　牧野虎次『針の穴から』（牧野虎次先生米寿記念会、一九五八年一一月）一五頁。

(82)　松本亦太郎「エール在学中の政尾博士」政尾藤吉追悼録三〇頁。

(83)　杉井説造「日本人と米国大学」明治学報一〇一号（一九〇六年四月）七〇頁。

(84)　同志社女子大学一二五年編集委員会編『同志社女子大学一二五年』（同志社女子大学、二〇〇〇年一一月）六七頁に、土倉政子とデントンが一緒に取った写真が掲載されている。デントンは同志社女子部の母と慕われ、一八八八年来日以来六〇年間、第二次世界大戦の時もアメリカに帰国しないで同志社で働いた。その生き方は同志社に大きな影響を与えた。土倉政子が留学中、同じ大学で勉強した者に松田道がいる。彼女は横浜フェリス女学校を卒業後、同志社女学校専門科文学科に在学中に、津田梅子が作った米国留学生の第一回奨学生として留学していた。

(85) 西田毅「人物点描76「満州国」建国に賭けた外務大臣内田康哉」同志社広報三二七号（二〇〇〇年四月）三六頁。一九三一年満鉄総裁となり、満州事変後、関東軍に協力して満州国承認、国連脱退と国際的に孤立化の方向を強め、幣原喜八郎の協調外交に対して、焦土外交と呼ばれた。

(86) 土倉祥子『評伝　土倉庄三郎』（朝日テレビニュース社出版局、一九六六年六月）一九七〜二〇一頁。政子が同志社女学校に在学中、新島襄は政子の結婚相手を捜したようであるが、失敗した。庄三郎は新島襄の同志社設立に際し五〇〇〇円を寄付した。政子は裕福な家庭だったので年一〇〇〇円必要な学費と生活費が日本から送金されていた。内田康哉伝記編纂委員会編『内田康哉』（鹿島平和研究所、一九六九年一月）五八頁に北京で公使夫人として活躍する様子が書かれている。

(87) 新愛媛・前掲書、一九三頁。

(88) 追悼録の松本亦太郎の文章では日本の憲法制定に関する問題を学位授与のときに読んだと書かれている。流暢なラテン語を使って発表したと記されている。ところが、エール・ロースクールでの博士論文発表のプログラムでは、日本の民法改正について発表したと記録されている。どちらが本当であるか。一応証拠のある民法の方を採用しておく。この方が「Doctor of Civil Law」にふさわしいと思われる。日本の民法典への関心を呼び起こし、エール・ロースクールで鳩山和夫が一九〇二年ストーを記念して設けられた講座で実施した集中講義で、日本の民法典とフランス民法典の比較をテーマに講義している。Kazuo Hatoyama, "The Civil Code of Japan Compared with the

French Civil Law", Yale Law Journal, vol.10, pp.296,354,403. さらにYale Law Library ed., The History of the Storrs Lectureship in the Yale Law School, The First Three Decade, 1890-1920（Yale Law Library Publications No.9), 1940, pp.68-74.

(89)　「日本人米国の法衛に奉職す」読売新聞一八九六年四月二四日三面では、コネティカット州合衆国巡回控訴院で事務に従事したと書かれており、それは日本人として初めてあると述べられている。

(90)　The Japan Times ed., The Rising Generation, vol.1,no.5.

(91)　日米新聞社編『在米日本人名事典』（一九二二年一一月）一五頁。

(92)　荘清次郎は一八六二年一月二〇日大村藩士荘新右衛門の長男として生まれ、一八六二年東京帝国大学法科大学を卒業し、翌年渡米エール大学に入り、一八九〇年帰国、三菱合資会社に入社した。一時第一一九銀行大阪支店支配人になったが、一八九五年三菱合資会社に復帰し、専務理事となった。一九二六年一二月二五日六五歳で死亡した。

(93)　相馬永胤は一八五〇年彦根藩士相馬右平次の長男として生まれ、貢進生に応募してアメリカに留学し、コロンビア大学、エール大学で学んだ。鳩山和夫と一緒に勉強していた。アメリカに一二年間滞在した。帰国して代言人、判事を経て、東京専修学校（現在は専修大学）を創立して校長となった。一八八五年横浜正金銀行取締役となり、一八九七年頭取となり、一九〇六年退職した。そののち専修大学学長になり、一九二四年一月二五日七五歳で死亡した。紫樓「相馬永胤氏の平生」太平洋三巻一号（一九〇四年七月）四二頁。専修大学相馬永胤伝刊行会編『相馬永胤伝』（専修大学出版会、一九八二年六月）参照。

第二部　シャムでの活動

1　ジャパン・タイムズに勤務

藤吉は二七歳の時日本に帰国して、ジャパン・タイムズに勤務することになった。ジャパン・タイムズに勤務するきっかけを作ったのは山田太郎であろう。彼はジャパン・タイムズの創立者山田季治の息子であったからである。藤吉と山田太郎とはエール・ロースクールに同じころ通っていた。エール大学の記録では山田太郎は一八九六年から一八九七年はJunior Class、一八九七年から一八九八年はMiddle Classに在籍していた(1)。一時期同じ下宿に住んでいたので、藤吉が先輩として山田太郎の世話をしたこともあったであろう。その縁でジャパン・タイムズに勤務することになったと思われる。

ジャパン・タイムズは日本人が経営・編集する最初の英字新聞であるが、一八九七年三月二二日に創刊号が発行された。初代の社長山田季治（一八四八年一一月七日生まれ、一九一六年一二月三日死亡）は福沢諭吉の妻錦の従弟にあたる。山田の実父である土岐鍋吉は、錦の実父、中津藩定府、土岐太郎八の実弟であり、後に松口儀助の養子となったが、季治が二歳の時家出をしてしまい、これを不憫と思った太郎八が残された一家を中津藩の家に引き取った。したがって錦と季治は一緒に養育されていたと思われる。その後季治は鳥取藩御蔵番山田忠右衛門の養子となり、二〇歳の時に養父のあとを継いで御蔵番となった。一八七三年（明治六年）に開校した潮津小学校の校長となり、一八七七年（明治一〇年）合併によって青谷小学校校長となった。その後山田は愛知英語学校（愛知一中、旭丘高校の前身）に移ったが、その当時の教え子が後にジャパン・タイムズの社員となって山田を助けた。つまり、主筆の頭本元貞、副主筆の武信由太郎（のちに早稲田大学教授）、支配人兼工場長の中西美重蔵である。(2)

山田は、「欧米人と日本人との間の意思を疎通し、互に接近する途を講ずる公共機関の必要なこと」から、「現在の国情に即した新聞事業が必要である」という認識を持ち、ジャパン・タイムズを創刊した。資金調達には福沢諭吉の協力によって三井、三菱、日本銀行、横浜正金銀行、日本郵船からの出資を得ることができた。麹町区内幸町一丁目五番地に会社の事務所と工場を設置した。藤吉は帰国の翌日には、この事務所を訪ね、主筆代理として入社の約束をおこなった。八年あまりアメリカに滞在し、英語に習熟していたし、その経験を生かすにふさわしい仕事であったかもしれない。伊予大洲に帰郷し、久しぶりに親戚や友達に会ってから東京に帰って、八月から勤務を始めた。当時外人記者三名の他、勝俣銓吉郎（のちに早稲田大学教授）、高橋一知、蓑田長成、最上梅雄（のちにアメリカ大使館翻訳官）、花園兼定、森正俊、岩堂保、西脇順三郎（のちに慶応義塾大学教授）、山田太郎等が勤務していた。(3) しかし、藤吉は一八九七年（明治三〇年）一一月にはシャムに出かけているので、約三カ月勤務したにすぎない。

この新聞編纂のために藤吉は外務省に出入りするようになった。これがシャムに渡るきっかけを作った。当時は第一次大隈内閣の時であり、外務大臣は大隈重信が兼任し、次官は小村壽太郎であった。小村は藤吉の書く記事に感銘を受けたということであるが、当時のジャパン・タイムズには署名記事がないので、どの記事か特定することはできなかった。藤吉は東京専門学校の卒業生であったが、在学期間が短かったので、学生時代に大隈重信と面識があったとは思われないが、卒業生であったことから面識を得やすかったであろう。小村壽太郎とは彼が一九一一年（明治四四年）一一月の死にいたるまでかかわりがあった。藤吉の墓は東京・青山墓地にあるが、小道を挟んで隣に小村壽太郎の墓がある。これも両者の関わりを示している。

ジャパン・タイムズが藤吉のシャム行きを報道したのは一八九七年一二月六日であった。Hongkong Telegraphからの通信という形で報道し、藤吉がシャムに出向いた理由を詳しく述べている。ジャパン・タイムズに勤務したことが、シャムに出かけるきっかけを作り、その後の藤吉の人生を左右したという意味で貴重な三カ月の勤務であったと言えよう。

2　シャムに出向くまでの経緯

藤吉がシャムに出向くことになった経緯について見てみよう。

当時のシャムの状況を見てみよう。一八九七年当時シャムを統治していたのはラーマ五世であった。ラーマ五世は一八六八年父モンクット王（ラーマ四世）の後をついで国王となったが、その時一五歳であった。成人に達するまでは摂政チュアン・ブンナーク（後にソムデットチャオプラヤー・ボロム・マハー・シースリヤウォン）が国政をみていた。その間にイギリス領マレー、オランダ領インドネシア、イギリス領インドを訪問して統治の仕方を勉強した。成人に達しシャムの改革に乗り出したが、反対派の抵抗にあって失敗したので、改革の速度を落としてゆるやかに改革し始めた。一八九二年四月以降チャクリ改革と呼ばれるシャムの近代化に乗り出した。藤吉のシャムでの仕事はこのチャクリ改革の一環の中に位置づけられる。

なぜ、ラーマ五世がシャムの近代化に乗り出さなくてはならなかったか。それは欧米列国との不平等条約を撤廃して対等な立場で条約を締結できるようにするためである。一八五五年イギリスとの間に「ボウリング条約」が締結されたが、それは王室の独占貿易の廃止、領事裁判権の承認、関税自主権の放棄が定められていた。シャム人とイギリス人の間の民事事件の場合には、イギリス人領事とシャムの判事による混合裁判で裁判され、刑事事件でイギリス人が被告となった場合には、イギリス人領事が裁判をおこなった。しかし、混合裁判はその後廃止され、イギリス人が被告の場合はイギリス人領事、シャム人が被告の場合にはシャム人の判事によって裁判されることになった。つまり、領事裁判権が採用されたのである。

この不平等条約はイギリスとの間だけでなく、フランス（一八五六年八月）、デンマーク（一八五八年）、ポルトガル（一八五八年）、オランダ（一八六〇年）、プロシヤ（一八六二年）、スウェーデンとノルウェー（一八六八年）、ベルギー（一八六六年）、イタリア（一八六八年）、オーストリア・ハンガリー連合王国（一八六九年）、日本（一八八七年）、ロシア（一八九九年）との間で締結された[4]。これはシャムにとってきわめて不利益な条約であった。さらに、シャムはイギリスとフランスの勢力の緩衝地帯として植民地になることを免れたが、両国から武力によって土地を侵略され国の独立性を脅かされてきた。それをなくすためにも不平等条約を撤廃する必要性があった。それらを撤廃する条件としてシャムを近代国家に作り替えなくてはならなくなったのである。この当時のシャムでは、近代国家とは議会制民主主義国家の形成を目指したものではなく、王制国家の枠の中での統治機構の合理化・効率化を目指したものであった。

ラーマ五世は国の基本方針を策定するために二つの機関を一八七四年に設置した。一つは国政評議会（Council of State）、もう一つは枢密院（Privy Council）であった[5]。前者は国政一般に関する協議、国王に対する諮問および法律の起草をおこなう役割を果たし、国王によって任命された一〇～二〇名の国政顧問官によって構成され、国王によって任命された大臣と王族六名が協議に出席できた。事項によっては枢密院議員も協議に参加できた。国王自身が議長になり、国王が欠席の場合は国政顧問官の中から副議長が任命された。後者は王族または官僚から国王によって選ばれた委員で数は決まっていないが、五〇名ぐらいで構成された。国王の立案する政策を諮問する機関であり、特定事項について調査を依頼された場合には報告書を国王に提出しなければならない。これらは国王の権限を強化する役割を持っており、それまで大きな権限を持っていた大臣（セーナーボディー）の力、特に多くの大臣を出していたブンナーク家の力を弱めるものであった。

したがって、この改革の特徴は議会制度によって国民の承認を得るという手続はいっさいないことを意味していることである。日本では治外法権を撤廃するための司法制度の改革は最終的には議会の承認を得て実現されたのに対して、シャムでは一九三二年の立憲革命まで議会制度が生まれなかったために、国王およびそれを補佐する人々の間で討議して決定されたことである。このことは、立法過程において議会の決議を経ないで、国王の裁可によって新しい法律を制定できることを意味した。ここが日本とは決定的に違うことである。

次に、一八九二年に行政の機構の改革をおこなった。この行政機構も国王を補佐するための役割を担っていた。軍組織を整備し、徴兵制度を作って国防体制の強化を図ったこと、内務省の下に全国を一八の管区にわけて知事を置き地方制度を整備したこと、王族の子弟を欧州に留学させて行政機構の中枢に据える人材養成をおこなったこと、関税と歳入の再編成をおこなったこと、伝統社会の基礎をなしていた「サックディナー制度」（権威田制）の下での奴隷制や賦役制を廃止して、農民が自由に国内を移動できるように保証したこと、郵便制度や電話、電報を導入したこと、鉄道建設、国民の教育制度の整備等がおこなわれた。(6) さらに、司法制度の改革がなされた。領事裁判制度をなくすためには司法制度を整備しなければならないし、さらに裁判をおこなう場合に準拠すべき法典を整備する必要性がでてきた。

しかし、それらの任務を果たせる人材がシャムには不足していた。そこで司法制度の改革や法典編纂のために外国人を顧問として雇用し、助言を得るシステムを導入した。このお雇い外国人は法律の分野だけでなく、多くの分野で採用された。(7) その外国人もイギリス、オランダ、イタリア、スイス、ドイツ、オーストリア、ベルギー、アメリカ等と多くの国から来ていた。(8) これはシャム側が特定の国に集中することを避けた結果である。しかし、長い期間の間に各国がそれぞれ既得権のように自国人を同じ部局に派遣してきたので、特定の部局毎に特定の国の出身者が多くなる傾向があった。一種の閥が出来ていた。たとえば海軍がデンマーク、大蔵省・文部省・内務省・農務省はイギリス、逓信省はドイツとなっていた。司法分野では、初めはベルギー人が多くいたが、そこにしだいにイギリス人とフランス人が増加してきた。その中で、なぜ司法改革の分野に日本人が入っていたかを次に見てみよう。

そのためにはシャムと日本の関係を見る必要がある。正式の国交は一八八七年九月二六日「修好通商ニ関スル日本国暹羅国間ノ宣言」が調印された時である。シャム側はビクトリア女王即位五〇周年記念式典からの帰りに東京を訪問した外相デーワウォン親王、日本側は青木周蔵が調印した。その宣言をシャムは一八八七年一二月一八日、日本は一八八八年一月二〇日に批准した。その批准書交換式が一八八八年一月二三日東京でおこなわれ、シャムからは外務次官パッサコラウォング親王が出席した。この宣言にはシャム側が積極的であったが、それはシャムの近代化を進めるにあたって日本をモデルとすることを考えていたためであるとされている[9]。当時日本も不平等条約を廃棄することを外交目標として努力している最中であった。日本のやり方を見習おうという方針が後に司法制度改革に日本人をお雇い外国人として雇用する伏線になっている。たとえば、一八八五年プリッサダーン親王らによってラーマ五世に上奏された「国家体制改革に関する王族及び官僚による建白書」の中で、日本が法制度を整備することによって不平等条約の改正を試みていることを指摘しており、日本の近代化を見習おうとする姿勢が示されている。しかし、日本の議会制度についてはラーマ五世ははっきりと拒否をした。

宣言後、シャムと日本の友好関係はスムーズには進まなかったが、一〇年後稲垣満次郎（一八六一年九月二六日生まれ、一九〇八年一一月二五日死亡）の努力があって、一八九八年「日本暹羅修好通商航海条約」が締結された[10]。稲垣満次郎は東京帝国大学卒業後、ケンブリッジ大学に留学し、帰国して「東邦協会」を基盤にアジア問題を積極的に論じ「東邦策士」と呼ばれるようになった。一八九四年稲垣はシャムを訪問し、日本と通商航海条約を結ぶ考えをシャム側が持っているかどうかを探ってきた。領事裁判権を日本に認めても条約を締結する意志がシャム側にあることを確認して、稲垣は条約を早期に締結することを主張した。一八九五〜六年の日清戦争で日本が勝利したことはシャムを驚かせたが、それは日本の国力をシャムに認めさせることになった。一八九七年五月松方内閣のもとで、外務大臣であった大隈重信は条約を締結する方針に基づき、シャムに公使館を設置し、弁理公使に稲垣を任命した。オリエンタル・ホテル（一八七六年に創設）の一室にその事務所を設けた。その後公使館をバンコックの中央駅の南側で、マハプルータラム通り（Thanon Maha Phrutharam）とニュー・ロードが交わる所に建設した。[11] シャムも公使としてプラヤー・リッティロンナチェート海軍少将を東京に駐在させた。通訳官として山本安太郎を連れてきていた。

稲垣の任務は当然通商航海条約の締結であるが、そのポイントになったのは領事裁判権を認めるかどうかである。先に述べたようにシャム側は日本に領事裁判権を認める方向であったが、シャムの総務顧問をしていたベルギー人のジャックマン[12]の反対もあって、領事裁判権を否定する提案をおこなってきた。その交渉の過程で一八九七年九月には妥協が成立し、日本側の領事裁判権をシャムが認めるが、司法改革が終了しだい、それを放棄することと、司法改革を日本人法律顧問が援助することが合意された。[13] シャム側は日本の司法改革を見習おうという意識を持っていたことと、外国人顧問を特定の国に集中することを避けたい意向をシャム側が持っていたこと、さらに当時法律顧問に多くのベルギー人が任命されていたが、西欧法をどうシャムに継受させていけばよいか悩んでいたが、その参考として日本の事例を知りたいという希望があったことから合意が成立した。(14)

日本では一八八〇年（明治一三年）七月一七日刑法、治罪法が公布され、一八八二年（明治一五年）一月一日から施行された。ボアソナードの起草になる財産法案は一八八八年（明治二一年）一二月司法大臣山田顕義から内閣に提出され、その後修正されて明治二三年四月公布された。家族法も一八九〇年（明治二三年）一〇月に公布された。民法や商法の編纂も進められたが、法典論争の結果施行が延期されて、再編纂がなされて民法は一八九六年（明治二九年）四月二七日、商法は一八九九年（明治三二年）三月九日に公布された。一八八九年（明治二二年）には大日本帝国憲法が公布された。民事訴訟法は一八九〇年（明治二三年）四月二一日公布され、一八九一年（明治二四年）一月一日から施行された。刑事訴訟法は一八九〇年（明治二三年）七月一〇日公布され、一八九一年（明治二四年）一月一日から施行された。これらの法典編纂をうけて一八九四年（明治二七年）七月一六日領事裁判権撤廃と関税自主権の一部回復を実現した日英通商航海条約が締結された。不平等条約を撤廃するために、着々と西欧法を参考に法典整備を進めていた日本が、同じように不平等条約に苦しめられていたシャムにとって司法改革のモデルになると考えられたのは自然であったであろう。しかし、不平等条約で苦しんだ日本が、同じ苦しみをシャムに求めたことに、日本側のアジアの中で強国になろうとする姿勢を感じさせた。治外法権を定めた日本とシャムとの条約が締結されてから約一年後の一八九九年（明治三二年）に日本は欧米列国との不平等条約を撤廃した。この接近した年で、一方は治外法権を撤廃したのに、他方は治外法権を受け入れざるを得なかったところに、日本とシャムの違いが出てきている。後になって藤吉がシャム公使として、治外法権の取扱に苦慮することになろうとは、この時点では思いもよらなかったであろう。

稲垣満次郎は、先の一八九七年九月の合意を受けて、日本人法律顧問の人選を外務省に要請した。当時の内閣は第一次大隈重信内閣であり、大隈重信は外務大臣を兼任し、小村壽太郎が外務次官であった。稲垣は日本人の顧問をシャムに送り込むことに熱心であった。稲垣が公使になる以前から日本人の技術者がシャムで働いており[15]、それをより積極的に進めたのが稲垣である。

日本人法律顧問の人選はどうなったか。それを『追悼録』の中で、当時外務省政務局長であった早川鐵治[16]が書き残している。人選の条件として、英語ができて、法律学を心得、その上に政治外交の手腕を持っていることがあげられている。法律事務の顧問だけでなく、将来シャムと友好関係を結ぶ必要があり、さらに当時シャムの総務顧問（General Adviser）をしているジャックマンと渡り合える人物が欲しいという意向であった。そこで鳩山和夫[17]が候補にあがった。鳩山はエール大学で民事法学博士号を取得し、弁護士として活躍をするとともに、一八八五年（明治一八年）外務省に入り清国の水兵が日本の警察官を殺した長崎事件や神戸雑居地で外国人が地代を支払わないという問題などの外交問題等を解決し、その外交手腕を発揮していたからである。しかし、一八九七年（明治三〇年）に衆議院議長になり、弁護士としても活躍して四二歳になっていたので行くはずがなかった。シャムは気候風土が厳しいので、若い者から人選することになり、外務省にジャパン・タイムズ記者として出入りし、総理大臣兼外務大臣大隈重信や外務次官小村壽太郎とも知り合いになっていた藤吉に白羽の矢があたった。

なぜ藤吉はシャムに行くことを承諾したのであろうか。エール大学で民事法学博士を手に入れたが、日本では東京専門学校の卒業であり、官立学校を卒業していないし、薩摩や長州のような雄藩出身でないことから、日本の中でなかなか認められない状況にあるという認識を藤吉は持っていた。それは日本の中枢に食い込めないことに対する反発心を生んだであろう。この反官・反中央の感情がシャムへの誘いに応じる決心をさせたのではないか。しかし、長期間シャムに滞在するつもりはなかったようである。四～五年すれば仕事が片付き、それから、しかるべきポストを日本で捜せばよいと考えていたようである。

いつごろかはっきりしないが、「日本社会の悪い癖として、南方と関係をもつ人間は三流であり、四流であるという通念があった」(18)。それでも、南方にかかわった日本人の中には、日本で活躍しても一級の著名人になったかも知れない人物がいるが、このような人物はごく少数であった。その数少ない人物の中に藤吉が含まれるであろう。日本側からは「山田長政に次で白像王国の政治を輔翼するの名誉を負るものと謂ふべし」(19)とみなされていた。

シャムに行くことに同意した藤吉は、一八九七年一〇月一九日付けのエール・ロースクールの恩師ボールドウィン宛ての手紙で、彼にシャム行きを報告し、立法作業で分からないことが出てきた場合には教示して欲しい旨を伝えている。

3　シャムへの赴任と法律面で着手した仕事

藤吉は一八九七年一一月二一日バンコックに到着した。当時は船でシンガポールまで行き、そこで乗り換えてバンコックに到着した。法典編纂事業に加わる予定であったので、日本の法典編纂に関する資料を持参したであろう。約二週間の船旅であった。最初は日本の外務省委嘱の特派員として赴任し、シャムに到着して後にシャムの外務省書記官となったが、それは当時高名な国際法学者であったジャックマンのもとにベルギー人五〜六人が法律顧問として任命されていたので、彼らとの間で衝突が生じないように配慮した結果とされている。ベルギー人が選ばれたのはベルギーがシャムに領土を得ようとする野心を持っていなかったためである。ジャックマンはエジプトの法務大臣であった時に、ダムロン親王の要請を受けて総務顧問を引き受け、一八九二年九月二七日シャムに到着した。総務顧問はシャムの外交と国政全般にわたって助言することを任務としていた。

ジャックマンは司法制度の改革のためにベルギーから法律家を呼び寄せていた。藤吉が赴任した当時の法律顧問はカークパトリック（Robert J. Kirkpatrick）、カティエル（Felicien Cattier）、シュレッサー（Corneille Schlesser）、オルト（Pierre Orts）がいた。その後ダウゲ（Auguste Dauge）、ティルモン（R. Tilmont）、シモン（C. Symon）、ロビジン（Charles Robijins）、ヘンボウ（A. Henvaux）、ブッシェル（L.D.Busscher）、バウドウ（A.Baudour）、ジョツラン（Emile Jottrand）らが加わり、ベルギー人は法律分野での顧問として大きな勢力になっていた[20]。ベルギー人以外にはオランダ人であるパティン（Patijn）がいただけであった。藤吉はこれらの人々とつき合っていかなければならなかった。多くのベルギー人の中に日本人が一人だけ加わってうまくいくかどうかを確認するために、まずシャムの外務省書記官として任命されたものと思われる。その経緯を示す書類が外交史料館にあるが、これは日本人が外国の官職につく場合には、日本政府の許可が必要であったために、外交史料の中に残っていたのである。藤吉から稲垣公使あてにシャムの外務省書記官となるための願書が一八九七年（明治三〇年）一二月七日付けで出されていた。

さらにシャムの人々ともうまくつき合っていかなければならない。特に司法省で働くシャムの人々との融和が必要であった。藤吉が赴任した時には三代目の司法大臣であったラートブリー（ラビと略して呼ばれている）は頑固な性格で有名であり、彼との交渉では苦労したこともあったであろう。彼は一八七四年一〇月二一日ラーマ五世の一四番目の息子として生まれ、イギリスに留学してシャム人として初めて法学士を取得したが、一九一〇年六月二六日まで司法大臣であり、藤吉が法律顧問であった時期と重なるだけに、きわめて重要な人物であった。さらに一夫多妻制度のために国王の一族のメンバーは非常に多く、その中には「チャクリ改革」に批判的な王族もおり、ラーマ五世の改革によって、それまで守られてきた身分制がゆらぐことをおそれた王族との調整が必要な場合もあったであろうと想像される[21]。王族のメンバー間の対立に巻き込まれないで法律顧問としての役割を果たすことの難しさを味わったことであろう。

また司法省に勤務する職員の中には裁判官を経験した者やイギリスで法律の勉強をした者、たとえばプラヤー・クライスィー（Pleng Waparaとも呼ばれた[22]）がおり、アメリカ法を勉強してきた藤吉にとって、やりやすい面とやりにくい面があったであろう。シャム独自の法制度が存在し、『三印法典』に代表される法典を作り上げる能力を持っており、それに基づき裁判によって運用してきたのであり、シャムに法律の専門家が相当の能力を持っているのは当然である。

藤吉ともっとも長くつきあいをした司法省の法律専門家としてラオ（La-or Krairoek）がいる。彼は一八九七年から司法省で働きつつ、司法省付属法律学校で勉強してシャムのバリスターの資格を最初に取得した。裁判官を経て司法省次官としてラビを助けた。またティレク（William Tilleke）はスリランカのキャンディ生まれで裕福なグーネティレケ家の出身であり、コロンボ大学を卒業して、バリスターの資格を取得したが、シャムに帰化して司法省に勤務した人物である[23]。このような人物とつき合いつつも、法制度の近代化のために、いずれ日本に帰国する藤吉にとっては、自ら立法作業を勉強しながら、ベルギー人の法律顧問やシャムの司法省の職員との妥協を図りつつ立法作業を進め、そこで得られたノウハウをシャムの法律専門家に技術移転しなければならない使命を帯びることになった。

藤吉がラーマ五世と謁見したのは、一八九七年一二月一五日メナム河の外に停泊していた船であった。ラーマ五世はシャムの国王として初めて同年四月七日ヨーロッパ旅行に出発し、約九カ月で一三カ国を訪問した。国の近代化のために海外の事情を知り、友好関係を築くための旅行であった。その途中、ラーマ五世はかっての家庭教師であったアンナ（Anna Leonowens）(24)とロンドンで再会を果たした。一二月にシャムに帰国してから、藤吉はラーマ五世と謁見することができた。どんな謁見だったのであろうか。藤吉はジャックマンやベルギーからの法律顧問とはそれより以前に会っていた。そこで藤吉はジャックマンとともに国王に会い、次のことを申し上げた。

「日本とシャムとの条約締結の談判が斯う々々云う程度までになって居る、而して日本が法典編纂其他条約改正と云ふことに就て、シャムを扶けると云うことになって、日本の政府の推挙になって日本人の私が参ったと云うような総ての話をして、是非此法典編纂と云ふことは、条約改正が出来上がるまでは動かすべからず所の国是として置いて貰いたいのである。又斯く陛下より宣言して置いて頂きたいのである。これに就いては明日陛下が御上陸の際に外国使臣からのお喜びの祝辞を申上げ、又政府の百官からもお喜びを申上げる。で其祝辞に対して皇帝のお答へになる時の勅語の中に何うか法典編纂の事を一言勅語として賜りたいのである、斯う云ふ事を両人して申上げた。所がそれが宜しいと云ふことになって、而もローラン・ジャックマンが其晩其勅語の草案を作ることになった」。そして「朕が今度欧羅巴漫遊中に於て見聞したる處に依て、種々感じたる事ある中にも、欧羅巴に於ては善良なる法律が善良なる裁判官に依て親切に施行せられて居ると云ふ事は朕の最も深く感じたる事の一つである故に我国に於いても法典の編纂と司法制度の改善と云ふことは、朕の将来期する所である云々、斯う云ふ事を詔勅に入れたのであります」(25)。弱冠二八歳の藤吉が述べたことが詔勅となったことに藤吉は感激したようである。これによって法典編纂が不動の方針となった。

語学の好きな藤吉はさっそくシャム語の勉強を開始したと思われる。シャム語を勉強しつつ、藤吉は、最初はシャムの外務省書記官であったので交渉中であった通商航海条約についてシャム外務省において稲垣を補佐していたと思われる。条約の交渉では最終的には、本文には領事裁判権については何も書かないで、議定書の中でシャムの「司法改革ノ完了セラルル迄即チ刑法、刑事訴訟法、民法（但シ婚姻法及ビ相続法ヲ除ク）民事訴訟法及裁判所構成法ノ実施ニ至ル迄日本国領事官ニ於テ在暹羅国日本国民ニ対シ裁判権ヲ執行スルコトヲ承認ス」ということで合意がなされた(26)。この条約は一八九八年二月二五日バンコックにおいて調印され、四月三〇日批准された。この条約によって、日本側が日本人の身柄を保護することになった。それまではフランス領事館に日本人の身柄の保護を依頼していたが、シャム側からみればフランスを快く思っていないのに、そのフランスに保護を依頼していることに不快感を感じていた。条約締結は領事裁判権の問題の他に、それが解消したことに意味があった。

この交渉にシャム側の一員としてジャックマンも加わっており、藤吉との間で交流があったであろう。その結果、藤吉はジャックマンに気にいられた。条約が批准された一八九八年四月ジャックマンの補佐（Assistant General Adviser）、つまり総務顧問補佐（Phu Chuai Khong Thi Pruksa Ratchakan）として採用された。この地位は一九〇一年四月に藤吉が法律顧問（Legal Adviser）になるまで続いた。この時に法律顧問になったのは、ジャックマンの病気によってベルギーに帰国し、復帰が困難になったために総務顧問部が廃止されたからである。ジャックマンは一九〇二年一月八日ブリュッセルで死亡した。その後総務顧問として二人が任命されたが、主に外交問題の顧問に限定されており、立法にはタッチしていない。ストローベル（Edward Henry Strobel, 一九〇四年から一九〇八年まで）とウエステンガード（Jens I. Westengard, 一九〇八年から一九一五年まで）であり、いずれもハーバード・ロースクールの国際法の教授であったが、ジャックマンと異なり、主に外交問題の顧問に限定されており、立法作業には深くタッチしなかった。(27)

ラーマ五世は、シャムの植民地化を避けるために、国王みずからのリーダーシップによって上からの改革である「チャクリ改革」を実施していた。その一環として、藤吉がシャムに赴く前から、司法制度の改革に着手していた。ラーマ五世は、正式に一八九二年三月二五日司法省を設立した。(28)この司法省の設置は国の近代化のためになされた行政組織の改革の一環であった。国王に対して直接責任のある大臣を長とする一二の省に変更されたが、その内の一つが司法省であった。中央集権的な統治機構を国王や側近の王族が中心になって作り上げていった。王族が各省を支える官僚となった。ラーマ五世はそのために優秀な王族をヨーロッパに留学させて教育を受けさせた。

初代の司法大臣はオックスフォード大学のベイリオール・カレッジ（Balliol College）で法律学を勉強したサワット親王（Prince Sawat）であった。一八九三年裁判所構成法を成立させ、重罪刑事裁判所（Ratchathanphichet Court）を設置し、さらに少額な事件を扱う裁判所（Borispah Court）を設けた。しかし、サワット親王のもとでは大きな改革はできなかった。

一八九四年一〇月二二日には二代目の司法大臣としてピチェット親王（Prince Phichit）が任命された。サワット親王は一八九三年九月にヨーロッパに旅立ったために、一時ロムワラヌラ親王（Prince Promwaranulak）が代行をしていたが、その職務を十分果たせなかったために、ラーマ五世は嫌っていたピチェット親王を司法大臣にせざるをえなくなった。ピチェット親王はラーマ四世の二一番目の子供であるが、法律に関心を持ち、一八七四年から国王が特別に設立する裁判所（Rapsang Court）の裁判官となり、さらに一八七六年設立された最高裁判所（Dika Court）の裁判官に任命された。海外の大学に留学はしていないが、『三印法典』(29)やシャムの伝統的な法典（Thammasat）や司法制度にもっとも詳しくなった。積極的な性格であり、ラーマ五世の政策に批判的であったために嫌われていた。しかし、彼に代わる人材がいないために司法大臣に任命された。司法制度の改革に乗り出し、後で述べるように証拠法・暫定刑事訴訟法・暫定民事訴訟法・拷問廃止法の制定、鞭打ちの刑の代わりに刑務所に収監すること、遅延している訴訟の早期解決等の成果をあげたが、病気を口実に一八九七年三月三日に司法大臣を辞めた。辞任後は立法制定の審議会委員、最高裁判所の判事や法律学校での教師となって、司法制度の改革に貢献した。

ピチェット親王が辞任した後、一一年間イギリスで教育を受け、オックスフォード大学のクライストチャーチ・カレッジ（Christchurch College）で法律学を学んで法学士を取得して、一八九六年帰国していたラートブリー親王（Prince Rabi of Rajburi、ラーマ五世の第一四子）[30]を、一八九七年三月三日司法大臣に任命し、引き続き司法制度の改革に乗り出した。

この大臣の交代の期間に、一八九四年に新しい裁判所制度を導入し、二つの治安裁判所（Borispah）、中央刑事裁判所（Sarn Aya）、民事裁判所（Sarn Phaeng）、国際裁判所（Sarn Tanpatet）[31]、控訴裁判所（Sarn Uthorn）、最高裁判所（Sarn Dika）が設置された。さらに租税裁判所（Sarn Sanphakorn）も設置され、七種類の裁判所が生まれた。それまで各省ごとに特有の裁判所を設け、行政官が同時に裁判官を兼ねていたために独断的な判決を出してその弊害が大きかった。それまで一六もあった裁判所を整理した。

さらに裁判官を養成するために法学教育の機関として司法省内に一八九七年に法律学校が設置された。ラートブリー親王自身もここで法学を講義した。

一八九五年一月一〇日にはジャックマンの勧告によって法案を審議する立法評議会（Legislative

Council ラーマ五世が会長）が設置された。これは国政評議会や枢密院とは異なり、多数決で決められるようになっていたが、一二名の大臣と国王が任命する評議員で構成された。ここで法律案が討議され、合意が得られれば、国王の裁可を受けて、御璽が押されて公布される。これによって法律制定の手続が明確になった。

シャムでは法律を勉強するためにイギリスに留学するケースが多く、そのためにイギリス法をシャムに導入する動きがあったが、イギリスは判例法主義の国であって、シャムに導入するのは困難であることが判明し、大陸法を導入することになった。カークパトリックやベルギー人の法律顧問補佐の援助を受けて、一八九五年に裁判所構成改正法と証拠法、一八九六年に暫定民事訴訟法（一一月）と暫定刑事訴訟法（四月）を公布した。熱い湯の中に手をいれて火傷をしない場合に無罪（探湯の法）としたり、焼けた石炭の上を歩いて火傷しない場合に無罪（探火の法）としたり、長く潜水する者を敗訴（潜水の法）としたり、蝋燭に点火して早く消えた者を敗訴したりという不合理な立証方法があったが、それらを廃止した。

さらに当時の裁判官は俸給がきちんと支給されず、判決の中で支払いを命じて徴収する手数料を収入とすることが認められていたために、法が権力や金力に左右され、正当な運用が期待できなかった。そこでこれを改め裁判官にきちんと俸給を支給することになった。また、シャムでは古代より訴訟をおこす者および訴えられる者も保証金を納めることが必要であるが、納めることができない者は未決監に収容されることになっていた。納められない者が多かったことと、未決監中の扱いが残酷であったことから、保証金制度を廃止した[32]。この保証金は裁判所の運営費用や裁判官の給与になっていたのである。

さらに各省にあった裁判権を陸海軍省以外の裁判権と地方の行政府が担当していた司法事務を司法省が一括して管轄することに改め、裁判所を行政付属の機関とは異なり、独立した機関とすることになった。これには保守派の抵抗があったが、ベルギー人の顧問が提案して実現した。藤吉は、ラビの要請を受けて、日本の司法機関の組織やこれを維持するに必要な費用を調査して報告書を提出したが、これも裁判所制度の改革に役立ったであろう。

裁判所構成法はフランス法をまねているが、証拠法と二つの訴訟法はイギリス法の影響を受けていた。イギリスでの留学から帰ってきた者がイギリスの法制度に慣れ親しんできた結果であろう。大陸法の継受を基本としつつも、イギリス法の影響がなくなっているわけではなかった[33]。これらの法律によって民事と刑事の区別、検察と警察の権限の区別が明確になった。この点も法の近代化にとって欠かせない条件であった。

ラートブリーはこれまでの旧法を整理して、索引と注をつけて一九〇一年に二巻にまとめた。これは、すぐには新しい法典を制定することは難しいので、現に適用されている規範の内容を明らかにして、法典が制定されるまでの間、裁判規範として利用することを目的としていた[34]。これは司法大臣の名前から「ラートブリー法典」と呼ばれている。

　しかし、それだけでは十分でないことは明らかであり、新しい法典を作成する必要性があった。そのために一八九八年一月に「法律結集委員会」（Khanakammakan trust chmra kotmai）を発足させた[35]。委員はラビ司法大臣、前司法大臣であったピチェット親王、民事裁判所所長のプラヤー・プラチャーキット・コラチャック[36]、刑事裁判所所長のプラヤー・クライスィー（ルアン・ラタナヤティと同一人物[37]）、外国人としてジャックマン、カークパトリック、シュレッサー、それに藤吉が加わり、八名で構成された。最初に刑法の草案作りをおこなった。その起草委員としてカークパトリック、シュレッサーと藤吉の三名が選ばれた。三名が議論しながら立案をした。しかし、カークパトリックとシュレッサーは病気勝ちであったために、実質的に藤吉ひとりで検討せざるをえなかった。国王に関する罪と国事に関する罪は外国人が起草するのが不適切であるので、それらを除いて他の規定を起草した。その際、日本、ベルギー、インド、スイスの刑法を参考にしながら、一八九八年七月には仕上げて、立法評議会に提出した。しかし、立法評議会での討議にかけられなかったので、しばらく刑法草案は棚ざらしになっていた。刑法草案の内容については後に述べることにする。

　なお、日本からもう一人法律の専門家を顧問として呼ぶ要請が一九〇一年七月にシャムからあった。できるかぎり日本人顧問をシャムに送りこもうという稲垣満次郎のシャムでの運動の成果でもあろう。藤吉と一緒に刑法草案を作成したシュレッサーが病気のためにベルギーに帰国すること、さらにもう一人が翌年にベルギーに帰国するので、日本から呼ぼうということになった。藤吉の義父である九鬼隆一が動いて人選にあたった(38)。早速東京および京都帝国大学の法学の教授から選ぼうとしたができなかった。しかし、当時大阪控訴院検事の香阪駒太郎は一八九九年に司法事務の視察でアメリカとイギリスに出かけたことがあったので(39)、これに応じて、年俸六〇〇〇円で赴任することが決まったが(40)、結局実現しなかった。その理由はイギリスやフランスも法律顧問を送り込もうとし、その送り込みに成功したこと、ベルギーもそれまでの既得権を確保するために動いたので、日本は割って入り込むことに失敗した。イギリスは一九〇四年ブラック、フランスは一九〇五年パデューをシャムに送り込むことに成功した。それ以降法律分野での顧問はイギリス人とフランス人が中心となった。香阪駒太郎はその後、宮城控訴院検事長、大審院検事を歴任している。

また注目されるのはシャムで弁護士資格を取得した日本人がいたことである。彼は村松山壽という。当然藤吉と交渉があった。村松は一八六七年二月生まれで、藤吉より三歳上である。旧仙台支藩大内氏の家臣であった村松直人（翠園または恒亭）という儒学者の息子である。現在の宮城県登米郡東和町錦織の出身であり、衆議院議員であった村松亀一郎、村松久義とは同じ政治家一族の出身である。一八八五年英吉利法律学校（現在の中央大学）英語法科に第一期生として入学したが退学し、一八八八年アメリカに留学し、ミシガン州のオリベッティ大学文学部、さらにミシガン州立大学ロースクールで米国法律学士を得て、一八九二年帰国した。一時第二高等学校講師となったが、一八九三年一月代言人免許を取得し、一八九九年に特許代理業者に登録されている。英吉利法律学校は東京法学院に名称変更したが、一八九九年そこで推薦学員として卒業生と同じに扱われている(41)。『仙台弁護士会史』（一九八二年発行）によれば、一九〇二年四月バンコックに渡っている。『法律新聞』八四号（一九〇二年四月二八日発行）に「暹羅国東亜公署顧問村松山壽」という題で似顔絵が掲載されている。顧問先の名称であるが、弁護士会史では「暹羅国東亜商務公署」となっている。これは商業・貿易業を監督するシャム側の監督機関であるが、村松に期待されたのは華僑の商工会議所にあたる組織の結成を促し、華僑の商業上の利益を守るだけでなく学校、病院の建設、新聞の発行等を進める事業のためであった。それには稲垣満次郎と藤吉が協力することになっていた(42)。これは次第に実力をつけていた華僑の組織に日本側が協力することによって、華僑との関係を強化して、日本のシャムでの商業のチャンスを増やすことをねらったものである。後述するように日本でも領事裁判制度を活用して中国（台湾）人を日本臣民として登録させて華僑とのつながりを強化して日本との商取引を強化しようとする考えに対抗するために取られた対策である。一八九八年には西欧人のバンコック商工会議所が設立されており、華僑も全体を統括する団体を設立する必要性が高まってきていたが、やっと一九〇八年に暹羅商務総会(43)が組織されるが、そこに至る前に村松は日本に帰国した。村松はシャム国法廷および英国法廷弁護士免許を得て、弁護士業務をおこない、一九〇三年一月二五日に日本に帰国した(44)。

村松は法律新聞一二六号（一九〇三年二月六日発行）には「暹羅談」という題で、シャムの裁判制度についての文章を掲載している。それによると、当時外国人の弁護士は六人おり、イギリス人が四人、フランス人が一人で、日本人として村松がいた。これは領事裁判権を持っていた国では、裁判には弁護士が必要になるので、外国人の弁護士がシャムで業務をおこなっていたのである。しかし、村松は日本人を弁護する仕事はなく、中国人の絡む事件を担当した。村松の後任として日本人弁護士のだれかがシャムに赴いたということはないのではないかと思われる。シャムでは弁護士として勉強になることはないと村松自身が述べており(45)、後任を推薦することはなかったようである。

4　結婚へ

藤吉は一八九八年九月には休暇をもらって稲垣公使と一緒に日本に帰国した。はじめての休暇であった。その目的は結婚であった。満二八歳になっており、シャムでの生活のためにも結婚が必要になってきた。現地の人との結婚を嫌い、日本女性との結婚を希望した。しかし、シャムで生活することを前提とする結婚にしりごみする女性が多くて、相手がなかなか決まらなかった。

シャムについてのイメージは、いくつかの探険を記録した本によって作られていた。シャムと日本との交流が、江戸時代の鎖国後、再開したのは一八七五年（明治八年）二月のことであった。オーストリア公使セッファーがシャムとの貿易を日本に勧めたことを受けて大鳥圭介、川路寛堂、河野道酋が太政大臣の三条実美にシャムとの貿易についての建白書を提出した。そこでシャムに渡航した大鳥圭介が調査した結果をまとめた『暹羅紀行　明治シルクロード探険紀行集成』（一八七五年六月）や、陸軍中尉を辞めて一八九三年（明治二六年）短期間シャムの事情偵察に出向いた岩本千綱がまとめた『暹羅国探険実記』（一八九三年）、一八九六年一二月山本辰介[46]とともにタイ、ラオス、ベトナムを徒歩で旅行した記録をまとめた『三国探険実記』（一八九七年）が出版された[47]。特に後者二つの本によって、シャムでは熱帯病がはやり、森には虎や毒蛇が棲息する未開の国であって、日本より遅れた地域というイメージが定着しており、娘をそこに送り出すのを躊躇するケースが多かった。

早川鐡治によると、松方正義宅で藤吉の結婚相手をどうするかという話が出て、九鬼隆一男爵に娘がいるので、早川に仲介の労を取ってはどうかという話になった。早川はシャムという熱帯地方にいく話なので、迷ったが九鬼男爵に話を持っていった。その長女である光子は夫が有為な人ならばどこでもついて行くということで、話がまとまった[48]。藤吉の休暇の期間に限りがあるので、二人は一八九八年一一月結婚式を上げた。その時の写真が追悼録の中に掲載されている。

九鬼家の祖先は戦国時代に伊勢志摩を本拠とする伊勢水軍であったが、関ヶ原の戦いの後、徳川家康の命によって、丹波綾部と摂津三田に知行を認められた。九鬼隆一は三田藩士の星崎貞幹の次男として一八五二年（嘉永五年）八月七日に生まれた。幼名は貞四郎といった。三田藩の藩校であった造士館での成績が抜群であったことから、九歳で綾部藩の家老であった九鬼隆周の養子になった。一八六九年（慶応三年）家督を相続して家老家の当主となり、一六歳で藩の権少参事、兼学館督学、兼中隊長になった。体格は人並みはずれて偉丈夫であった。その年、九鬼は上京して慶応義塾に入り、さらにお雇い外国人であったフルベッキ(49)の指導を受けて英語を勉強した。一八七一年（明治四年）七月文部省ができたのを受けて、その年に文部省に出仕した。大学南校の生徒寮長、副長心得になり、一八七三年（明治六年）にはヨーロッパに教育視察にでかけ、帰ってから当時の文部卿木戸孝允に認められて、出世をし、一八八〇年（明治一三年）には二九歳で文部少輔（今の文部次官）になった。「九鬼の文部省か、文部省の九鬼か」と言われ、省務を取りしきっていた。

ところが、森有礼が文部省御用係に就任したために一八八四年（明治一七年）九月特命全権公使としてアメリカに赴任した。これは九鬼の後ろ盾であった岩倉具視が死亡し、九鬼を嫌った文部卿大木喬任に左遷されて外務省に転じたと見なされていた。アメリカでの最大の任務は犯罪人引渡条約の批准交換であった。帰国後、宮内省に入り図書頭から、一八八八年（明治二一年）九月二七日臨時全国宝物取調委員長になり、さらに一八八九年（明治二二年）五月帝国博物館総長となって、一九〇〇年（明治三三年）退職するまで美術行政に携わった。その間に、帝室技芸員制度をもうけ、一八九七年古社寺保全法の制定に尽力した。これらは日本の古い美術品や文化財が軽視されて海外に流出するのを防ぐために、その調査保存を図ろうとするものである。実際にフェノロサや岡倉天心とともに社寺で調査をおこなった。一八九〇年（明治二三年）には貴族院議員、一八九五年（明治二八年）六月には枢密顧問官となった。一八九六年（明治二九年）六月五日、「勲功」によって男爵を授けられた。藩閥以外の出身であるのに、ここまでの成功を成し遂げた[50]。

九鬼隆一は四男二女の子供がいた。綾部藩の家老職沢野の娘農子と結婚して、一八七〇年（明治三年）九月二二日長男哲蔵（造）をもうけたが、一八九五年（明治二八年）九月一二日病気で死亡した。農子とは離婚してから、九鬼は洋学の勉強の必要性を感じて上京し慶応義塾に入った。文部省に出仕してから一八八三年（明治一六年）五月一二日波津子（初子、波津ともいう）と結婚した。波津子は兵庫県士族杉山弥右衛門とくまの長女として一八六〇年（万延元年）一〇月一日に生まれたが、明治になって経済的困窮から花柳界に身を置いた。京都祇園の芸妓という説と東京新橋の芸者という二つの説があるが、いずれともはっきりしない[51]。九鬼家では祇園説を取っている。綾部藩は京都二条城勤番や御所の警護を命ぜられており、隆一は京都に滞在する機会が多かったと思われる。波津子が一五歳ぐらいのころから両者は関係を持っていたと推測されている。つまり、妾として囲われていたと思われる。波津子は戸籍上では兵庫県士族星崎琢磨（九鬼隆一の実兄）の養女となって、九鬼隆一と一八八三年（明治一六年）五月一二日に結婚している。長女光子は同年五月二五日に誕生している。光子は戸籍上では兵庫県士族九鬼兵次郎と西シズとの間の子供であり、九鬼清の妹になっており、そこから隆一と波津子の養女となっているが、隆一と波津子の間の実の子供である。光子が生まれる二週間前に波津子を隆一の正妻にしたことになる。波津子は九鬼との結婚を最初から固辞していたが、結局結婚に応じた。これがその後の悲劇を生む原因になった。

その後一八八四年（明治一七年）三月二一日に次男一造ができた。同年五月アメリカに赴任する際にも、病気と性格不一致を理由に波津子は離婚を申し出ていたが、結局子供二人を日本において、夫と共にアメリカに出かけた。必死で学んだ英語とその美貌でアメリカで大変評判になって、夫の仕事を支えた。一八八五年（明治一八年）五月一五日にはアメリカで三男三郎を生んだ。四男周造を懐妊した時、「美術取調委員」としてヨーロッパからの帰国途中であった岡倉天心に託されて、夫より一月半早く日本に帰ってきた。この時、隆一の姪の夫三原繁吉（香港郵船会社出張所長）も一緒だった。一八八八年（明治二一年）二月一五日光子は周造を出産した。このアメリカからの船旅が当時二六歳の岡倉天心と二八歳の波津子を結びつけることになった。

岡倉天心は九鬼隆一に引き立てられて美術行政の専門家として注目を浴びていたが、それは九鬼の後ろ盾があったからである。九鬼隆一は女癖が悪くて、女性関係がたえなかったから、波津子に岡倉天心が同情したことからはじまったのであろうか。天心自身も女性にだらしがなかったことで有名であり、波津子と関係を持ちつつも別の女性とも関係があった。九鬼男爵の妻との関係は当時大スキャンダルとして世間を騒がせた。岡倉は恩師に弓を引く行為をおこなったことになるし[52]、表ざたになれば刑法上の姦通罪で罰せられる可能性もあった。これが一つの要因となって岡倉天心は一八九八年（明治三一年）三月博物館理事兼美術部長を罷免され、さらに一八九〇年（明治二三年）一〇月より就任していた東京美術学校長非職を命ぜられた[53]。天心にとっては人生の中で最も苦しい時期になった。

一八九四年～五年（明治二七～八年）ごろ、波津子は九鬼と別居し、三郎と周造を連れて、岡倉天心の住宅の近くの下谷の中根岸に住居をかまえた。隆一は麹町三年町に住んでいたが、光子と一造は父のもとにいて、光子は日曜日には根岸にやってきて、母から茶の湯を教わったという(54)。周造の随筆によれば、母のもとに岡倉天心がよくやってきていたという。

二人の離婚問題は一九〇〇年（明治三三年）三月一六日、隆一が帝国博物館総裁を辞職してから解決した。官僚として生きてきた九鬼としては離婚は避けたかったのであろう。官僚をやめる決心をして離婚に応じる気持ちになったものと思われる。九鬼隆一は同年八月二〇日離婚に踏み切った。波津子は星崎波津子にもどったが、すでに四一歳になっていた。しかし、波津子はこの時、精神を病み、一九〇二年（明治三五年）一〇月二七日東京府立巣鴨病院（のちの松沢病院）に入院して以来入退院を繰り返し、一九三一年（昭和六年）一一月二〇日死亡した。享年七二歳であった。

隆一も官僚をやめてからは病気勝ちであったが、多くの美術関係の著述を発表した。また後述のように、藤吉のシャムでの仕事を側面から支援していた。波津子と離婚後、隆一と酒井みねとの間に次女文子が一九一〇年八月八日に生まれている。しかし、文子は、一カ月後の九月九日死亡している。波津子が死亡したのと同じ年である一九三一年（昭和六年）八月一六日隆一は死亡した。享年八〇歳であった。その死後一周忌に小寺謙吉が『成海九鬼先生達磨図』（一九三二年）を発行し、その死を悼んでいる。

エール大學學生時代

結婚記念（1898年11月東京にて）

藤吉と光子の結婚式がおこなれる頃は、離婚問題で九鬼隆一と波津子が悩んでいたころである。藤吉としては平民出身であり苦学してやっと今の地位を手にいれた身にとっては、士族出身である男爵の娘と結婚するということは願ってもないことであったであろう。一三歳近くも若い妻をもらうことも不満ではなかったであろう。しかも、実母がなくなった後、母とも思う中野ミツと同じ名前であったことに神の導きを感じとったのかもしれない。

光子にとってはどうであろうか。光子自身の記録がほとんどないので、推測しかできない。当時一五歳ぐらいで結婚するのが普通であったので、結婚の時期として早いということはなかったであろう。シャムという遠くて暑い国にいくという思いきった決心をする背景には両親の離婚問題があったのではないか。一五歳になっているので親の仲が悪いのを子供なりに悩み、そこから逃れたいという気持を持っていたのではなかろうか。結婚式の写真を見ると、光子は細おもてであり、母親によく似た美人である。母親は顔の造作や手指が華奢であり、言葉数が少なかったとされているが、光子もそれに近かったのではないか。両親が離婚後、母が精神をやんだことに心を痛めたことであろう。シャムから帰国する度に、九鬼家に滞在し、母を見舞ったであろう。子供達が学校に通う年齢になった時は光子と子供達は日本に滞在していたので、母の世話もしていたであろう。弟の九鬼周造はキリスト教に改宗したが、姉の光子はクリスチャンにはならなかった。

九鬼隆一にとってはどうであったのであろうか。九鬼はこれまでの官界での経歴から、次は文部大臣になりたいという希望を持っており、そのための画策をやっていた。そのチャンスは何回かあった。黒田内閣（一八八八年四月三〇日〜一八八九年一二月二三日）の途中で初代文部大臣の森有礼が刺殺された後、九鬼は大臣候補のうわさにはなったが、大山巌、榎本武揚が文部大臣になった。第一次山縣内閣（一八八九年一二月二四日〜一八九一年五月五日）では榎本武揚が文部大臣となった。第一次松方内閣（一八九一年五月六日〜一八九二年八月八日）では福沢諭吉の怒りをおそれて、九鬼は文部大臣に任命されなかった。

九鬼隆一は福沢諭吉の弟子の一人であるが、福沢の怒りを買ったことは有名な事件である。一八七九年（明治一二年）九月の修身に重点を置く教育令の制定やいわゆる「明治一四年の政変」をきっかけとして両者の関係が決裂した(55)。それは自由民権運動に対する政府の否定的対応や日本の教育方針の保守化（儒教主義教育）にかかわっていた。それが福沢の九鬼隆一に対する怒りとなり、松方内閣が九鬼を文部大臣にすることを躊躇させる要因となった。そこで九鬼はそれまで親しくしていた松方正義に愛想づかしをしたらしい。しかし、その後娘の結婚の話が松方正義から持ち込まれたのであるが、それは断っていない。また大臣になるチャンスを期待したのであろうか。一方、まだどうなるか分からない二八歳の若者に光子を託す不安はあったであろう。しかもシャムという気候風土の悪い所にやることに、気が進まなかったであろうが、結婚を進めたのではないか。

その後の藤吉の生き方に九鬼隆一の生き様が影響を与えているように思われる。藤吉は伊予大洲の貧しい商家の出身であり、苦学してエール大学で民事法学博士を手に入れ、シャムでやっと人並みに生活ができる状態になった。しかし、シャムで一生暮らす予定ではなかったであろうから、いずれ日本に帰ってどうするかが問題になる。すでに藤吉の両親は死亡しており、その時相談に乗ったのが九鬼隆一や義理の弟であり内務官僚であった九鬼三郎であったであろう。政治や法律の世界にかかわってきたからである。これに対して九鬼周造は一九〇五年第一高等学校に独法科に入学して外交官を目指した。しかし、後に哲学を志して東京帝国大学文科大学哲学科に入学し、一九一二年卒業し、そのまま大学院で哲学の勉強をしている。政治や法律の世界を拒絶する傾向があったので[56]、両者の接触はどの程度あったのであろうか。年齢も一八歳も離れていた。藤吉はシャムから帰国した時は、九鬼邸に滞在していたので話はしていたであろう。外交官を志したことに藤吉のシャムでの活躍を聞いていた影響があったのかも知れない。

ところで、周造は大学の哲学科に在学中、一九一一年六月三日二三歳の時に、神田の聖フランシス・ザビエル教会で洗礼を受けてキリスト教に改宗している。これは友人で富士山麓でハンセン氏病の病院長になった岩下壮一の影響であった。キリスト教という点では藤吉との交渉があったであろうと思われるが、周造はカソリック、藤吉はプロテスタントの違いがある。ただし、周造はその後キリスト教の影響を一貫して受けたというより、仏教の影響を強く受けている[57]。

5　東京帝国大学とのつながり

藤吉は結婚のための帰国中、東京帝国大学法科大学[58]にある法理研究会三八回通常会で一八九八年（明治三一年）一二月二〇日、「暹羅国の法律事情」という題で講演をおこなった。場所は学士会事務所であった。この内容は国家学会雑誌一二巻（通算一四一号）に掲載されているが、シャムに法律顧問として赴任する事情、刑法編纂の過程、シャムの裁判制度、法学教育について話している。最後にシャムの学生が日本に法学教育のために留学にくる場合は御願いしますということで締めくくっている。これが日本での最初の講演だったのではないかと思われる。相当緊張した様子が窺われる。この講演を進めたのは穂積陳重[59]である。藤吉と穂積がどこで知り合いになったかは分からない。ボールドウィンから紹介してもらった鳩山和夫を通じて知り合った可能性は高いであろう。さらに九鬼隆一が紹介した可能性も大きい。九鬼隆一は文部省次官にまでなっているので東京帝国大学とのつながりがあったことは容易に想像できる[60]。それだけでなく、穂積は宇和島の出身であり、伊予大洲とはきわめて近い。同郷であるという繋がりから親しくなったことが考えられる。今より以上に同郷という繋がりの強さを示しているように思われる。さらに穂積の研究にとってもシャムの法制度は関心をひいたのではないかと想像される。というのは、穂積は「法律進化論[61]」を生涯の研究テーマとしており、その素材の一つとしてシャムの法制度への関心を持ったのではないか。一八八四年の法学協会雑誌一号と五号に「法律五大族之説」を書いているが、そこで世界の法律を印度法族、支那法族、回々法族、英国法族、羅馬法族の五つに分け、優れた法族が適者として生存し法の進化をもたらすと考えていた。そして、もっとも進化したローマ法族に収斂していくことを述べている。この中で印度法族の影響を受けたシャム法が藤吉が進めている法典編纂を通して、この進化論にそって変化していくのかという関心を持ったのではないか。当時シャムの法律にかかわる者が少ない状況の中では藤吉は貴重な情報をもたらしてくれる人物として穂積は考えていたのではないかと思われる。さらに穂積は一八九〇年に『法典論』[62]を著し、法典編纂の在り方を議論しているが、シャムで法典編纂に従事している藤吉の仕事に関心を持ったのも当然であったであろう。この『法典論』が、日本での不平等条約撤廃のための法典化を背景に議論しているので、藤吉は同じ状況にあったシャムにまで持参して参考にしたのではなかろうか。

東京専門学校普通英語科を同じ年に卒業した山田三良が東京帝国大学法科大学教授として活躍していた。山田は東京専門学校校長であった鳩山和夫の勧めで、普通英語科を卒業後東京帝国大学法科大学大学院に進み、穂積陳重が指導教授となり国際私法を専攻した。山田三良が穂積陳重に藤吉を紹介した可能性もあるが、一八九七年（明治三〇年）一二月末から一九〇一年（明治三四年）八月まで欧米に留学しているので、その可能性は小さいと思われる[63]。

この繋がりから藤吉が後に東京帝国大学から法学博士号を受けることになった。一九〇〇年（明治三三年）五月二六日日本に帰国した時[64]にも講演をおこなっている。その時の講演をもとにした論文

『暹羅国古代法研究ニ就テ』が法学協会雑誌一八巻九号（一九〇〇年九月）に掲載されている。その講演を聞いた穂積や梅謙次郎に博士論文を提出するよう薦められた。一九〇一年（明治三四年）に『Study on Siamese Ancient Law』（シャムの古代法に関する研究）という英文の論文、自分が起草したシャムの会社法案の英文（Company Law of Siam）とドイツの商法学者ゴールド・シュミット氏のその法案についての論評を参考資料として提出して、一九〇三年（明治三六年）三月一〇日に博士号が認められた(65)。法学博士としては五八番目であった。当時は論文を提出して法学博士になる事例はすくなかった。藤吉より早く法学博士号を授与されたのは五七名いたが、その内論文を提出して博士号を得たのは五名だけである(66)。当時は帝国大学評議会推薦、博士会推薦、東京帝国大学総長推薦、京都帝国大学総長推薦で博士号を取得できたので、その方が多かった。特に藤吉は日本で法学教育を受けていないし、日本の学士号を持っていない者が論文で法学博士になったのはきわめてめずらしかった。

藤吉の博士論文の現物は現在東京大学に保管されていない(67)。関東大震災の時に消滅した可能性が大である。博士論文は五章からなり、一章は緒言、二章はシャム法とインド法の類似点、三章はシャム法とインド法の異なる点、四章はシャム法の法源についての三つの説、五章で結論を述べている(68)。

その要旨はYale Law Journal（一九〇一年一一月刊）や法学協会雑誌一八巻九号に「暹羅国古代法研究ニ就テ」という表題で掲載されている。世界の法律を、英法、仏法、羅馬法、印度法、支那法の五つに区分けし、シャムの古代法が印度法からの影響を受けていること、さらに仏教の影響を受けていることを立証している。つまり、一世紀か二世紀にバラモン教徒がシャムに移住して、その風俗と法律をシャムの人々に伝えた。しかし、そのバラモン教徒は追放されて、シャムとの交わりとの中でしだいに、バラモンの教えの痕跡が消えた。ところが七世紀になってインドから仏教徒がシャムにやってきて、以前に伝わっていたバラモンの教えが仏教化していったものと推測している。このようにしてインドのマヌ法典の規定がシャムの古代法（Siamese Phra Tamasat と Siamese Laxana Tat）に取り入れられていることを実証している。その事例として奴隷に関する規定や裁判における証人の規定、債務不履行の場合の懲罰的損害賠償の規定を取り上げている。今でいえば比較法の視点からシャム古代法を印度法の系列に位置づけたということになろう[69]。博士号を授与されたのは古文書に基づいて実証しており、それが日本の学術界に益があると判断されたためである。

藤吉は東京専門学校の卒業生であるが、シャムから休暇で帰国した時、たびたび東京帝国大学で講演をおこなっている。たとえば一九〇七年（明治四〇年）九月一九日にはシャムの新刑法について講演をしている[70]。さらに法学博士を東京大学から授与されたりと、東京大学とのつながりの方が強くなっている。ところが東京専門学校で講演した記録を見つけることができなかった。同窓会とは連絡を持っていたようであるが、母校とのつながりは強くなかったことを指摘できよう。私学より官立の学校とのつながりを持っていた方がよいという打算が働いていたのかも知れない。さらにシャムでの立法作業を進める上で日本法を参考にするための情報を入手するのに、日本での法学界をリードして、法典調査委員[71]を多く出している東京帝国大学とのつながりを持っていた方が便利であるという気持ちもあったであろう。東京専門学校での在学期間が短かったという事情を考えると、現在の早稲田大学で藤吉のことがほとんど忘れ去られたのもやむをえないと言えよう。

6　シャムでの生活

はじめて藤吉がシャムに出かけた一八九七年（明治三〇年）ごろ、日本からシャムに行く直行便はないために、香港またはシンガポールまで行き、そこからバンコックに向かうほかなかった。香港からバンコックにいくのは週一便しかないので、シンガポール経由がよく使われた。神戸から香港までが一週間、香港からバンコックまでが一週間であるが、便が少ないので三週間ぐらいを見ておく必要があった。香港からシンガポールも一週間、シンガポールからバンコックまでが四日かかるという。どの経路でも三週間必要であったという。

運賃をみると神戸―シンガポール間が下等で四五円、シンガポール―バンコック間が下等で四円、上等で二〇円かかった。それに香港やシンガポールでホテルに泊まる必要もあり、それらを入れると日本とシャム間は下等で一五〇円ぐらいの費用が必要であった。[72]

シャムでのお雇い外国人として働く際の契約書を見ると、年額三〇〇〇ドル（五〇〇〇ティカ）で、家具の付かない家を提供すること、日本からシャム、シャムから日本への旅費として三〇〇ドル（五〇〇ティカ）が支給されることになっていた。[73]この年額は日本の一等書記官と同じ額であった。一般庶民が生活するには当時月二〇〇～二五〇ティカあればできたようであるが、[74]シャムで貴族やお雇い外国人顧問とつき合うには不十分であったし、他の顧問より低いので増額交渉がなされ、一八九九年（明治三二年）四月から三六〇〇ドル（六〇〇〇ティカ）、一九〇〇年（明治三三年）四月から五四〇〇ドル（八四〇〇ティカ）に増えている。同年一一月四日の契約では年額一〇〇〇ポンドであった。[75]これが長い期間続いたが、貴族の称号を得てから一万八〇〇〇ポンド、二万六〇〇〇ポンド、さらに二万四〇〇〇ポンドにあがっている。これがどの程度の生活を保証しているのか。召使いを何人も雇える額であろう。一年毎に日本に休暇のために帰ることが保証されていた。法律顧問を辞職してから年金もつき、それが日本のシャム公使館から送られ、日本での生活も保証された。

結婚をした直後はジョッランドの向かいの家（現在のThanon Phlab Chai）にすんでいたが、ジョッランドは一八九八年一二月一三日の日記の中で、光子が家で和服を着ていること、顔が長円形（卵形）で、目が楕円形をしていること、英語を少ししか話さないことを書いている。[76]その和服であるが、これについて九鬼隆一は、「前年暹羅皇帝顧問の博士政尾に娘を嫁したが一切日本服にして色々工夫をこらして、ダンシングなども出来るように仕立ててやった処が、同国皇帝に於いても非常に賞賛せられたようである」[77]と述べ、美術、工芸、服装には国粋を発揮する様に努めるのがいいと指摘している。隆一は娘のために和服のデザインにまで気を配ったのであろう。母が光子の世話をしてやれない状況であったためでもある。

子供が増えてからチャロン・クルン通り（Charoen Krung Rd.ニューロードとも呼ばれた）から細道に入ったパラプラージ通り（Phlaplaj Road）に住居をもうけた。明治時代のころバンコックにやってきた日本人はヤワラ街（Yaowaraj Road 現在では中華街として知られる）の北にあるバーンモーあたりに多く住んでいたが、ニューロード通りは一八六一年に建設を初めて、一八六二年に完成したシャムで最初の舗装道路であり、街灯がはじめて設置された通りでもある。王宮の東から出発して、バドゥン・クルン・カセム水路を越え、チャオプラヤ川に並行して延び、南下してタノン・トクにいたる八・二キロの道路である。それまで水路が主要な交通手段であったが、西洋人が健康のために乗馬場を求めたことや、シンガポール視察から帰国したばかりのプラヤー・シースリヤーウォンの国王への提言[78]に応じて建設され、ニューロードでは当時デンマークの資本で作られた電車が道を走っていた。運転手も初めはデンマーク人であったが、しだいにシャム人に変わっていった。この道路の両側には二階建ての木造かれんが作りの棟割り長屋が作られ、外国人商社が店を構え、キリスト教関係の施設も建てられ、外国人が多く住んでいた[79]。

藤吉の自宅がどのようであったかを示す資料は見つかっていないが、多分二階建の西洋館であったであろう[80]。その自宅から馬車で役所に通ったものと思われる。バンコックに初めて到着したころは人力車が一般的であり、馬車は上流の人だけが利用していた。その馬車も初めは金の輪であったが、乗り心地が悪いのでゴムの輪に変わっていった。その後自動車も流行して、藤吉がシャムを離れるころには一〇〇〇台以上の車がバンコックを走っていた。[81] 藤吉も馬車から自動車に変え、時には家の前を走る電車に乗ったであろう。電車が走っているということは電力が存在していることを意味するが、これもデンマーク人の資本による会社によって作られていた。

その後、大正・昭和にかけて日本人はニューロード寄りのスリオン、サートン、シーロム、シープラヤーに住むようになった。この地区は現在ではバンコックのビジネス街や繁華街になっている。

夫婦仲はどうだったのであろうか。一九〇二年文部大臣であったダムロン親王から王族の師弟の教育のために教育顧問を日本から招きたいという話があって、一九〇四年（明治三七年）二月以来バンコックの皇后女学校（現在のラーチニー女学校）教育主任として働いていた安井てつは、日本の友達への手紙の中で、友達から送られた着物を「丁度政尾さんに出産（次男隆二郎のこと）があってわざわざ御知らせ、そこで御祝にあげました、こういう土地ではゆかた一枚でも助かりますからね」。同時に送られた塩せんべいを「近所にもあげ、政尾さんと御子様がこられた時も出し[82]た。さらにその御礼として「政尾さんに晩餐によばれて久しぶりにゆるゆる御話を伺いました。中々夫婦仲よろしく、ハッピーに見えます……[83]」と書いている。

この最後の点点はなにを意味するのであろうか。何か含みのある点点ではないだろうか。藤吉はシャムでは女性に手を出すのが早かったという話も伝わっている。シャムは性にはおおらかな国であり、

家族肖像

一夫多妻制が生きていることからも分かるように、男性が妻以外の女性と交わることに寛容であったし、昔伊予大洲にいるころ女性にもてたという話もあり[84]、シャムでももてたのであろうか。日本に休暇のために帰国した後、健康や子供の教育のため妻と子供を日本に置いてシャムに単身で帰ってきたこともあったようである[85]。しかし、女性との交渉を裏付ける証拠は見つかっていない。クリスチャンであることを考えると、その話が本当かどうか確認する必要がある。ただ単身赴任中に身のまわりを世話する女性はいたであろうとは思われる。

長女千代子は一九〇〇年（明治三三年）二月二〇日シャムで生まれた。長男一郎は一九〇三年（明治三六年）三月一二日シャムで生まれたが、同年五月三日日本に帰国する船の中で死亡した。次男隆二郎は一九〇四年（明治三七年）八月一一日シャムで生まれた。次女久子は一九〇六年（明治三九年）一月八日に生まれた。子供達の教育問題には頭を悩ましたことであろう。シャムでは日本人学校ができていない時期であった。子供が大きくなるにつれて、十分な教育ができないことから、藤吉達が帰国したいという気持ちが強くなっていったであろう。暹羅国日本人会が正式に結成されたのが一九一三年（大正二年）九月一日であり、藤吉一家がシャムを発った後であった。しかし、その結成にいたる過程では藤吉は深くかかわっていたと思われる。バンコックのシーパヤー路六四六番地に、日本人および日シャムとの混血の児童六〇名を対象に盤谷日本尋常小学校が開校するのは、さらに遅くなって一九二六年（大正一五年）五月二八日であった。[86] 藤吉は子供達の教育はすべて日本で受けさせた。そのために学齢期になると妻と子供は日本に滞在し、藤吉は単身赴任でシャムで過ごした。長女千代子は東京女学館、次女久子は女子学習院（一九一八年入学、一九二三年卒業）[87]、次男隆二郎は慶応幼稚舎から麻布中学を卒業し、藤吉の死後アメリカに留学した。

シャムの人口は山口武『白像王国』（博文館、一九一二年五月）という本によれば、一九〇五年内務省のはじめての調査によれば、地方一二州だけであるが、三三〇万八〇三一人（男子一六二万四四六二人、女子一六八万三五七〇人）であった。残りの三州の概算調査では一九七万八二六〇人であり、バンコックだけの調査は一九〇九年におこなわれているが、八六万七四五一人（男子四八万七九八一人、女子三七万九四七〇人）であり、合計六一五万三七四二人となる。約六〇〇万人の人口ということであった。うちバンコックには人口の一四%が住んでいたことになる。二〇〇〇年の時点から見れば一〇分の一の人口であったことになる。

一九〇九年の外国人の統計によるとイギリス国籍（インドを含む）五二一七人、フランス国籍が一万六二八三人、オランダ国籍が一九二〇人で、この三国で九六％を占めていた。イギリスとフランスの人口の多くは保護民であり、シャムに出稼ぎに来ていた中国人やベトナム人であった。イギリスやフランスの領事館に手数料を払えば保護民になれたからである。その結果、治外法権下におかれ、形式的に領事館で裁判を受けるが、軽い罪しか問われなかったり、無罪になったりしていた。これではシャム国内の治安が守れないので、シャムは治外法権の撤廃を目指した。しかし、それが簡単にできることではない。藤吉は総務顧問補佐時代にはイギリスやフランスの領事館宛てに、保護民に対する対応にクレームをつけてなんらかの解決を目指す仕事もおこなっていた。藤吉の書いた大量のそれらの書類が司法省の倉庫に眠っているという(88)。

公使館ができる前のシャム在留の日本人は男性が二四人、女性二七人であった。合計五一名にすぎなかった。つまりシャムでは日本人は少数派であったことが分かる。その内訳は、商業店主四人、商業店員四人、医師一人、画工一人、写真師一人、ベッ甲師一人、建築技師一人、通訳一人、語学生三人、内地探険者二人、醜業戸主二人、からゆきさん一五人、元からゆきさんで結婚している者五人、外国人の妻四人、醜業者の妻二人と分類されている。藤吉がシャムに赴任した当時は、女性の多くがからゆきさんであった(89)。公使館ができて、きちんと教育を受けた女性が少しではあるが滞在するようになった。稲垣満次郎公使夫人、田辺熊太郎書記官夫人、檀野禮助三井物産バンコック出張所夫人[90]、安井テツ、河野キヨ、中島とし、三木知佐（宮内省管轄下の美術学校教官・のち校長三木栄夫人[91]）、政尾光子、蚕業の実技指導をになってきた女性達[92]であった。バンコックの社交界で日本夫人の代表として活躍したことであろう。稲垣公使夫人は美人として有名であって、チュラロンコン王に気にいられていたという。政尾光子はどうであったのであろうか。

一八九七年五月の在留邦人は五一人（男二四人、女二七人）であり[93]、一九一〇年末の調査でもやっと在留邦人は一九九人にすぎなかった。多くは商売をやっており、藤吉らはそれらの店を利用したことであろう。写真業[94]、理髪業、洗濯業、売薬業等の自営業に従事する者がいた。もちろんそれだけでは足りないので、住居の近くの中国人街でも調達したであろう。熱帯の病気、たとえばコレラ、マラリア、腸チフス、赤痢等が蔓延することもあり、日本人の医師として三谷足平[95]が一八九五年からバンコックで医院を開いていたし、一九〇二年には藤井兼一がシリラート病院で六年間勤務し、一九〇八年四月からはその後任として大重弥手次が働いていたし、磯部美知が熱帯病の研究で一九一二年から一九二一年までシャムで滞在し、診療もしていたことは、藤吉一家にとっては心強かったであろう。もちろんヨーロッパからの医師もバンコックには滞在しており、利用することもあったであろう。

日本人の団体としてシャム国日本人会が一九一三年九月に結成されるが、それ以前にも日本人倶楽部が存在していた。いつ結成されたのかは不明であるが、一九一一年ごろ「ブッシュレンの今の小谷亀太郎さんの住宅と思われる所にあった。管理者兼書記は現今宇治黄檗宗大本山万福寺の管長渓道元老師で会長は政尾藤吉法律顧問であった」という。(96)

飲み水の確保は大変であり、雨水か川の水しかないが、雨水を蓄えて、欧米製の濾過機で濾して飲んでいた。バンコックは水の都とされ、水は豊富にあったが、飲み水には適さなかった。水道を設置する工事が始まったが、藤吉が滞在している間にはできあがっていなかった。

娯楽として映画が日本から持ち込まれている。日本に映画が入ってきたのは一八九六年一一月七日であるが、日露戦争の実況映画が日本でヒットし、その海外輸出がなされた。マラヤでゴム園を経営していた渡辺知頼が映写機械やフィルムを購入し、映写技師兼弁士を連れてシャムに帰ってきた。一九〇四年一〇月稲垣満次郎公使は喜んで、田辺熊太郎領事、藤吉、安井テツらの在留邦人一〇数名を公使館に招いて試写会をおこなった。(97)これが大変好評であり、日本から大量のフィルムを購入して、日本映画館の常設館が繁華街ナコーンカセームに設けられた。バンコックの人々に喜ばれ、藤吉たちもそれを楽しんだであろう。人気を博したので、その映画館はラーマ五世の勅許を得て、「ロイヤル・ジャパニーズ・シネマクラブ」の名称を名乗ることが許された。映画のことを「日本の影絵芝居」という意味で「ナン・ジープン」と呼ばれたのは、日本から映画が入ったためである。

日本公使館ではタイ王室の人達を呼んで、晩餐会を開催し、藤吉も参加していた。そこでは日本食として刺し身や酒が提供されていた。酒好きの藤吉も楽しんだであろう。余興として日本公使館員が役者となって劇が上演されたり、射撃大会も開かれていた。[98]

当時でも日本の情報がタイに伝わっていたことは驚きであった。タイでは英字新聞としてThe Bangkok Times, The Bangkok Times Wekly Mail, Siam Observerが発行されており、そこに日本の情報が掲載されており、藤吉もそれによって日本の政治、経済状況を把握していたと思われる。雇用契約によって一年勤務すれば二～三カ月の休暇をもらって日本に帰国しているので、日本の情報に通じていたものと思われる。

藤吉はクリスチャンであったが、シャムではキリスト教とどのようにかかわっていたのであろうか。アメリカから宣教師がシャムに布教のためにやってきていたが、[99]藤吉が所属していたメソジスト派もシャムで布教活動していたのかどうか、もし、活動していたのならば、藤吉もそれに接近していたのであろうか。残念ながらその資料を見つけることはできていない。

7　日本とシャムとの交流への貢献

藤吉がかかわった日本とシャムとの交流への貢献を見てみよう。

シャムから日本への留学に藤吉もかかわった。一九〇三年（明治三六年）五月三日、日本への最初の留学生がバンコックを出発した。皇后奨学金を受けた女子学生四名と男子学生四名と、外務省留学生一名（カープ）であった。[100]バンコックから東京までの一カ月間の世話をしたのが藤吉夫妻であった。

休暇をとって日本に帰国するので、ラーマ五世の皇后サオワパーンが留学生の世話を藤吉夫妻に託した。[101]その船の中で藤吉の長男一郎が死亡し、遺体を海に流したことが記録されている。[102]死亡原因は不明であるが、シャムで出産して日本にいる九鬼隆一をはじめとする親族に見せるために帰国中であった。留学生は藤吉夫妻を「パ」と「マ」と呼んで親しくなった。[103]三年間の留学が予定されていたので、船の中で日本語の教育や留学の心構えが教えられた。この時藤吉・光子と留学生が一緒に写った写真が残っている。

五月二二日東京に到着し、男子学生は東京帝国大学教授兼東京外国語学校校長高楠順次郎が監督し、東京高等工業学校と東京美術学校に入学し、工芸技術の勉強をした。女子学生は女子高等師範学校長高嶺秀夫が監督し、東京女子高等師範学校に入学して家政学（裁縫・刺繍・造花等）の勉強をした。一九〇一年の文部省直轄学校外国人特別入学規程にもとづき、日本側はタイの留学生を受け入れた。カープは慶応義塾に入学した。藤吉は帰国している間、滞在先であった小石川にあった九鬼家に留学生を呼んで交流している。

シャムの宮中に日本の美術品を取り寄せることに貢献した。[104]シャムの王室は日本への関心が高く、ラーマ五世の弟ソムデット・チャオファー・バーヌラシーが一八九〇年（明治二三年）日本を訪問し、日本陸軍で勉強をしているし、ラーマ六世は皇太子時代に日本を訪問している。ラーマ五世の時代には王族達は王族同士の連帯感や結束を高めるために仮装パーティーを楽しんでいるが、その時日本の着物を着て仮装していた。日本の美術品を集める趣味が王族一家にはあったので、それへの協力をおこなっている。三木栄が専門家としてシャムで働いていたが、日本側の協力者として、義父である九鬼隆一が文部省退職後も美術評論家として活動していたので、美術品の選定は義父に任されたものと思われる。その美術品が今も残っているのであろうか。

ラーマ五世が四三年間の治世を終えて一九一〇年一〇月二三日死亡した後、ラーマ五世の第二九子であったワチラーウット親王（一八八一年一月生まれで一九二五年一一月二五日死亡）が王位を継承してラーマ六世となった。その戴冠式が一九一一年一二月二日おこなわれた。それに日本側から伏見宮博恭が列席した。一行は軍艦淀でシャムに出かけたが、それに随行した吉田力作はその時の見聞をもとに『暹羅王国之弊見』（一九一二年・明治四五年三月発行）を執筆した。その執筆に藤吉が援助したことが、この本の序文に書かれている。藤吉もこの戴冠式に列席し、日本海軍と接触があったものと思われる。というのはシャムは軍の近代化のために、一九〇三年一〇月青年将校を日本に派遣し、二年間銃弾薬製造を勉強させたり、一九〇五年一二月には稲垣満次郎が帰国するに合わせて、海軍は一一名を日本に官費留学させている。彼らは二年半の間攻玉社で勉強した後、川崎造船で技師見習いとして研修を受け、その後軍艦津軽で実務訓練を受けている(105)。このようにシャムと日本海軍とのつながりに藤吉もかかわったのではないか。というのは短期間ではあるが、藤吉は江田島の海軍兵学校で英語を教えていたアメリカ人に日本語を教えていたことがあり、海軍への親近感を持つことになったのではないか。

さらに、藤吉はシャムに軍需品を日本から購入するのをあっせんしている。国王より相談を受けて、三井物産のバンコックの出張所や、弟である赤松覚治郎が三井物産に勤めていたので、弟を通じてあっせんをしたのではないかと思われる。具体的にどのような軍需品なのかは不明である。

日本とシャムとの経済取引を活発にするために、藤吉は綿花の生産がシャムに適していると考えて、それを実践した。野生の綿花ができていることをスイラチャーという所にある病院の日本人院長から教えられて調査すると良種の綿であった。そこでラーマ五世に申し出て、じきじきに租借権を認められて、綿花栽培の実験をおこなった。シャムには広大な土地があり、まだ耕作されていない土地の活用に綿花の生産が適切ではないかとラーマ五世に進言した結果である。日本の農商務省の技師に試験的にシャムで栽培してもらったが、害虫が多くてうまくいかなかった[106]。これが成功すれば日本とシャムとの綿花の取り引きが増えるし、治外法権がなくなれば日本人も土地所有権が認められるので日本人の農業移住も可能になるのではないかと藤吉は考えていた。

日本とシャムの交渉の歴史に関心を持ち、山田長政の研究を自らおこない、日本に帰国後、交渉の歴史をまとめることに貢献したことは、後で述べる。

7　日本とシャムとの交流への貢献

(1) Yale University ed, Bulletin of the University, 1896-97, p402/1897-98, p.410. 山田太郎はアメリカ帰国後、ジャッパン・タイムズ社に入社し、一九〇〇年には義和団事件の取材で従軍記者として中国に渡ったが、帰国後病気で死亡した。

（2）　長谷川進一「福沢諭吉―山田季治―その弟子達」福沢諭吉年鑑一〇号、五七頁。

（3）　ジャパン・タイムズ社編『ジャパン・タイムズ小史』（ジャパン・タイムズ社、一九四一年三月）、および長谷川進一編『Japan Timesものがたり―文久元年（一八六一）から現代まで』（ジャパン・タイムズ社、一九六六年）。

（4）　条約問題については飯田順三『日・タイ条約関係の史的展開過程に関する研究』創価大学アジア研究所、一九九八年三月、ロン・サヤマナーン（二村龍男訳）『タイの歴史（第二版）』（近藤出版社、一九七七年六月）四〇～七五頁。

（5）　チュラロンコン王のチャクリ改革の内容については市川健次郎『タイの近代化と権力構造』（アジア経済研究所、一九六六年）、N. Brailey, Two Views of Siam on the Eve of the Chakri Reformation, Kiscadale Publ., Arran and Edinburgh, 1989, 162pp.

（6）　David M. Engel, Law and Kingship in ThailandDuring the Reign of King Chulalongkorn, The University of Michigan, 1975, pp.33～42.

（7）　タイのお雇い外国人の特徴として、タイ王族や貴族を大臣としながら、主にイギリス人行政官が自らの植民地政策をタイにもちこんできたこと、タイ人の指導者は小乗仏教を信じ、物欲をなくしていたので、国内経済はインド人や中国人に任せていたこと、したがって自ら産業をおこしたり、富国強兵を推進することをしなかったことに特徴があると指摘されている。市川健二郎「タイにおけるお雇い外国人」ユネスコ東アジア文化センター編『資料御雇外国人』（小学館、一九七五年五月）四一頁。

（8）　一九〇七年段階ではイギリスが一二六名、ドイツが三六名、イタリアが一二名、オランダが一一名、日本が九名、フランスが五名、ベルギーが五名、アメリカが四名、デンマーク・ノルウェー・スウェーデンで三九名、合計で二四七名であった。イギリス人がもっとも多いことが分かる。一九一六年一月段階では総計三二一名の外国人がいた。内訳はイギリスが一六八名、ドイツが四七名、デンマークが二九名、イタリアが二六名、フランスが一七名、アメリカが八名、ポルトガルが七名、日本・オーストリア・スイス・オランダがそれぞれ二名、ベルギーが一名となっている。日本人の二名は三木栄と逓信省で働いた田山九一である。田山が一八九八年からは内務省土木局で製図技師として働いていたが、一九一六年には逓信省に移動していた。一九二五年にシャムから恩給をもらって日本に帰国している。外務省政務局『暹羅国外交行政沿革及顧問制度』一九一六年一一月。

（9）　一八八五年プルッサダーン親王を中心として出した「国家体制改革に関する王族及び官僚による建白書」によれば、日本の政策がうまくいっており、それを見習えばシャムもヨーロッパから敬意を受けるであろうとしている。そこでは立憲君主主義と議会制度の導入を提唱している。

（10）　稲垣満次郎は一八六一年九月二六日長崎県平戸で生まれた。平戸藩の武士であったが、長崎刑務所で働き資金を貯めて東京にでた。東京帝国大学を卒業した後、旧松浦藩の松浦厚のご学友として同行してケンブリッジ大学に入学した。その在学中に英語論文「Japan and the Pacifics: A Japanese View of the Eastern Question」と「A History of the Migration of Centres of Commercial and Industrial Energies of the World」を書いた。前者はロンドンの出版社から出版した。一八九一年日本に帰国後、それの日本語訳『東邦策（第一編）』（一八九一年）『東邦策（第二編）』（一八九二年）を出版した。帰国後は、副島種臣らによって一八九一年設立された「東邦協会」

を拠点に活動し、「南進論」や「アジア主義」の議論を展開した。一九〇五年シャム公使を終え、一九一〇年スペイン駐在特命全権公使になったが、一九一一年一一月二五日マドリッドで死亡した。享年五一歳であった。

(11)　Steave Van Beek, Bangkok Then and Now, AB Publications, 1999, p.126. ここは今Satri Maha Phruttharam Schoolになっている。その後、日本大使館はスクインビッド通りとウッタヤ通り（Thanon Witthayu）との角に移ったが、さらに現在の地であるSoi Asoke-Sukhuwit 21に移った。

(12)　ロラン・ジャックマン（一八三五年〜一九〇二年）はベルギーのヘント生まれで、ブリュッセル大学の国際法教授として有名であった。一八七三年国際法研究所を設立して、国会議員や内務大臣を歴任した。エジプトの法務大臣であったときに、ダムロン親王の要請で一八九二年九月にシャムにやってきた。シャムの近代化や条約制定に尽くし、一八九六年にチャオプラヤー・アパイラーチャーの爵位を与えられた。彼の業績については、Christian de Saint-Hubet, “Polin-Jaequemyns (Chao Phraya Phay Raja) and the Belgian Legal Advisers in Siam at the Turn of the Century”, Journal of the Siam Society, vol.53, part 1, January 1965, 彼の日記をもとにまとめた本として、Walter E.J.Tips ed., Gustave Rolin-Jaequemyns and the Making of Modern Siam-The Diaries and Letters of King Chulalongkorn's General Adviser, White Lotus, 1996.

(13)　飯田順三・前掲書、五〇頁。

(14)　Walter E.J.Tips, Gustave Rolin-Jaequemyns (Chao Phraya Aphairaja) and Belgian Advisers in Siam (1892-1902), White Lotus, Bangkok, 1992, p.214.

(15)　一八九〇年ごろには製図師田山九一、一八九二年九月には、画工大山謙吉、彫刻師島崎千六、伊藤金之助がシャムに到着している。藤吉が働いてころにも日本からお雇い外国人として働く人々がいた。一九〇二年から五年間藤井兼一がシリラート病院で働き、その後大重弥手次が働いた。一九一一年から漆細工の三木栄、養蚕の普及のために一九〇二年から東京帝国大学農科大学助教授外山亀太郎のもとで養蚕技術者がシャムにやってきている。石井米雄＝吉川利治編『日・タイ交流六〇〇年史』（講談社、一九八七年八月）一四七―一九二頁。

(16)　早川鐵治は、一八六三年五月長崎県対馬で生まれ、一八八四年札幌農学校を卒業した。アメリカおよびドイツに留学した後、外務省および農商務省で働く。外務省政務局長を最後に官界から離れた。一一回衆議院選挙で当選したが一期でやめ、後民間企業の社長となった。一九四一年六月五日七九歳で死亡した。

(17)　鳩山和夫は旧作州勝山藩士の四男として東京で一八五七年四月三日生まれた。一八七〇年藩の貢進生として大学南校で法律学を学ぶ。文部省の第一期留学生としてアメリカに渡り、コロンビア大学、エール大学で勉強し、一八八〇年七月エール・ロースクールからドクター・オブ・シビルローの学位を得た。帰国後東京大学法学部講師になるが、一五年代言人となり、東京代言人組合長に推された。代言人は青銭三百文で他人のもめ事を引き受け、飯の種にする卑しい職業とみなされ、「三百代言」と呼ばれていたので、鳩山が代言人になったことは当時の人々を驚かせた。東京帝国大学卒業式での講演「法律の効用」の中で、人材の養成が不十分なのは大蔵省の責任であると大蔵省を批判したことから辞職せざるをえなくなった。一八八五年外務省に入り、一八八六年には東大教授に任命されるが、一八九〇年一月辞職した。同年七月には東京専門学校の校長となり、一八年間勤務した。一八九二年には衆議院議員となり、弁護士法の制定に尽力した。一八九三年（明治二六年）弁護士法が成立して代言人から弁護士という名称に変わった。一九一一年一〇月三日死亡し、享年五五歳であった。

(18)　矢野暢『「南進」の系譜』（中公新書、一九七五年一〇月）一一九頁。

(19)　巌城居士「暹羅通信」（東京朝日新聞、一八九七年一二月二六日）七面。

(20)　Walter E.J.Tips, op.cit.,pp.259-301. カークパトリックはジャックマンが最初に顧問としてシャムに呼んだベルギー人であった。一八九四年三月に司法顧問補佐になり、多くの未解決の裁判事件を処理した。ジャックマンが旅行中には総務顧問官の仕事をこなした。一八九六年五月ジャックマンの長女と結婚したが、健康を害し一八九九年二月シャムを離れ、静養に努めたがブリュッセルで一九〇一年死亡した。カティエルは一八九五年一〇月から一八九七年四月まで国際裁判所で仕事をし、刑務所の改善に尽くした。オルトは一八九六年一二月シャムに到着し、シャムの外交問題の調査を主に担当し、一八九八年八月シャムを離れた。シュレッサーは一八九六年刑事裁判所の司法顧問補佐となり、刑法典の編纂にかかわった。カークパトリックの死後司法顧問になった。一九〇一年七月に顧問を辞職したようである。ダウゲは国際裁判所で仕事をしていたが、健康を害して一八九九年七月にシャムを離れた。ティルモンは一八九八年八月就任し、コーラットの裁判所の改革に尽くした。一九〇一年七月シュレッサーの後任として司法顧問となったが、六カ月後にシャムを離れた。シモンはティルモンと一緒にシャムにやってきて、司法顧問補佐として国際裁判所で仕事をおこなったが、すず鉱山での紛争処理に貢献したり、地方での裁判所での事件処理にかかわった。ロビジンも司法顧問補佐として地方の裁判所での事件処理にあった。ジョッテランはもっとも知られた司法顧問補佐であるが、一九八九年一一月赴任し一九〇二年三月シャムを離れた。初め下級裁判所（Borispah）で働いたが、刑法典の編纂委員になった。次に刑事裁判所、国際裁判所、控訴裁判所で働いた後、コーラット地方長官となった。彼のシャム時代の日記が出版され有名になった。

(21)　矢野暢『タイ・ビルマ現代政治史研究』（創元社、一九六八年六月）一七頁には、チャクリ改革が統治の効率を高めたが、国王周辺の権力状況を微妙なものとしたことが指摘されている。不自由労働制の廃止、欧米列国との協調問題、外国人雇用問題をその事例としてあげている。これが階級的身分制度をゆらぐことに対する反発から生まれたことを述べている。

(22)　Pleng Weparaは一八六二年生まれで、ラーマ五世が設立したシャムの一般人に英語とシャム語を教えるNanta-uttayan Schoolを優秀な成績で卒業した後、ピチェット親王から訓練を受けてからイギリスに留学した。Middle Templeに入学して法律を勉強し、一八八八年九月シャムに帰国し、司法省が設立されてからは司法省に勤務し、裁判官として活躍したが一九〇一年三九歳で死亡した。

(23)　佐藤宏『タイのインド人社会——東南アジアとインドの出会い』（アジア経済研究所、一九九五年三月）七一頁ではティレク（一八六〇年八月二一日生まれで一九一七年死亡）はカルカッタ大学の卒業としているが、Rungsaeng Kittayapong, The Origins of Thailand's Modern Ministry of Justice, (Ph.D.Thesis, University of Bristol, April 1990, p.295ではコロンボ大学の卒業となっている。両方の大学を卒業したのであろうか。ティレクは一八九三年にバンコック・オブザーバー紙を創刊したり、鉄道、運輸、ゴム等の企業を創設した人であり、シャムに渡ったセイロン人としてもっとも成功した人物である。

(24)　アンナがシャムに滞在したのは一八六二年から一八六七年の五年間であった。シャムの王子・王女の英語教育を担当した。アンナはシャムを離れた後、一八七〇年に『シャム宮廷のイギリス人家庭教師』、一八七二年に『後宮のロマンス』という手記を発表して脚光を浴びた。その後マーガレット・ランドンが『アンナとシャム王』という本を出版し、それをもとに映画化された。それをリメイクしてミュージカル映画『王様と私』が作られ、大ヒットした。一九九九年に三度目の映画化がおこなわれ、『アンナと王様』がふたたびヒットした。アンナはインド生まれであることが最近判明した。父はイギリス陸軍兵士であるが、母はアングロ・インディアン（イギリス人とインド人の混血）であった。イギリス陸軍の経理課員であったトーマス・レオン・レオノーウエンスと結婚したが、シンガポールで死亡し、生活のためにアンナは軍付属学校で教えた。その教え子の父親の中にモンクット王と親しい商人がおり、そのつてでシャムで働くことになった。才気あふれる女性であり、シャムの奴隷制度の廃止を訴えて、二度も命をねらわれた。シャムを離れた後結婚した娘のいるカナダに渡り、そこで婦人参政権運動に加わった。アンアとともにシャムで暮らした息子ルイは、シャムに戻ってチュラロンコン王を警備する近衛将校になり、後に王女の一人（チュラロンコン王の妹）と結婚し、チーク材を扱う会社を設立して財をなした。エリザベス・ハンド『アンナと王様』竹書房文庫、二〇〇〇年一月、William Warren, "The Truth About Anna-- and Other Stories", Archipelago Press, Singapore, 2000, アンの後任にはアメリカ人宣教師のチャンドラー（Dr. Chandler）が迎えられた。

(25) 政尾藤吉「金曜会報告第一〇号」一九一三年一一月一九日金曜会例会。

(26) 飯田順三・前掲書、六頁。

(27) Auraiwan Thanasthid, A Study of the Role of Americans in the Modernization of Siam,

1851-1910, (Doctor of Philosophy in the School of Education, Health, Nursing and Arts Professions, New York University, 1891) p.231以下にストローベルとウエスタンガードの司法面での改革への貢献について述べている。それによるとストローベルは刑法や刑事裁判面で貢献した。賭博の許可制を廃止すること、それによる税収の減少を輸入税の増税でまかなうことを提言している。しかし、当時はシャムは関税自主権を持たなかった。さらに彼はシャムの海法を作り上げ、フランスとの一九〇四年と一九〇七年の条約改正、イギリスとの一九〇九年の条約改正にかかわっていた。後任のウエスタンガードは一九〇四年から一九一五年の約一二年間シャムで働いた。シンガポールまで鉄道を延長する仕事をやりとげ、一九一一年からはチカー裁判所の判事となった。さらにハーグの国際裁判所でシャムの代表となっている。アメリカ人のシャムでの仕事はキリスト教の布教と教育と医療面できわだっている。注目されるのはストローベルが総務顧問となった時の給与が三〇〇〇ポンドの年俸と一五〇ポンドの運賃、家具付きの家が提供されていることである。

(28) 司法省は一八八八年に非公式的に設立し、サワット親王が大臣に任命されていた。Rungsaeng Kittayapong, The Origin of Thailand's Modern Ministry of Justice and Its Early development, Ph.D.thesis,University of Bristol, April 1990, p.94.

(29) 三印法典については石井米雄『タイ近世史研究序説』(岩波書店、一九九九年)およびYoneo Ishii, "The Thai Thammasat", in M.B.Hooker ed., Laws of South-East Asia, Vol.1, Butterworth & Co., 1986, p.143, Michael Vickery, "The Constitution of Ayutthaya: The Three Seals Code", in Andrew Huxley ed., Thai Law: Buddhist Law-Essays of the Legal History of Thailand, Laos and Burma, White Orchid Press, 1993, p.133.

日本に留学するシャムの学生とともに

(30)　ラートブリー親王（一八七四年〜一九二〇年）は「タイ法制の父」と呼ばれ、八月七日は命日にあたり、ラビ記念日として、法律家や法学部学生が司法省の前にある銅像に拝礼する儀式が行われている。一九一二年農務大臣になって、土地登記法を改正した。タイの伝統的な法典の研究をおこない『ラートブリー版三印法典』を書いた。彼が法学教育を受けたのはオックスフォード大学であり、ラーマ五世が国の近代化のための人材養成を目指して、王族や有力貴族の子弟を海外に留学させるという政策に基づいて留学した。赤木攻「タイ国の近代化過程における海外留学—絶対王制との関連において—」国立教育研究所紀要九四集、（一九七八年三月）、二一一五頁。

(31)　イギリスはボーリング条約によって、被告人がイギリス臣民の場合および当事者がイギリス臣民同志の二つの場合に領事がイギリス法によって裁判することが定められた。その領事裁判権を放棄（訴訟移送権等を留保）した時に設けられたのが国際裁判所である。これは一八八三年第二チェンマイ条約によってイギリス臣民（British Subjects）が関係する訴訟を審理するためにチェンマイに設けられたのが始まりである。ここではシャムの裁判官がイギリス臣民の関与する民事・刑事すべての訴訟をシャムの法律によって裁判する権限を持っている。ただし、領事は裁判に立会い、書類の送付を受け、適当と判断する時はイギリス領事の裁判に移送することを請求できる。さらにイギリスの副領事とシャム側の勅使（カールアン）の承認を得てバンコックの控訴審（シャム側の裁判官とイギリス総領事で構成される）に控訴することができる。フランス臣民の関係する訴訟を国際裁判所が管轄するようになったのは一九〇四年のフランスとシャムとの条約による。それが一九〇七年の条約改正によってシャム全土のフランス臣民と保護民の関係する訴訟に拡大された。デンマークとイタリアとの条約でも国際裁判所が設けられた。四か国の国際裁判所はシャムで民法、商法、刑法、民訴法、刑訴法、裁判所構成法が整備されれば廃止されることになっていた。さらに国際という名称を付けているのはおかしいというので、外事裁判所（Foreign Causes Court）という名称に変更している。飯島明子「シャムにおける『インターナショナル・コート』」歴史評論六〇四号（二〇〇〇年八月）五九頁、暹羅協会編『暹羅国情』（一九二九年一月）一六〇～六二頁。

(32)　政尾藤吉「暹羅国の法律事情」国家学会雑誌一二巻一四一号（一八九八年一一月）二一一二頁

(33)　Sansern Kraichitti, "The Legal System in Thailand", Washburn Law Journal, vol.7, p.241. Borwornsak Uwanno & Surankiart Sathirathai, "Introduction to the Thai Legal System", Chulalongkorn Law Review, vol.4, pp. 39～45.

(34)　外務省政務局『暹羅國外交行政沿革及顧問制度』（一九一六年一一月）三一頁。

(35) シャムでは「タマサート法典」を基本として、社会秩序の変化に対しては、王の定める「勅令」で対応してきたが、それで対応できない場合には、法律の「結集（chamra）」がおこなわれてきた。ラーマ一世の時に「三印法典」の編纂がおこなわれたが、これが「結集」に該当する。一〇〇年ほどまえに編纂がなされており、そろそろ次の結集がおこなわれる頃であった。赤木攻「タイ国の法体系に関する一考察（Ⅰ）」東南アジア研究一三巻三号四五二頁。

(36) コラチャック（Phraya Prachakit Koracak）は一八六四年七月一三日生まれ、一九〇七年一〇月一四日死亡したが、シャムの北部の歴史や伝承をまとめた『ヨーノック史』という歴史書を著したことでも知られている。ピチェット親王に気に入られて行動を共にしていた。国際裁判所の裁判官になったのも、ピチェット親王がチェンマイに赴くのに随行していったからである。その後裁判官として出世をしていった。最後はチカー裁判所の裁判官になった。飯島明子「シャム近代史学における『ポンサーワダーン・ヨーノック』」国際基督教大学学報アジア文化研究二二号、二〇九頁。名前の最初についているプラヤーは官吏が国王からもらう欽賜名である。一九三二年の立憲革命までは、下からクン、ルアン、プラ、プラヤー、チャオプラヤーの順になっていた。

(37) 一八八二年から八八年イギリスに留学して、シャム人はじめてのバリスターの資格を得た人である。一八九七年から刑事裁判所所長になったが、一九〇一年に死亡した。

(38) 外交史料館、外交記録三―八―四―一六。

(39) 「判検事の欧米派遣」法学新報九巻三号（一八九九年三月）六八頁。

(40) 読売新聞一九〇二年九月一二日一面、さらにThe Japan Times, November 9, 1902およびNovember 23, 1902では香阪がシャムの最高裁判事となると、イギリスのJ.Stewart Blackの就任を妨げることになることが報道されている。ということは日本とイギリスで法律顧問をシャムに送り出すことで競争していた可能性がある。

(41) 推薦学員とは、卒業しないまま弁護士資格を取得した際に、学員の推薦で特別に学員資格を与える制度である。村松の経歴は歴代国会議員名鑑編纂委員会編『歴代国会議員名鑑上巻』(議会制度研究会発行、一九九五年六月)による。一九一五年の一二回衆議院議員選挙に仙台市の選挙区から当選し、一期だけ議員になっている。はじめ立憲同志会に所属し、一九一六年一〇月憲政会に入った。藤吉もこの選挙で当選しており、村松と国会で顔を合わし、旧交を暖めたはずである。その前の一一回とその後の一三回の衆議院選挙に立候補したが、落選している。仙台市の選挙区から出馬したのは、同じ一族である村松亀一郎が宮城県郡部から立候補していたためである。一時東京にいたが、一九一三年仙台にもどり、一九二四年と一九二五年には仙台弁護士会会長になっている。

(42) 河北新報一九〇二年四月四日二面。

(43) 暹羅商務総会については内田直作『東南アジア華僑の社会と経済』(千倉書房、一九八二年一二月)一一五頁以下参照。シャムへの華僑の進出状況については、ウィリアム・スキナー(山本一訳)『東南アジアの華僑社会―タイにおける進出・適応の歴史』(東洋書店、一九八一年六月)。

(44) 河北新報一九〇三年一月二八日二面。

(45) 村松山寿「暹羅国司法制度一班(二)」法学新報一三巻三号(一九〇三年三月)七七頁。

(46) 山本辰介は愛知県出身であるが、山本安太郎とともに語学留学生として一八八七年シャムに渡った。シャムと日本との修好条約締結に関する宣言書に調印するために、シャム側の代表として日本に来ていたチャオプラヤー・パッサコーラウォンが日本の少年をシャムに連れていき、語学やシャムの事情を勉強させたいと外務省に申し出た。福島県出身の山本安太郎が選ばれたが、たまたま神戸で働いている山本辰介を見つけて神戸港から旅立った。二人はチャオプラヤーの家に寄宿して貴族の通うスワンクラー学校、スナンター英学校で学んだ。その後シャムの文部省で働いた。山本辰介は岩本に同行して一八九七年ハノイで死亡した。石井米雄＝吉川利治『日・タイ交流六〇〇年史』（講談社、一九八七年八月）二一〇頁。

(47)　金子民雄「解説」岩本千綱『シャム・ラオス・安南三国探険実記』（中公文庫、一九八九年一一月）、一九一頁。

(48)　早川鐵治「政尾博士の思い出」政尾藤吉追悼録、七九頁。

(49)　フルベッキについては大橋昭夫＝平野日出雄『明治維新とあるお雇い外国人―フルベッキの生涯』（新人物往来社、一九八八年一〇月）。

(50)　九鬼隆一の生涯については高橋眞司「九鬼隆一㊤㊥㊦」福沢諭吉年鑑五～七巻が一番詳しい。その他に中谷一正「男爵九鬼隆一」『三田幕末人物史』（中央公論事業出版、一九七四年九月）、中谷一正『幕末明治洋学史』（昭和五三年五月）、田住豊四郎「九鬼隆一」『現代兵庫県人物史』（県友社、一九一一年等参照。

(51)　大岡信『岡倉天心』朝日選書二七四（朝日新聞社、一九九九年一月）三〇五頁以下、高橋眞司「杉山波津子――「九鬼隆一」付論」福沢諭吉年鑑一〇巻、七一頁以下参照。

(52)　梅原猛「岡倉天心」梅原猛著作集一八巻『精神の発見』（集英社、一九八三年三月）五五八頁では、一八九三年天心はひそかに人生の予定表を書いており、それによると「四〇歳にして九鬼内閣の文部大臣となる。五〇にして貨殖に志す。五五にして寂す」とあったという。これは天心が九鬼を行政官として評価していたことを示している。

(53)　岡倉天心の東京美術学校校長辞任にともなう経緯については、磯崎康彦＝吉田千鶴子『東京美術学校の歴史』（日本文教出版、一九七七年三月）一〇四―一〇八頁。国粋主義にもとづき日本画を中心とした東京美術学校に対して、洋画家が不満を持っていたことが問題の底辺にあった。

(54)　菅野昭正編『九鬼周造随筆集』（岩波文庫、一九九一年九月）一一頁。

(55)　一八七九年の教育令を制定する時には福沢諭吉の教育の基本理念と合致していたが、それの改正にあたっては、それと異なり教科書の検査や小学校教員の心得等では福沢は九鬼の対応を反動的な動きと見ていた。国会開設をめぐって斬新主義の伊藤博文・井上毅と、即時開設派の大隈重信との間で対立があった。そこに北海道開拓使官有物払い下げ事件がおき、その事態を収拾するために参議大隈重信の罷免、払い下げ中止を決定した。この時大隈と福沢が結託して薩長派打倒を企てているという風評が出たが、それを薩長派に注進したのが九鬼隆一であるとされた。この九鬼の行為を福沢は「賎丈夫の挙動」と批判し、福沢と九鬼との決定的な決裂の要因となった。文部行政としても国会開設を主張する者に私立学校関係者が多いことから、それを妨害するために、官立学校を優遇して私立学校を差別する政策が採用された。その中心にいたのが九鬼隆一であったことから、さらに両者の仲が悪くなった。伊藤正雄「福沢諭吉と岡倉天心―九鬼隆一をめぐる両者の立場について―」甲南大学文学会論集一〇号（一九五九年一一月）一頁以下。

(56)　高橋眞司「九鬼隆一と九鬼周造――父と子」九鬼周造全集第三巻付録しおり、（岩波書店、一九八一年一月）六頁。九鬼周造の業績は『九鬼周造著作集』（岩波書店、一九八〇年一一月～一九八二年三月）に収録されている。周造の持っていた蔵書等は甲南大学に保管されている。甲南大学哲学研究室編『九鬼周造文庫目録』が発行されているが、さらに私信も含めた整理がおこなわれている。阪神淡路大震災の影響を受けており、二〇〇三年三月までにきちんと整理される予定である。それが一般公開されるかどうかは未定である。

(57)　周造に大きな影響を与えたのは仏教であるとされている。田中元文『九鬼周造―偶然と自然』（ペリカン社、一九九二年九月）二六頁。

(58)　一八九七年六月一八日東京京都帝国大学官制が公布され、東京大学は東京帝国大学と改称された。

(59)　穂積陳重は、宇和島藩士穂積重樹の二男として一八五五年七月一一日生まれた。一八七〇年宇和島藩貢進生に選ばれ大学南校に入り、一八七四年開成学校法学部創設時から法学を学ぶ。一八七六年文部省留学生としてイギリスに留学、ミドル・テンプルからバリスター・アット・ローを受ける。一八七九年から一八八一年まではベルリン大学でドイツ法学を勉強し、帰国後東京帝国大学法科大学教授となる。一九一二年辞職する。その間法典調査会委員となり、法律制定に貢献する。穂積八束は弟、穂積重遠は長男にあたる。

(60)　九鬼隆一と穂積陳重との関係を示唆するものとして、九鬼が留学生を対象とする訓話をおこなった時に穂積もそれを聞き、その時に渡された訓戒書を穂積は五〇年間持ち続けていた。一九二五年一〇月穂積は麹町区永田町の九鬼の自宅を訪問して訓示のありがたさについて謝辞を述べたという。『都新聞』（一九二六年四月八日）、高橋眞司「九鬼隆一伝(上)」福沢諭吉年鑑五巻一一一頁。隆一は文部省にいる時、留学の成果が経費をかけた割にあがっていないことを考えて、留学生を呼び戻すために自ら一八七三年四月ヨーロッパに出向き実行した。文部省の経費が約八〇万円なのに留学生に三〇万円もかけていたからである。当時の留学生二六〇名あまりは薩長土肥の出身者で優秀な人材とは限っていなかった。そこで隆一がそれを憤慨して呼び戻しに出かけた。反対もあったが実行した。その後、出身に関係なく優秀な人材を海外に送り出す政策を実施した。その結果、穂積陳重、小村壽太郎、鳩山和夫、岡村輝彦、古市公威等の人材が留学できた。

(61)　穂積陳重『法進化論─第一冊、第二冊、第三冊』(岩波書店、一九二四年)、一九二七年(これらは『穂積陳重遺文集第一冊』(岩波書店、一九三二年)に収録されている)。穂積の法進化論についての論述としては松尾敬一「穂積陳重の法理学」神戸法学雑誌一七巻三号(一九六七年一二月)二〇頁以下、長尾龍一「穂積陳重の法進化論」同『日本法思想史研究』(創文社、一九八一年四月)五四~七九頁以下参照、碧海純一「経験主義の法思想」碧海純一＝野田良之編『日本近代法思想史』(有斐閣、一九七九年)三八九~三九九頁。

(62)　穂積陳重『法典論』復刻版『日本立法資料全集　別巻三』(信山社出版、一九九一年二月)。

(63)　山田三良『回顧録』山田三良先生米寿祝賀会(一九五七年一一月)三六頁。

(64)　時事新報一九〇〇年五月二七日、および明治編年史編纂会編『新聞集成明治編年史』一一巻(一九四〇年八月)七〇頁、日本に帰国した藤吉は三年町の九鬼隆一宅に妻、長女とともに滞留し、九月末シャムに帰った。

(65)　学位記は本人が日本にいないので、シャムに送られた。「学位記を送付」読売新聞一九〇三年三月一三日五面。

(66)　井関九郎監修『大日本博士録一八八八─一九二〇　No.1』(発展社、一九二一年一月発行)を参照。

(67)　博士論文の写しを作っていくつかのところに配ったようであり、その中で今も残っているところはないであろうか。今の伊予市の岡井氏に博士論文の写しを送っており、一九四一年頃までは所蔵じていたことが分かっている。景浦稚桃「日泰親善の功労者粉政尾藤吉氏の事蹟に就て」伊予史談一〇七号、一九四一年一〇月、四八頁にその旨の記載がある。今も所蔵しているかどうかは不明である。

(68)「政尾藤吉の論文要旨」法学新報一三巻四号（一九〇三年四月）九八頁。

(69) シャム古代法についてシャム協会の総会（Bangkok United Clubで開催）でも講演している。The Bangkok Times Weekly Mail, 27 April, 1905.

(70) 政尾藤吉「暹羅の新刑法に就て」法学協会雑誌二五巻一一号一六二五頁。

(71) 法典論争または民法典論争後、穂積陳重、梅謙次郎、富井政章は一八九二年一〇月七日民法商法取調委員に命じられ、法典調査会の設置を提案し、それが取り入れられて一八九三年三月二一二日法典調査会規則が公布された。同年四月一三日法典調査委員に命じられ、民法商法等についての立法起草に従事した。東川徳治『博士梅謙次郎』（法政大学、一九一七年一一月）一六頁。

(72) 図南商会編『暹羅王国・付録暹羅渡航者案内』（経済雑誌社、一八九七年九月）。

(73) 最初の外務大臣との契約の内容は以下のとおりである。外務省外交記録三―八―四―一六―一に残されている。

From Luang Devanysu Varapraken, Minister for Foreign Affairs of His Majesty the King of Siam, acting in the name of His Siamese Majesty of Government, agrees to engage Mr. Tokichi Masao, D.C.L. of Japan, in the capacity of Secretary in the Department of Foreign Affairs, to reside in Siam, and Mr. T. Masao agrees to enter the service of the Siamese

Government in the said capacity and upon the following term:

1. Mr. T. Masao undertakes to give up the whole of his time to the service of the Siamese Government, and will not engage in any other employment while holding the appointment, which is the subject of the present agreement, and he will continue to perform his duty during the term of this agreement unless incapacitated by illness or by accident.
2. From the day of his arrival at Bangkok, Mr. T. Masao will hold himself at the disposal of the Siamese Government, or of the Minister who for the time being, shall represent the Siamese Government throughout the term of the present agreement. Without attempting here to define accurately the various duties, which Mr. T. Masao may call upon to undertake under the direction of the General Adviser to His Siamese Majesty's Government, it is understood that they comprise translating Japanese language and advising on laws generally, and in detail as regards the codification of any part of Siamese laws and to assist the Government generally on matters of legal affairs.
3. Mr. T. Masao shall receive salary at the rate of three thousand dollars ($3000), or five thousand ticals per annum payable in ticals of equal monthly installments at the end of each month from November 1897.
4. An unfurnished house will be provided by the Siamese Government for Mr. T. Masao in Bangkok where he is in service.
5. A sum of three hundred dollars ($300), or five hundred ticals wil be paid to Mr. T. Masao

on his coming out from Japan to Siam and also a similar amount on his going back from Siam to Japan, for travelling and incidental expenses.
6. In case of an accident, injury or illness of such a nature as shall permanently disable Mr. T. Masao for the discharge of his duties, this agreement shall be considered as cancelled, and Mr. T. Masao shall receive a part of his salary equal to three months and also the sum stated in the preceding article.
7. This agreement shall be for a term of two years dating from the month of November 1897.

(74) 石井米雄＝吉川利治『日・タイ交流六〇〇年史』（講談社、一九八七年八月）二三四頁。
(75) 外務省外交史料館所蔵（三―八―四―一六）『外国官庁ニ於テ本邦人雇用関係雑件・別冊暹羅国ノ部』（一八九七年一〇月―一九一七年九月）。当時の為替相場は一ポンドが一〇円八〇銭であった。吉川治「『アジア主義』者のタイ進出」東南アジア研究一六巻一号九〇頁。
　司法大臣との契約の内容は次のとおりである。外交記録三―八―四―一六―一に残されている。
　Agreement made on 30th day of October 1906 between His Royal Highness Prince Rajburi Direkrit, Ministry of Justice, acting on behalf of his Siamese Majesty Government for himself and his successors in office (hereafter called the Moniter) of the one party and Tokichi Masao D.C.L. L.L.D. of the other party. It is hereby naturally agreed by the said parties as follows;
1. The said Tokichi Masao shall continue in the service of the Ministry of Justice as legal adviser. He shall devote the whole of his time to the said service, shall refrain from engaging in

any other employment, profession of calling, shall perform such appointment to the best of his ability and power, and shall confirm to and be bound by the general rules and practices of the Siamese service on all points not specifically mentioned in this Agreement.

2. The said Tokichi Masao shall receive as hitherto salary of £1000 per ann.

3. The aforesaid salary shall be paid monthly in arrear and shall be converted into ticals at the rate of exchange prevailing on the last day of the month for which the salary is due. The exchange shall be calculated at the rate advised by suitable local Bank as the Controller General to the Government may select.

4. The said Tokichi Masao shall receive as House Allowance the amount actually expended for the rent of an unfurnished house but not exceeding one tenth of the annual salary.

5. The said Tokichi Masao shall be allowed two months leave of absence on full pay for every complete year of service in Siam. Such leave of absence shall be granted by the Minister at such time as may suit the request of the Ministry, but shall not at any one time exceed eight months duration.

6. The Minister may terminate this agreement at any time without notice in the event of gross misconduct, a wilful neglect of duty on the part of the said Tokichi Masao for pension or compensation for such termination of agreement.

7. In the event of service of the said Tokichi Masao not being forth required the Moniter may terminate this agreement on paying compensation for loss of appointment in accordance with

the scale appended to this agreement.

8. Should this agreement not be terminated by virtue of the provisions of clause 6 or 7 of this agreement, the said Tokichi Masao shall receive an valid superannuation or retiring pension as the case may be, in accordance with the scale and rules laid down in the Pension Act R.S. 120.

9. The date of service of the said Tokichi Masao shall be reckoned from the fourth of November 1897.

Signed by H.R.H.
Price Rajburi Direkrit (Signed) Rabi
and by Tokichi Masao (Signed) Tokichi Masao
in the presence of
(Signed) J. Stewart Black Judicial Adviser

Scale of compensation for loss of appointment referred to the Clause 7

under 5 years service	1 year salary
above 5 years service and under 10 years	2 year's salary
above 10 years service and under 15 years	3 year's salary
above 15 years service	4 year's salary

one year salary is to be reckoned as 1/3 of the previous 36 months salary

(76) Emile Jottrand (translated by Walter E. J. Tips), "In Siam -- The Diary of a Legal Adviser of King Chulalongkorn's Government", White Lotus, Bangkok, 1996, p.39.
(77) 田住豊四郎『兵庫県人物史』(県友社、一九一一年)二一二頁。
(78) 末廣昭「バンコク：環濠城壁都市から貿易都市へ」大阪市立大学経済研究所編『世界の大都市第六巻』(一九八九年一〇月)二一九頁。
(79) 友杉孝「王都にして首都―バンコック」矢野暢編『講座・東南アジア学第三巻東南アジアの社会』(弘文堂、一九九〇年一一月)一五九頁。
(80) 当時の西洋館の様子が分かる写真がSteave Van Beek, Bangkok--Then and Now, AB Publications, 1999, pp.80~81.
(81) 政尾藤吉「暹羅国の富源」貿易一四巻一一号、一九一三年一一月、九頁。
(82) 青山なを編『若き日のあと――安井テツ書簡集』安井先生没後二〇年記念出版刊行会、(一九六五年一一月)一六〇~一頁。なお安井哲については吉川敬子「安井哲とタイ国の女子教育」国立教育研究所一一五集(一九八八年三月)一七七頁参照。安井てつは帰国後、東京女子大学の学長に就任して、日本の女子教育に大きな足跡を残した。
(83) 前掲書、一七〇頁。
(84) 「暹羅の経済事情」太平洋三巻一〇号(一九〇四年一一月)一〇〇頁によれば、シャムでは女性を買う風習があり、その取り引きの値段が容貌によって決まっており、「醜女即ち下等品は一〇円から二〇円、十人並即ち中等品が三〇円内外、別嬪即ち上等品が五〇円から七〇円止まて、中には特別上等品」の場合には一〇〇円もすると言う記事が掲載されている。

(85) The Bangkok Times, 24 June, 1903, "Dr. Masao".
(86) 石井米雄＝吉川利治・前掲書、二四六頁。
(87) 女子学習院『女子学習院五〇年史』（一九三五年一一月）付録一三二頁。
(88) 吉川利治氏からの私信の中で、このことを元タマサート大学の学長で、一九七三年の学生革命後首相になったサンヤー・タンナサックから聞いたことが記されていた。これらの書類は今も残っているのであろうか。残っているのであれば早急に調査する必要がある。当時の紙の質はよくないので、調査不可能かもしれない。
(89) 石井米雄＝吉川利治・前掲書、一四一頁。からゆきさんは一八八四〜八五年ごろからバンコックで働きはじめ、一八九五〜九六年ごろには四〇人いたという。バンコック市内の寺院ワット・ラーチャブーラナ（通称ワット・リエプ）にある日本人納骨堂の過去帳に一〇人ぐらいのからゆきさんの死亡が記録されている。
(90) 三井物産の出張所は一九〇六年（明治三九年）七月に設けられた。一九三五年には三井タイ室が日本とシャムとの親善を目的として設置された。一九四〇年にはタイ室東京事務局とあらためられた。一九五一年財団法人・タイ室と改称して戦後タイとの外交関係がない時に大使館に代わる役割を果たした。一九六七年には財団法人日・タイ協会と合併した。三井物産とタイとのつながりの強さを示している。
(91) 三木栄は一八八四年四月二九日前橋で生まれ、一九一〇年東京美術学校を首席で卒業後、翌年神戸港から常陸丸に乗ってシンガポールまで行き、そこからデーリー号に乗ってシャムに渡り、宮内省に勤務した。三木がシャムに渡る前に、鶴原善三郎がすでに宮内省で漆芸家として働いていた。

三木は宝物の制作修理に従事すると同時に、美術学校校長を一九四〇年四月まで勤めた。日本人会会長や日本語学校校長も勤め、日・シャムの文化交流に貢献し、一九四七年日本に引き上げてきた。三木栄「五〇年前の回顧」泰国日本人会編『創立五〇周年記念号』(一九六三年九月)二一頁、三木栄『山田長政の真の事跡及三木栄一代記』(一九六三年)。

(92)　一九〇二年九月に国分セイ、平野キク、一九〇五年岡田トク、小金沢さわ、一九〇八年八月に飯塚ハナがシャムに技術指導にやってきている。飯塚ハナはシャムで死亡した。吉川利治「暹羅国蚕業顧問技師―明治期の東南アジア技術援助―」東南アジア研究一八巻三号(一九八〇年)、中村孝志「シャムにおける日本人蚕業顧問について」南方文化一五号(一九七八年)。

(93)　図南商会編・前掲書、一五五頁では、商業店主四名、商業店員四名、医師一名、図工一名、写真師一名、鼈甲師一名、建築技師一名、建築助手一名、通訳一名、語学生一名、内地探険者二名、商業視察者一名、醜業者二名、醜業婦一五名、外人妾四名、醜業者の妻二名、通常人の妻五名と記されている。この本によれば、一八九一年野ゝ垣商店(六カ月で閉鎖)、一八九五年日暹商会(一八九六年一月閉鎖)、一八九五年八月大山商会、一八九五年八月桜木商店、一八九五年一一月図南商会、一八九六年四月都築商店等が開業しているが、長続きしていない。

(94)　松本逸也『シャムの日本人写真師』(めこん、一九九二年)において磯長海洲が一八九五年から、田中盛之助は一九〇四年からシャムで写真師として活躍したことが記載されている。

(95)　青森県出身の三谷足平は一九一三年暹羅国日本人会が結成された時、指導的役割を果たし、初代の会長になっている。バンコックに日本公使館が開かれるまで、一八九五年二月以来写真館を経営していた鹿児島県出身の磯永海洲とともに、日本人の保護に力を尽くしていた。農商務大臣であったプラヤー・スラサックモントリーと知り合いになって、彼の主治医となることによって、シャム社会の中でその地位を築いていった。シャム軍の臨時軍医として北方内乱の平定に参戦している。
(96) 三木栄「五〇年前の回顧」泰国日本人会編『創立五〇周年記念号』(一九六三年九月)二三頁。
(97) 石井米雄＝吉川利治編・前掲書、二一七頁〜二二六頁によれば、日本映画館は一九一六年に閉館し、一〇年間ほどしか続かなかった。
(98) The Bangkok Times Weekly Mail, 4 December, 1903.
(99) George Bradley McFarland ed., Historical Sketch of Protestant Missions in Siam, 1828-1920, The Bangkok Times Press, 1928. この本では長老派の教会のシャムでの布教活動が主に分析されており、メジジスト派にはふれていない。
(100) 後にラーマ六世となったワチラーウット親王は、日本への関心を持ち、イギリス留学の間に蝶々夫人をテーマにする戯曲を書いていた。一九〇二年一二月一六日、イギリス留学の帰り、アメリカ経由で日本に立ち寄った。約一か月日本に滞在して各地を見物した。日本によい印象を持ち、帰国後「おはなさん」「おさくらさん」という英文の短編小説を書きあげている。母であるサオワパーポーンシー皇后に日本に留学生を送ることを進言している。
(101) 村嶋英治『ピブーン―独立タイ王国の立憲革命』(岩波書店、一九九六年一〇月)一二頁。
(102) 後日、藤吉は両親の墓の側に長男一郎の墓を建てている。
(103) チャリダー・ブアワンポン「明治期シャム国日本派遣女子留学生について」法政史学四二号(一九九〇年三月)八四頁。留学生のうちの一人タンプージン・カジョン・パロトラーチャはシャムに帰国後、ラチニー女学校で教師として働いた。カジョンが結った日本髪が一時、タイで流行になったという。松本逸也「友好の世紀㊥─日タイのはざまで」朝日新聞一九八七年九月一七日夕刊一四面。

(104)　東京朝日新聞、一九一一年六月二九日「暹羅國法律顧問政尾藤吉博士の光栄」、『新聞集成明治編年史（日韓合邦期）』一四巻（一九四〇年六月）四三四頁。

(105)　村嶋英治・前掲書、一一頁。さらにお雇い外国人として、シャムの海軍省に安井勇次郎は製缶技師として一九〇六年一一月から働いていたこともシャム海軍と日本とのつながりを物語っている。

(106)　政尾藤吉「暹羅の国情」東京経済雑誌一七二八号（一九一三年一二月）一三頁。その後、シャムでの綿花栽培については、一九三四年三原新三によって調査報告書がシャム側に提出された。綿花栽培成功の可能性があった。三原は一九三五年から三年間綿花栽培の顧問としてシャムで働いた。

第三部　シャムでの法律顧問としての仕事

　ここでは、シャムでの法律顧問として、藤吉がどのような業績を上げてきたかを中心に述べたい。その当時法律顧問の多くがベルギー出身者であり、その中にまじって日本人として一人で頑張ってきた。これまで藤吉のシャムでの法律面での業績全体をまとめたのは追悼録に収録されている杉山直治郎「暹羅法の進歩と故政尾博士の功績」(1)しかない。杉山直治郎は東京帝国大学法科大学でフランス法を専門としていた関係で、フランス法の影響を強く受けていたシャムの法律にも関心を寄せていたのであろう。杉山は藤吉が一九二一年一月公使として出発する前に、直接藤吉と会って、シャムの法律について教示してもらっているからである。しかし、最近になって日本およびタイにおいて藤吉の業績を見直す研究が出始めており、比較法研究にとって格好の材料を提供しつつある。ここではそれらを参考にして藤吉の仕事の内容について述べていきたい。(2)

1　立法作業

これから主要な法律の制定過程を見てみよう。

(1)　刑法典の編纂

法典編纂のために「法律結集委員会」が設置され、民商法と刑法のいずれを先に編纂するかが議論された。藤吉はエール・ロースクールで日本民法についての論文で博士号を取得したので、自ら得意とする民法を先に編纂することを主張したが、司法省では刑法の方が最も急を要するということで刑法の起草に着手することになった。というのは、当時刑事事件が多発していたが、領事裁判権によって外国人の犯罪はシャムの法廷では審理されなかったからである。

特に問題となったのはフランス公使館で中国人が保護民として登録されれば、その者が犯罪を侵してもシャムの法律で裁かれないために、中国人による犯罪が増えていた。さらにイギリス公使館でもイギリスの植民地出身の者が保護民として登録されれば、シャムの裁判権が及ばないために、ビルマやマラヤ出身者がシャム国内で犯罪を侵す場合が増えた。

一方、日本にも中国（台湾）人を保護民として登録させる制度を入れようという動きがあったが、中止された。これはシャムの日本公使館の国府寺代理公使（稲垣弁理公使が日本に帰国中の間代理公使）がフランスやイギリスと同様に中国人、特に台湾人の登録を認めて領事裁判権で保護を与え、シャムにおける中国人社会に食い込んで、日本の影響力を高め、それを経済取り引きを活発化させるのに役に立てようとした。それまでは日本ではシャム側が登録制度に反対していたので、それを尊重して登録制度を取り入れなかった。

ところが、一八九九年国府寺代理公使がそれとは反対の政策を実行し、一四〇名あまりの中国人（台湾出身者）を登録させた。これは日本が台湾を植民地としていたことと関わっていた。台湾人を日本の臣民として扱うことになったことから、それ以前からシャムに来ている台湾人も日本臣民として扱うこともできるという考えに基づいていた。それを日本の外務省が認める文書を出したことから、シャム側は国府寺前代理公使（その時には領事）の召還請求を決定した。藤吉は当時、総務顧問補佐としてシャムの外務省で働いていたので、この情報をつかんで、稲垣弁理公使に連絡した。この当時藤吉自身も、保護民の取扱をめぐる苦情を処理する仕事をしていた時であり、イギリスやフランスの保護民に対する処理に不満を抱いていたと思われる。稲垣は登録制度の廃止を決定し、召還請求を見合わせるようシャム側を説得した。(3) 稲垣はラーマ五世の信頼を裏切ることはしなかった。そこで、日本側は中国の保護民の問題を抱えることなく、シャムとの友好関係を維持できた。

この当時、中国人が道路・鉄道・運河建設の労働者としてシャムに大量に流入し、商業にも進出しはじめており、急速にシャムは社会的変動期を迎えていた。そこで中国人をめぐる紛争が生じると同時に、外国との接触が増え、シャムの人々自身の犯罪も増えていた。

ところが、司法制度に多くの問題を抱えていた。判決を出すまでに多くの時間がかかり、勾留期間中の待遇が悪かったり、残酷な刑が課されていた。また裁判官の給与がきちんと支払われないために不正な取り引きがなされたりしていた。社会秩序を維持するために、基本となる刑法を作って、領事裁判権を廃止する必要性が高かった(4)。というのは、それまで適用されていた法律はインドのマヌ法典の影響を受けたシャムの古代法を基に制定された『三印法典』（一八〇五年）であり、それを修正したり、裁判所の判決の積み重ねによって解釈を変更することで対応してきたが、近代国家となるために、それでは不十分であったからである(5)。

刑法典が成立するのは一九〇八年（明治四一年）三月二四日であり、六月一日に公布され、九月二二日施行された。その日がラーマ五世の誕生日であったからである。これはシャムでの最初の近代的立法であった。その立法作業は開始してから約一〇年もの歳月がかかっている。その間の動きから見ていこう。

一八九八年（明治三一年）二月から藤吉を含めて三人の委員で起草することになったが、同年七月ごろには第一次草案ができた。しかし、これは実質的に藤吉一人がまとめた。カークパトリックとシユレッサーのベルギー人両名が病気がちであったためである。藤吉は日本の旧刑法とインドの刑法を主に参考にしていた。残念ながら、この草案は残っていないので、その内容は分からない。彼の講演からすると、その特徴として重罪、軽罪、違警罪の区別を設けていないこと、笞杖刑を廃止したことが挙げられている。

日本では明治維新後の混乱期がつづき、反政府活動が活発で政治犯が多くいたし、犯罪も多発していた。明治政府は厳罰でこれに対処したが、治外法権撤廃のために、西欧の近代的な刑事法制をとりいれる必要があった。そこで旧刑法はボアソナードがフランス法、特に一八一〇年のナポレオン刑法典に倣って起草した案をもとに一八八〇年に公布した。当時の比較的リベラルな考えに基づく刑法であり、罪刑法定主義、責任主義を採用している。藤吉が重罪、軽罪、違警罪の三種類の分類や笞杖刑を廃止する草案を作った点に、この日本の刑法を参考にしたことを読み取れる。

この第一次草案を立法評議会に付託して、八月からその一部分の検討が始まった。そこで藤吉は一〇週間の休暇をもらって日本に帰国した。藤吉はその間に立法評議会で審議がなされるであろうと期待していたが、何にも進展していなかった。一八九八年一二月シャムに帰国後、藤吉は立法評議会での審議を促したが、審議が進まなかった。一八九九年三月から六月までジャックマンの命令で、藤吉は日本の行政組織についての報告書をまとめていたこともあって、審議が進まなかった。

藤吉が第一次草案を作る前に、一八九三年にバリスターの資格を持つ検察局長官であったルアン・ラタナヤティ（Phya Kraisi）が刑法草案を作っていた(6)。これまで三印法典やインド刑法典に基づいて刑事裁判が行われていたが、それがシャムの実情に合わないと判断して、シャムの実情に合う刑法草案を提出したが、この時は立法評議会でなんら審議されることはなかった。この草案の具体的内容がどのようになっているか不明なので、藤吉の作成した草案との違いがどうなっているかも不明である。

立法評議会での審議の動きがないので、藤吉は第一次草案を手直しすることにした。というのは、日本で第一五回の衆議院の議会に刑法改正案（一九〇一年草案）が提出されたので、この機会にそれを参考にして修正したいと思ったからである。この日本での改正案はフランス法に基づいて作られた旧刑法への不満から出てきた。それは天皇を中心とする国家体制を確立する動きが強まる中で、旧刑法では激増する犯罪に対処できず、社会防衛の必要性に答えられないという批判が強まった。そこでドイツ刑法をモデルとして、犯罪者から社会を防衛するために、犯罪類型を旧刑法より包括的で、法定刑の幅が広く、裁判官の裁量による量刑の余地が大きいこと、累犯の処罰を厳格にして累犯者からの社会防衛を図ることに特徴点がある改正案が作成された。

藤吉は早速日本から資料を取り寄せ、英訳して参考とした。一緒に手直しの作業をしたのはカークパトリックの後任として赴任したシュレッサーであり、彼は主にイタリア刑法を参考にして修正意見を述べ、両者で相談して見直しをおこなった。これは一九〇一年にできあがった。これが第二次草案になる。藤吉のまとめた第一次草案が入手できないために、詳細がわからないのが残念であるが、第一次と第二次草案との関連を示す資料が残っている。それによれば、次のとおりである。(7)

1 Offences against the Royal Family (based upon T. Masao's draft)
2 Offences against the Internal Security of the State (based upon T. Masao's deaft)
3 Offences against the External Security of the State (based upon T. Masao's draft)

4　Offences against the Good Foreign Relations of the State (based upon T. Masao's draft)

5　Offences against the Administration of Justice (based upon T. Masao's draft)

1)　False Accusation, False Evidence etc. (based upon T. Masao's draft)

2)　Escape of Prisoners, etc. (based upon T. Masao's draft)

3)　Fraud against Justice, etc. (based upon T. Masao's draft)

6　Offences against Public Morals (based upon T. Masao's draft)

1)　Indecency, Rape, etc. (based upon T. Masao's draft)

2)　Unnatural Offences, (based upon T. Masao's draft)

7　Offences against Public Peace (based upon T. Masao's draft)

1)　Riotous Assemblies (based upon T. Masao's draft)

2)　Invasion of Dwellings (based upon T. Masao's draft)

3)　Arson and Accidental Fire (based upon T. Masao's draft)

4)　Inundation (based upon T. Masao's draft)

5)　Violation of Secrecy (based upon T. Masao's draft)

6)　Obstruction of Communication (based upon T. Masao's draft)

8　Offences against Public Credit

1) Counterfeiting of Coins (based upon T. Masao's draft)
2) Counterfeiting of Seals Stamps etc. (based upon T. Masao's draft)
3) Counterfeiting of Documents (based upon T. Masao's draft)
4) Forgery of Bank-Notes and Commercial Papers (based uopon T. Masao's draft)
5) Falsifying of Personal Status (based upon T. Masao's draft)

9 Offences by and concerning Public Servants (based upon T. Masao's draft)

1) Contempt of the Lawful Authority of Public Servants (based upon T. Masao's draft)
2) Offering and Receiving Bribes(based upon T. Masao's draft)
3) Offences by Public Servants concerning Property and the Collection of Taxes (based upon T. Masao's draft)
4) Offences by Public Servants concerning Documents (based upon T. Masao's draft)
5) Offences by Public Servants committed against the Peoples (based upon T. Masao's draft)
6) Offences by Public Servants concerning the Escape of Prisoners and Insane Persons (based upon T. Masao's draft and Henvaux's modification)
7) Offences by Public Servants concerning Official Secrecies (based upon Henvaux's

draft)

8) Offences by Omitting or Obstructing the Execution of the Law (based upon T. Masao's draft)

9) Offences of Exercising an Official Function without Right or of Wearing an Official Grab or Decoration without Right (based upon the draft of Henvaux and Masao and Schlesser's modification)

以上を見れば、藤吉の作った草案が第二次草案の中に生かされていることが分かる。わずかにシュレッサーとヘンボウの案が取り入れられているにすぎない。

ところが、その前にルアン・ラタナヤティが一九〇〇年に再度刑法草案を修正して立法評議会に提出して強引に成立させてしまった。これは総務顧問のジャックマンがベルギーに一時帰国中になされたので、ジャックマンはシャムに帰国してからラーマ五世に進言して、この草案に反対し、つぶしてしまった。ベルギー人のお雇い外国人への反発から、ジャックマンがいない間に草案を通そうという勇み足と言える個人的な動きであった。このために第二次草案をどう検討すればよいかについて、立法評議会としての動きがとれなくなったために、刑法編纂は頓挫した形になってしまった。さらに、シャムの伝統的な刑法規定を軽視する草案に違和感を感じていた委員が立法評議会にいたことも、第二次草案の審議が進まなかった理由であった。[8] その後、約三年あまりの間、審議がされないで時間が経過してしまった。

その間に、一八九九年ジャックマンが病気と老齢を理由にベルギーに帰国したために、[9] それまで彼が一手に担っていた仕事を藤吉が分担して担当することになった。[10] 実は藤吉はそれまでの刑法立法作業が頓挫した状態であることに失望し、ジャックマンの帰国を期に辞職して日本に帰国することを考えていた。[11] しかし、藤吉は司法顧問となって、これまでとは違う仕事を担当するようになり、再びシャムでの仕事を遂行する意欲が沸いてきた。それは司法省で外事関係の公文書を作成する仕事であった。この仕事の中心はフランス公使館がフランスの保護民として登録した中国人の処理をめぐって生じた対立を、シャムに有利になるよう措置することであった。つまり、司法省でフランスに抗議する公文書を作成したのであった。

一九〇四年にシャムとフランスの条約改正が締結された時、藤吉が担当していた地位にフランス人顧問を当てるようフランス側が要求してきた。そうすればシャムとフランスの対立が和らぐと判断されたためである。シャム側は藤吉の仕事とかち合わないように、立法顧問（Legislative Adviser）という地位を設けて、それに応じた。一九〇五年にその地位に就任したのが、パドュー（George Padoux）であった。パドューはチュニスの総監府書記官からの転身であった。それまで司法省にはフランス人は一人も顧問になっていなかったが、これで顧問として初めて就任したことになった。シャムとしてはいつもフランスから攻撃を受けて被害を蒙っているので、フランス人嫌いになっていた。それでもフランス人を顧問として入れたのはフランスの攻撃を和らげるためのご機嫌取りであった。

さらに一九〇四年イギリスから法律顧問（Judicial Adviser）としてブラック（Stewart J. Black）を雇用した。これはイギリス人を法律顧問として雇用した最初のケースである。Blackは法律顧問の地位を利用してイギリス人をお雇い外国人として雇用することを推薦した。Sir Albert Rollitが雇用されてから九名ほどの若い弁護士（barristerとsoliciter）が雇われ、多くが裁判所に配属された。ターナー（Skinner Turner）、ビンセント（Arthur Rose Vincent）、トゥース（Lawrence Tooth）、ワットソン（C.L.Watson）、ライト（G.K.Wright）らが知られている。(12) イギリス人の勢力がフランス人とともに強くなってきて、ベルギー人をしのぐほどになった。

一九〇一年の草案はシュレッサーによって、さらに検討が加えられて一九〇四年一一月一四日司法省に提出された。この草案を材料にして、一年間検討して一九〇六年にあらたに刑法草案がまとめられ、同年八月六日付けで司法省に提出された。そのために一九〇五年四月一八日刑法起草委員会が設置され、パドューが委員長になり、バンコック検事局ティレク（William Alfred G. Tilleke）、国際裁判所判事プラシディ（Phra Athakar Prasiddhi）、民事裁判所判事サチャトール（Luang Sakol Satyathor）の四名で構成された。三〇回の会合が開催され、その間、一八一〇年フランス刑法典、一八六七年インド刑法典、一八六七年ベルギー刑法典、一八八一年ドイツ刑法典、一八八九年イタリア刑法典、一九〇三年日本の刑法改正法案、一九〇四年エジプト刑法典を参考にしたという。さらにシャムのこれまでの刑事関係の法令や判決も参考にしたという。パドューは第二次草案にシャム固有の材料を加味することが少ないと感じていたので、(13)その材料を検討するためにシャムの法律専門家を委員に任命して、第三次草案を作成した。(14)

パドューはラビによって刑法起草委員会委員長として刑法草案の再検討の仕事が一九〇五年に割振られたが、パドューは一九〇五年二月にメモを提出し、その中で藤吉とシュレッサーがまとめた草案がほぼ完璧であり、十分に研究された草案であるので、これを出発点にして起草することを述べている。そこで再検討の結果、先の第三次草案が作成された。この過程で藤吉は直接草案を検討できる地位にいなかった。裁判官としての仕事で忙しくしていた。このためにシャムでの立法作業の手柄がフランスに取られることになった。稲垣満次郎の講演によれば、「少しの事の間違からして遂に此の法典編纂の事佛蘭西人に取られて仕舞った。是はいろいろ入込んだ事情がありますけれども終に佛蘭西人に取られて佛蘭西人バードーと云う人が入って此法典編纂をやると云うことになりました。是は誠に残念であります」(15)と述べている。具体的にどのような行き違いがあったのかは不明であるが、フランス側が自分の影響力をシャムに示したいという意向が背景にあり、その後シャムにやって来るフランス人の法律家が増え、立法作業に加わったために、シャムでの立法作業がフランス法の影響を強く受ける結果となった。

パドューの法典編纂の基本的な考え方として、西欧の法典をそのままシャムに移植するのではなく、シャムの慣習をまとめ伝統的な法がどのようになっているかを確認し、その中で問題となる規定を廃止して法典を作成するという立場にたっている。(16) 刑法起草委員会の下部組織として三名のシャムの委員が、(17) 法律用語をタイ語にどう表現するか、さらにシャムの古い法律と比較するために任命された。これはシャムの伝統的な法がどのような内容であったかを知るために起用されたのである。このパドューの考えと藤吉のそれは少し違った立場にあったように思われる。藤吉は不平等条約をなくすために、できるかぎり西欧法に近い法典を作成し、法の近代化をめざそうとする立場にたっているように思われる。この二つの対立する考えは民商法の制定の時により明確に相違点となってあらわれてきた。

パドューを中心として作成された第三次草案をどう処理するか。藤吉とパドューが協議して、立法評議会の上部機構として勅令によって刑法だけを審議する高等会議（High Commission for the Codification of Criminal Laws）を設置することを提案した。そこを通過すれば国王の裁可で法律として施行できるようにすることをねらっていた。これはシャムの実情をよく知っていた藤吉ならこその高等戦術と言えるであろう。というのは立法評議会は一九〇七年にはその機能を停止していたからである。一九〇七年以後立法評議会が開催された記録がない。(18)

この高等会議の議長は普通は国王であるが、国王がでられない場合には、実力のある大臣が議長になるのが慣例であったので、この時には内務大臣のダムロング（Damrong）親王(19)が委員長になった。

司法大臣のラビ親王、外務大臣デーワウォン(Dawawongse)親王、警察大臣のナレット(Nares)親王の四名で構成された。司法大臣が国王に随行してヨーロッパに外遊していたために、代理として当時チカー裁判所判事でもあった藤吉が委員となった。藤吉が出席できない場合は同じチカー裁判所判事であったステュアート・ブラック(J. Stewart Black)が出席した。最初の会議が一九〇七年二月一六日に開催されたが、三人の親王、藤吉、パドューと秘書官としてプラシディ(Phra Atakar Prasiddhi)(国際裁判所判事)とサチャトール(Luang Sakol Satyathor)(民事裁判所判事)が出席した。その後一週間のうち二~三回会議を開いて刑法草案を討議した。草案に詳しい藤吉は自分の意見を積極的に述べることができた。これは藤吉にとって、最終的な修正を加えることができる立場にたったことを意味する。藤吉は、これを「小生の至幸とする處に御座候」[21]と書いている。

この審議と平行して、刑法成立を促進する出来事が生じた。シャムとフランスの条約改正によって、フランス公使館から保護民として登録された中国人を含むアジア人の裁判権をシャムに認めること、刑法典という主要な法典が制定されれば、それを登録されている中国人を含むアジア人に適用することを認めるという内容の条約の調印が外務省でおこなわれたことである。

保護民登録をフランスが拡大しはじめたのは、シャムを緩衝国として英仏の間で認めることを合意した一八九六年英仏宣言からであった。それまではフランス領内のアンナン人、ラオス人、カンボジア人に限定していたが、中国人にもそれを拡大し始めた。これはシャムにとって治安上の大問題であった。保護民として登録されるとフランスの領事裁判下におかれたからであった。当時刑事事件を多くおこしていたのが中国人であったのに、それがシャムの裁判制度のもとで処理できないことになった。ところがフランス側は保護民をきちんと裁判で処罰することをしなかった。それを知ってシャム人も保護民として登録する場合さえでてきた。一九〇七年三月二三日の条約改正はその弊害をなくすという効果を持った。つまり、条約締結後に登録された保護民の裁判権はシャムの裁判所が有することになった。さらにこの条約には刑法典、民商法典、刑事訴訟法典、民事訴訟法典、裁判所構成法を公布施行すれば、一年後にフランスが自国民に持っていた領事裁判権を放棄することも定められた。

この条約の調印がなされたその晩に高等会議が開かれた。外務大臣がその調印から駆けつけて、これから刑法草案を通してしまおうということで、午前三時までかけて法案を審議して法案を認めた。刑法典を制定するメリットがはっきりしてきたので、刑法典の制定を決断しやすくなったのである。この時国王ラーマ五世はヨーロッパに外遊であったために、帰国後一九〇八年六月一日に公布され、九月二二日から施行された。この日は国王ラーマ五世の誕生日であった。これは、シャムでの最初の近代的法典の施行という記念の日であったことを示している。

藤吉の講演によれば、この刑法は、「明治三十四年に暹羅で作りました所の刑法修正案と称するものを土台として居る、所が恰も今年殆ど同じ頃に日本で出来ました所の日本の新刑法は矢張り明治三十四年頃、即ち第十五議会に提出せられた所のあの改正案を土台として居る、そこで其明治三十四年の暹羅の修正案といふものは日本で十五議会に提出せられた所の改正案を大に参考として居るのでありますから今度の新刑法と暹羅の新刑法とは余程関係が深いのでありまして、又自ら双方能く似て居る所があるのであります(22)。」

藤吉が法学協会雑誌に寄稿した一九〇六年の草案と、成立した刑法、さらに日本の刑法改正案の構成を比べてみよう。それは表一にまとめてある。

表1　刑法法案の比較

暹羅国一九〇六年草案	暹羅国刑法典	日本の刑法改正案
凡例	凡例	第一編　総則
第一編　総則	第一編　総則	第一章　法例
第一章　定義	第一章　定義	第二章　刑例
第二章　刑法の適用	第二章　刑法の適用	第一節　刑
第三章　刑および刑ノ執行	第三章　刑および刑の執行	第二節　期間計算
第四章　刑事責任減免ノ原因	第四章　刑事責任を除斥又は軽減する原因	第三節　刑の執行の猶予及び免除
第五章　未遂罪	第五章　未遂罪	第四節　時効
第六章　共犯罪	第六章　共犯罪	第五節　大赦、特赦、減刑及び復権
第七章　数罪競合	第七章　倶発犯	第三章　犯罪の不成立及び刑の減免

第八章　累犯
第九章　刑罰権の消滅
第十章　損害賠償の請求
第二編　罪
第一章　国王及び国家に対する罪
第一節　王室に対する罪
第二節　国家内部の安寧に対する罪
第三節　国家ノ対外的安寧に対する罪
第四節　外国君主又は代表者に対する罪
第二章　宗教に対する罪
第三章　行政に関する罪
第一節　官吏に対する罪
第二節　官吏賣職の罪
第四章　司法に関する罪
第一節　司法行政に対する罪
第二節　誣告及び偽証の罪
第三節　囚人逃走の罪
第五章　人身及財産の安寧に対する罪
第一節　犯罪教唆煽動の罪第一章犯罪の煽動
第二節　秘密結社及び凶徒聚集の罪
第三節　騒擾の罪

第八章　再犯罪
第九章　公訴及び刑の時効
第十章　私訴
第二編　罪
第一部　主権及び国家に対する罪
第一章　王族に対する罪
第二章　内乱に対する罪
第三章　外患の罪
第四章　国交に対する罪
第二部　行政に対する罪
第一章　官憲に対する罪
第二章　公務執行上の罪
第三部　司法に関する罪
第一章　司法行政に関する罪
第二章　誣告及び偽証
第三章　囚徒の逃亡
第四部　宗教に対する罪
第五部　進退財産の公安に対する罪
第一章　犯罪の煽動
第二章　秘党及び凶党
第三章　騒擾

第四章　未遂罪
第五章　併合罪
第六章　再犯
第七章　共犯
第八章　酌量軽減
第九章　加減例
第二編　罪
第一章　皇室に対する罪
第二章　内乱に対する罪
第三章　外患に対する罪
第四章　国交に関する罪
第五章　公権に対する罪
第一節　公務の執行を妨害する罪
第二節　囚人逃亡の罪
第三節　罪人蔵匿及び証拠隠滅の罪
第六章　静謐を害する罪
第一節　多衆聚合の罪
第二節　放火及び失火の罪
第三節　溢水及び水利に関する罪
第四節　往来通信を妨害する罪
第五節　住居を侵す罪

第四節　公衆の安寧交通及衛生に対する罪
第五節　通貨偽造の罪
第六節　印章印紙切符偽造の罪
第七節　文書偽造の罪
第八節　商業に対する罪
第六章　生命身体に対する罪
第一節　殺人罪
第二節　身体障害罪
第三節　堕胎罪
第四節　幼者病者又は老者を遺棄する罪
第七章　風紀に対する罪
第一節　風俗を害する罪
第二節　強姦猥褻姦通の罪
第八章　自由及名誉に対する罪
第一節　自由に対する罪
第二節　陰私摘発の罪
第三節　誹毀の罪
第九章　財産に対する罪
第一節　窃盗の罪
第二節　強盗の罪
第三節　恐喝取財の罪

第四章　公衆の安全交通及び衛生に対する罪
第五章　偽造貨幣
第六章　印、印紙及び切符の偽造
第七章　文書偽造
第八章　商いに対する罪
第六部　善良の風俗に対する罪
第一章　公徳に対する罪
第二章　強姦及び猥褻の行為
第七部　身体に対する罪
第一章　殺人
第二章　傷害
第三章　堕胎
第四章　幼者病者又は老者の遺棄
第八部　自由及び名誉に対する罪
第一章　個人の自由に対する罪
第二章　秘密漏洩
第三章　誹毀
第九部　財産に対する罪
第一章　窃盗
第二章　強盗、結夥持凶器強盗、海賊
第三章　勒索

第六章　秘密を侵す罪
第七章　衛生に関する罪
第一節　阿片煙に関する罪
第二節　飲料水に関する罪
第八章　信用を害する罪
第一節　通貨偽造の罪
第二節　文書偽造の罪
第三節　有価証券偽造の罪
第四節　印章偽造の罪
第五節　偽証の罪
第六節　誣告の罪
第九章　風俗を害する罪
第一節　猥褻及び重婚の罪
第二節　賭博及び富籤に関する罪
第三節　礼拝所及び墳墓に関する罪
第十章　賣職の罪
第十一章　生命及び身体に関する罪
第一節　殺人の罪
第二節　傷害の罪
第三節　過失傷害の罪
第四節　堕胎の罪

第四節　詐欺取財の罪
第五節　受寄物横領の罪
第六節　贓物受領の罪
第七節　財物毀壊の罪
第八節　不動産侵害の罪
第十章　違警罪

第四章　詐欺取財及び詐害
第五章　背任
第六章　贓物に関する罪
第七章　毀棄に関する罪
第八章　土地又は住居に侵害
第十部　違警罪
行政及び司法に関する違警罪
公衆の安寧及び衛生に関する違警罪
公衆の交通に関する違警罪
善良の風俗に関する違警罪
身体に関する違警罪
自由及び名誉に関する違警罪
土地に関する違警罪

第五節　老幼及び疾病の保護を欠く罪
第十二章　自由に対する罪
第一節　逮捕及び監禁の罪
第二節　脅迫の罪
第三節　人を拐取する罪
第十三章　名誉に関する罪
第十四章　財産に関する罪
第一節　賊盗の罪
第二節　占有物横領の罪
第三節　贓物に関する罪
第四節　財物毀棄の罪

このシャム刑法の特徴点を藤吉の論文から整理して見てみよう。

ⓐ　罪を三種類に分けて、重罪（crimes）、軽罪（delicts）、違警罪（contraventions）に区分する場合があるが、シャムではそれを取り入れていないこと。フランス、ベルギー、ドイツ、イタリア、エジプト、日本の旧刑法では採用されている区分であるが、シャムではそれを区別して、別々の裁判所が担当する制度になっていないので、採用するメリットがないからである。ただ便宜のために、最後の規定で違警罪（petty offences）をまとめて規定している。日本の新刑法やインド刑法も三つの区別

をなくしている。

ⓑ　罰則の種類が六つしかない（一二条）。死刑、禁固刑、罰金刑、住居制限、財産没収と善行誓約の保証である。これは先の三つの罪の分類を廃止した結果である。これも日本の新刑法やインド刑法では七つの罰則が規定されているが、それと類似している。日本の旧刑法では一八もの種類の罰則があった。

ⓒ　鞭打ちの刑を廃止したこと。第一次草案では鞭打ちの刑の廃止に疑問を持つ人がいたので、一応草案の中に残したのであるが、今度の刑法で廃止となった。これは藤吉が最初から廃止を主張していたので、その意見が通ったことになる。残酷な刑であるというのがその理由であった。しかし、刑務所内で規律保持のために用いる場合は認めることになっている。

ⓓ　刑罰としての公権停止がないこと。これは第一次草案にもなかったものである。というのはシャムには公権が存在しないからである。なぜならば国王が全権を握っているからである[23]。

ⓔ　住居制限は日本にはない罰則であるが、第一次および第二次草案にはなかった規定である。シャムの国情を考慮して入れた罰則である。預言者や占い者と称して人々を煽動する者がいるので、それを排除するには預言者や占い者を別の場所に移してしまえばよいというのが内務省の考えなので、それを受け入れてできた罰則である（二四条）。

ⓕ　善行誓約の保証は日本にはない罰則であるが、シャムの司法大臣の要請でもうけられた。第一

次および第二次草案では、非行少年の親権者や後見人に適用するものであったが、もっと広く要注意人物を拘束するための刑罰として規定するよう刑法草案委員会の場で警察大臣からの要請があって第三次草案に規定された。その背後には警視総監であるイギリス人の示唆があって要請されたのである。罪を犯す可能性の高い者について警察が裁判所に申し出た場合、保証人が保証金を提供して善行を誓約する義務が生じる。保証人がいない場合には、裁判所が六カ月を越えない範囲でその者を拘束する命令を出すことができる。警察にとって都合のいい規定である（三一条）。

ⓖ　刑の執行猶予が規定されている（四一、四二条）。第一次草案にはなかったが、第二次草案にはある。これは日本の刑法改正案にあったのをまねたものである。シャムでははじめての規定であり、一年以下の禁固刑の場合にのみ執行猶予が適用になる。

ⓗ　複数の罪を犯した場合の併科の規定であるが、日本では制限的併科主義であるが、シャムでは英米流の併科主義を採用し、刑を単純に加算していくが、禁固が最高二〇年までの制限があるし、死刑と無期禁固の場合には没収以外は追加できないという制限がある（七一条）。この点は日本とは異なっている。

ⓘ　再犯の規定をもうけていること。初犯の罪について刑の執行または免除後、五年以内に罪をおかした場合には、刑の三分の一を加重する。初犯で六カ月以上の禁固に処せられた者が三年以内に一定の犯罪を犯した場合には、刑の二分の一を加重する（七二、七三条）。二回目の犯罪で六カ月以上の

禁固を受けた者が五年以内に一定の犯罪を犯した場合には、その刑を二倍に加重する（七四条）。

ⓙ　最高と最低の罰則を定めて、罰則の範囲を限定していること。これはフランス刑法をみならった。裁判官がまだ十分訓練を受けていない場合には、この方が安心である。

ⓚ　未決勾留の期間を刑期に算入すること。伝統的にシャムでは算入されていたので、第一次、第二次の草案もそれに従った。ただし裁判所がそれとは違う判決を言い渡す場合があることを認めている（三二条）。

ⓛ　七歳未満の者は処罰されない。七歳以上一四歳未満の者は譴責を受ける、または親権者あるいは後見人に保証金を課して善行を誓約する義務を課す、または一八歳を越えない者は少年院に送る。一四歳以上一六歳未満の者は、判断能力を持っている場合には通常の半分の刑に処す。一八歳をこえない場合には少年院に送ることができる（五六、五七、五八条）。日本より複雑な規定になっている。

ⓜ　配偶者間の財産に関する罪は処罰しない。直系尊属・卑属間の財産に関する罪は刑罰は半分にする（五四条）。これはシャムの伝統に従っている。一夫多妻制を採用していることから出てくる論点である。日本にはない規定である。

ⓝ　正当防衛は罰しないこと（五〇条）。第一次、第二次草案とも正当防衛とされる一切の行為を犯罪不成立として扱っていたが、日本の刑法改正案を採用して、処罰の対象からはずした。

ⓞ　国外の犯罪にもシャムの刑法を適用すること（一〇条）。これは日本の刑法改正案にあったの

で第二次草案から入った規定である。これはシャム国民だけでなく、外国人にも適用することを前提としている。この当時領事裁判権によって多くの外国人がシャムの裁判制度が適用されていないが、将来領事裁判権がなくなった場合には、この規定が生きてこよう。

ⓟ　外国の貴顕に対する罪を規定していること（一一二、一一三条）。第一次草案に入っていた規定であるが、藤吉が一八九一年五月大津で巡査津田三蔵がロシア皇太子に傷を負わせた大津事件のような事件がシャムでおきる場合を考えて規定したものである。

ⓠ　刑法の規定を宮中裁判所、宗教裁判所、陸海軍裁判所には適用しないこと（四条）。日本にはない規定である。宮中裁判所は宮中内の事件をすべて管轄することが伝統になっている。宗教裁判所は僧侶に関する事件をすべて管轄し、陸海軍裁判所は名前の通り、軍人の事件を管轄する。

ⓡ　海賊についての規定を設けたこと（三〇〇条）。日本にはない規定である。藤吉が法学協会雑誌二四巻一二号に掲載された山田三良「刑法改正案ト海賊ノ処罰」、高橋作衛「海賊ニ就テ」の論文を見て、シャムこそ海賊の規定を設けるべきであると判断して、第三次草案に挿入するように提案した。パドューと議論して財産に対する罪のなかに入れることで合意された。もちろん規定がなくても強盗の罪を問うこともできるが、あえて規定を設けたのは日本の議論の影響を受けたことがきっかけとなって、シャムでの海賊による被害を無視できないことから設けられた。

ⓢ　贓物および損害賠償請求の規定をもうけたこと（八九〜九六条）。これは刑事訴訟法に規定され

るべきであるが、それがいつ制定されるか分からないので暫定的に刑法の中で規定が設けられた。シャムでは伝統的に民事と刑事の区別されていなくて、刑事責任の追求と同時に損害賠償を請求するのが普通である。そこで私権という章を設けた。刑事訴訟法が作成される時には、そちらで規定されることになる。しかし、この私権は、現在から見れば民事訴訟法あるいは民法で規定されるべき問題であるが、刑事訴訟法の領域と認識されている点でシャム独特のものであろう。(24)

ⓣ 電気を財物とみなす規定がないこと。日本の新刑法には規定があるが、シャムにはまだ電気を財物とするほど、電気が普及していないことの反映である。(25)デンマーク人によって電力事業がおこされ、それによってバンコック市内で電車が走っているが、この当時電気はそれほど普及していなかった。

パドューの伝統法を考慮しつつ法典化を進めるという考えが、この刑法典の制定でも貫かれているのであろうか。パドューの考えは結局刑法典の場合には、ほとんど無視されたというのが一般的な評価である。(26)藤吉の作成した草案がパドューの草案に取り入れられたために、伝統法を考慮する側面が弱められたのであろうか。しかし、先に見たように藤吉もシャムの伝統を無視しているわけではなく、妥協して伝統を考慮しつつ対応している。藤吉だけの考えだけで制定できないのであって、伝統を考慮しつつ法の近代化を図っていかざるをえないことを藤吉も十分認識していたであろう。

草案は英語あるいはフランス語で書かれ、それがタイ語に翻訳された。タイ語の中に刑法の専門用語がないために、さらにお雇い外国人が中心となって起草されたために、タイ語でいかに翻訳するかという問題があった。その後一九一七年の刑法改正のための報告では、この問題が指摘され、翻訳の不適切な所があることが問題とされた[27]。英語の表現にあうタイ語がない場合、造語しなければならないが、この当時それが困難であったであろう。しかし、多くのシャム語による造語がなされてきた。日本の場合でも新しい法律用語を作り上げる苦労を経験しているが、シャムの場合も同様であったであろう。

この一九〇八年の刑法は、その後一九五六年に大きな改正がなされたが、一九〇八年刑法が現行法の基本となっている。というのは、そこには一九〇八年刑法典と類似した規定が多く残っているからである。したがって政尾藤吉という人物を通じて、タイの現在の刑法と日本の刑法とのかかわりは消えていないことになる。

刑法の施行を迎え、藤吉は小村壽太郎から達筆で書かれた私信を一九〇八年一一月受け取った[28]。そこで藤吉の業績を称え、その労苦をねぎらっている。

「拝啓陳者今回暹羅国刑法編纂事業ノ完成ヲ告ケタルニ際シ貴下カ先年来大業ニ従事セラレシヨリ以来今日此成果ヲ生スルニ至リシ迄ノ経過ノ大要並ニ同法発布ニ冥スル詔勅訳文御送付御成閲悉至俣貴下ノ多年御尽力御成候同国刑法ノ編纂事業一ノ茲ニ完成シ不遠内同法施行ヲ見ルノ運ヒト御成ルハ拙者ニ於テモ甚タ満足ニ存スル次第ニ有之茲ニ貴下ノ成功ニ対シ厚ク祝詞ヲ述修尚此上トモ暹国ノ為

十分御尽力御成同国立法ノ業ヲ大成サレンコト切望ノ至リニ不堪候御返事旁祝詞申述度宜ク御斯ニ御座候敬具」

この手紙を受け取った藤吉は大喜びしたことであろう。そして、長年の苦労が報われたという思いを抱いたのではなかろうか。

(2)　民商法典の編纂

民商法典の制定が次の重要な課題となった。そのために法典編纂委員会が一九〇八年に組織された。この委員会は六つのグループに分ける案があったが、この区分けは反対意見があって採用されなかった。

一九〇八年にフランス人を委員とする法典編纂委員会が組織された。民商法編纂の指導的役割を果たしたのはフランスのパドューであり、パドューは早期に起草するためにスタッフの増員を要求し、それが認められた。秘書官としてエヴェク（L.Evesque）が採用されて、シャムで当時施行されていた法律や判決文の調査をおこなった(29)。まだ人材不足であるとして、さらに増員を要求し、三名の補佐官の採用が認められた。それがモンシャルヴィーユ（Moncherville）、リヴィエール（Riviere）、ギヨン（Guyon）の三名であり(30)、いずれもフランス人であり、これらが法典編纂委員となり、民商法典の草案はこれらのフランス人にゆだねられることになった。藤吉はその委員には任命されず、草案修正のために作られた修正委員会に属し、そこでフランス人の委員と議論を戦わせた。

ラビは司法省の仕事が多く、加重な負担になっていることをラーマ五世に訴えた。それに対してラーマ五世はチャルン（Charun）親王を一九〇九年七月一二日に副大臣に任命した。外国からの法律顧問との折衝、外務省や外国の外交官とのやりとりを担当するのにふさわしいと判断されたためである。その後、Phraya Raka 事件[31]が起き、その解決の過程で司法省の仕事から離れたことが原因となってラビは司法大臣を辞任し、一九一〇年六月二六日チャルンが司法大臣に任命された。したがって、それ以後民商法の制定論議はチャルン大臣のもとでおこなわれることになった。

藤吉は民商法の制定の途中で日本に帰国したので、ここでは藤吉がかかわった論点を中心に述べることにする。

第一点は民法と商法を別々の法律とするかどうかであった。私法関係の比較的単純な国では、民商法統一が適切であるという理由で、民商法統一とする方針に決まった。これはスイス債務法を見習ったことになる。これはパドューのスイス債務法を高く評価する考えを反映している[32]。と同時に、シャムでは古来から民事と商事を明確に区別する慣習法がなかったことも、民商法を統一する法典を作成することを決定した要因でもあった。

第二点は編別をどうするかである。藤吉はパンデクテン方式を主張し、バドューはインスティトゥティオーネン方式に固執した。パンデクテン方式を採用しているのがドイツ民法典であり、総則、物権、債権、親族、相続という編別になっている。日本の民法がこれを採用している。これに対してフランス人法律顧問はフランス民法典の方式を主張した。これがインスティトゥティネーオン方式と呼ばれ、人、財産および所有権（所有権、用益権、地益権等）、所有権取得の諸方法（相続、債権、先取特権、抵当権、時効取得等）という編別になっている。パンデクテン方式は論理的、学説的であるのに対して、インスティトゥティオーネン方式は具体的、実用的な点に特色があった[33]。この対立はドイツ法によるか、フランス法によるかの争いであった。いずれもそれまでシャムに大きな影響を与えていたイギリス法を採用しないで、大陸法に基づいて法典化することでは一致していた。

その結果折衷的な編別構成となった。以下の編別はパドューが一九〇九年七月二〇日のメモで提案した構成であった[34]。

第一編　総則
第二編　人
第三編　物権
第四編　債権
第五編　相続・遺言
第六編　国際私法

六編のうち、まず第四編の債権法の起草に取りかかり、英語による準備草案一〇一五条が一九一〇年一〇月にはできあがっており[35]、一九一一年一月二〇日から修正委員会で検討が開始された。委員長は司法大臣チャルン（Charun）、イギリス人の最高裁判事ターナー、パドュー、藤吉にシャムの法律家三名で構成された[36]。一九一二年には債権法草案を作成した。民商法統一する法典であるので、民事行為と商事行為を区別していないし、商人と非商人の区別もしていない。

第三点は人事編の中、親族法で婚姻の形態として一夫多妻主義を認めるかどうかである。人事編の準備草案はパドューによって一九一〇年末までに草案が作られたが、司法大臣チャルンの修正要求によって大幅に修正されて一九一二年五月までにはでき上がっていた。その中の人事編の一〇〇条に「すでに婚姻している女性は別の婚姻契約を締結することはできない」という規定がもうけられていた。これは反対解釈ですでに婚姻している男性は別の婚姻契約を締結できることを意味していた。さらに、一三九条では、「夫が複数の妻と同じ家に同居している場合には、最初に婚姻の登録をした妻はMae Luangとなる。妻の一人が王室の血を引いている場合には、登録の順番に関係なく、その妻がMae Luangになる」。一四三条で、「妻は夫に従わなければならない。もし夫が同じ家に複数の妻を持っている場合には、それぞれの妻はMae Luangに従わなければならない」。一四一条では「男性が複数の妻を持っている場合は、男性は妻を別々の家に住まわし、順番に住むことができる」という規定があった[37]。

一九一二年から一九一三年にかけて、この草案を検討する修正委員会で議論がなされた。委員が追加されて、サワット親王、ティレク、パヤ・サラヤが委員になった。そこで藤吉は一夫多妻制に反対の立場を取った。

シャム古来の一夫多妻制度は王族などの金持ちに広がっていた。たとえばラーマ五世は九一人の妻を持ち、七七人の子供（男三二人、女四五人）がいた。[38] 経済力がなければ複数の妻、そこから生まれる子供を養育することはできないので、金持にしか一夫多妻制度は利用されていない。さらにシャムの南部にはイスラム教徒がおり、彼らはコーランの教えによって一夫多妻制を肯定していた。

藤吉は事実上の慣習として一夫多妻制度がおこなわれるのはやむをえないが、これを法律上の制度として取り入れることに反対した。その際日本の妾の風習を取り上げて説明したようである。現実に妾の風習はあるが、日本では法律上の制度としては採用しなかったからである。藤吉自身、シャムの古代法を研究しており、伝統的な風習について承知していても、妻の立場からすれば、その権利保護上問題があるし、相続をめぐる紛争を引き起こす風習を法律上の制度として取り入れることは、国の近代化に逆行することになると主張した。[39] この時、藤吉は日本における法典論争あるいは民法典論争を頭に描いていたのではないだろうか。一八八九年五月法学士会が、「法典編纂に関する意見書」を発表して、旧慣習を修正することは、「民俗ニ背馳シ人民ヲシテ法律ノ複雑ニ苦シムルノ惧」れがあるとして一八九〇年に制定された旧民法の施行の延期を主張したことや、穂積八束の「民法出デテ忠孝亡ブ」という法学新報五号の論文で、[40] 日本古来の家父長制的家族制度を称え、近代的家族法原理を批判したことと、シャムで一夫多妻制という古来の風習を維持しようとする議論とが重なっていると考えていたのではなかろうか。つまり、日本の旧慣習を変更する旧民法に反対する議論が、シャムで一夫多妻制を維持しようとする考えと一致する点を持つということである。

これに対して、パドューは、法律によって文化を変えてしまうことは不適切であると主張した。その背後には、西欧の法典をそのままシャムに導入すべきではなく、シャムの社会の現実にあう法典化を目指すべきであると考えていた。そのために「タイの伝統法を明確に確定し、時代遅れな規定を削除し何百巻もの規則、判決、注釈集を数百の条文にまとめ上げることである」[41]とする基本的な考え方があった。ということは、伝統法を整理し、条文化して、できるかぎりシャムの伝統法を尊重する立場にたっている。つまり、シャムの社会にある法的伝統に変更を加えることに消極的な立場である歴史法学派に立脚していた。しかし、パドューは藤吉との論争の中で、シャムが一夫一婦制を採用すればどのような問題があるか、一夫一婦制にもいくつかの形態があり、そのうちのどれがシャムに適しているかを議論している。その中で、もしシャムが一夫一婦制を取り入れるのであれば、日本民法をモデルとすることを提案している[42]。ここに一夫一婦制を主張する藤吉の議論を無視できなかったことが示されているように思われる。シャム側の委員ではサワット親王以外はすべて一夫多妻制を民商法に規定することに賛成していた[43]。多分現実に一夫多妻制を実践している委員ばかりであったのではないかと思われる。高い地位にある者が一夫多妻制を実践するのが、高い地位にある者の慣習であったからである。藤吉とサワット親王が反対意見であったが、その反対意見を完全に無視できなかったのは、国の近代化にとって好ましくないことを感じていたからではないか。

藤吉とパドューの基本的な法典化のあるべき姿の違いが、具体的に一夫多妻制度の取扱で生じてきた。この問題はただちに決着がつかず、国王の裁決にゆだねられた。国王自身はこの当時独身であったが、これまでの国王は一夫多妻制を実践しており、国王自身の将来の問題であった。国王は一九一三年六月のメモによると一夫一婦制に賛成している[44]。そこで戸籍法を整備して国民が妻を複数届け出るかどうかを統計上見極めたあとに一夫多妻制度を法律上みとめるかどうかを決めることになった。そこで人事編の草案作りは当分延期となった。

その決定後、藤吉は健康がすぐれないこと、子供の学校の問題もあって、日本に帰国することになった[45]。したがって、民商法の立法作業は司法顧問である多くのフランス人に任されることになった。フランス人司法顧問の中心であったパドューは一九一四年に辞任して中華民国に移り、袁世凱の財政顧問となったために、その後任のティレク、ギヨンのもとで法典編纂が進められた。一夫多妻制の問題は一九三五年になって民商法の中の家族相続編で解決され、そこで一夫一婦制が採用された。藤吉の主張する一夫一婦制が採用になるまでに、二〇年以上の年数がかかったことになる。

(3)　会社法・手形法の制定

藤吉は一七三条からなる会社法草案（Bill of Partnerships and Companies）を一九〇〇年に作成している。日本では一八九九年に商法が制定され、同年六月一六日施行されている。藤吉はアメリカの大学で勉強した会社法と、日本に一時帰国している間に、入手した日本の商法に関する情報をもとに草案を作成したのではないかと思われる。藤吉が草案を作成する段階ではまだ日本では商法が成立していなかったので、議会に提出された法案やその理由書を参考にしたようである。日本の商法はドイツ法の影響を強く受けているので、アメリカ法とどのように融合させたのか、その草案を入手していないので、分からない。この会社法草案が作成された一九〇〇年当時は、シャムでは法典編纂熱が冷めて消極的になっていたので、審議にかけられないまま放置された。

シャムでは一九一一年にはじめて会社法（The Laws of Partnership & Companies For the Kingdom of Siam）が制定され、一九一二年一月一日から施行された(46)。それまでは会社設立の場合にその都度勅命によって法人格を取得していたが、それが煩雑なので会社法の制定が望まれていた。

この会社法は、合名会社、合資会社、株式会社の三種類を設け、第一章総則、第二章では合名会社の意義、出資者相互関係、第三者との関係、その解散清算合併を定め、第三章では合資会社、第四章では株式会社の規定を設けている。株式、株主、会社の機関、計算、監査、資本の増減、社債、解散合併等を定める。第五章で清算、第六章罰則、第七章ですでに設立されている会社に対する法律の適用関係を定める(47)。これは一九〇八年イギリスの会社法の影響を強く受けている。

その後、ラーマ七世（プラチャーティポック王）の時代に、一九一六年法典編纂委員会を編成し直して検討した結果、一九二八年一月一日公布され、一九二九年四月一日から施行された民商法典第三編契約各論の中で、会社法の部分（一〇九六条から一二七三条）が制定された。[48] これは一九一一年会社法と大きく変わっておらず、イギリス法の影響を強く受けている。イギリスからの法律顧問の意見が多く取り入れられた可能性が強い。その背景にはイギリスとの経済関係が深かったことがイギリス法へ傾斜した要因であろう。藤吉の作成した案との関係は不明である。

藤吉がシャムにいる間に、手形法も制定されている。これもイギリス人法律顧問が起草したのでイギリス法の影響を強く受けている。藤吉がドイツの商法の法律雑誌に為替についての論文を掲載したという記事があるが、[49] これを確認することができなかった。もし、これが事実ならば、手形法の制定になんらかのかかわりがあった可能性がある。

(4)　一九〇八年裁判所構成法と民事訴訟法の改正

一八九五年に制定された裁判所構成法と一八九六年の暫定民事訴訟法では簡単な規定しかなかった。これらはイギリス領事裁判所で行われていた訴訟手続をそのまま採用していたので、シャムの現状には合わないことが分かってきた。陪審制度は最初から導入されなかったが、これはシャムに合わないことが分かっていたためである。

一九〇六年には三七条からなる裁判所構成法草案ができていた。さらに、一九〇六年には一四三条からなる民事訴訟法草案ができていた。これらはシャムの民事裁判慣例の調査に基づいて作られた。この草案が一九〇八年に成立した。前者は三七条、後者は一四五条からなっている。[50]

この改正のための委員会は一九〇五〜〇六年に組織されたが、そのメンバーはラビ司法大臣、副大臣のチャクラパニ（Phya Chakrapani）、ブラック、ティレケ、チカー裁判所の二名の判事、控訴裁判所、民事裁判所、刑事裁判所、国際裁判所、少額裁判所（Borispah Court）から各一名の判事、一名のシャムの弁護士チャコン（Khun Poh Chakon）であった。藤吉は当時チカー裁判所の判事であったが、これに参加していたかどうかは不明である。少なくともこの改正について意見を聞かれたことはあったであろう。この改正では、はじめからシャム語で書かれ、後で法律顧問補佐のローレンス・トゥース（Lawrence Tooth）によって英語訳が作られている。法律顧問としてかかわっているのはブラックだけであることと、シャムの弁護士が参加していることとを合わせて考えると、立法作業がしだいにシャムの法律家によって進められ、立法作業が土着化してきていることを感じさせる。

裁判所構成法改正の特徴はバンコックとそれ以外の地方の裁判所を区別し、地方の裁判所制度を整備し、それを中央で統一したことである。バンコックには五種類の裁判所（Court of Appeal, Criminal Court, Civil Court, International Court, Borispha）を設け、地方には三種類の裁判所（Monthon Court, Muang Court, Kweng Court）を設け、さらに検察局の権限を明記した。これらの上位に立つ裁判所としてチカー裁判所が位置づけられた。これで地方の裁判所を司法省の管轄下においたことで、シャム全土の司法制度を整理したことになる。国家の領域という概念があいまいであり、辺境地域への支配がゆるやかであったために、地方の自治的性格が強かったが、それに対して中央政府の支配を強化してきたが、司法面でもそれを実現したのが、一九〇八年の改正であった。

民事訴訟法改正では、裁判官忌避、裁判地の決め方、少額訴訟の手続、通常裁判手続、当事者一方不出頭の場合の処理、差押え令状、供託金、確定判決の執行、確定判決に従わない場合の処理、控訴手続、和解、貧困者の訴えに対する支援（司法扶助）、弁護士の選任、当事者死亡の場合の取扱い、法廷侮辱罪、出訴期間、訴訟費用等々を定めており、それまでなかった新しい規定を追加している。

(5) 一九〇八年破産法の制定

一八九一年に破産法がはじめて成立し、裁判所が破産の宣告し、債務者の財産や工場が破産法の適用を受けることを宣告する判決を出せることになった。しかし、シャムで活動するヨーロッパの商人達から、これでは債権を回収できないことから破産法の改正を望む声があり、それを受けて制定されたのが一九〇八年の改正であった。一九〇八年一〇月一九日発布されたこの破産法改正によって、債権者が破産管財人の管理する破産者の財産から分配を受けることができるようになった[51]。さらに一九一一年に改正されて、八〇条からなる詳細な手続を定めている[52]。これらは清算型の破産手続を定めている点に特徴がある[53]。イギリスとの経済関係が強かったために、破産法はイギリス法の影響を強く受けている。起草したのがイギリス人の法律顧問であった。藤吉がその改正に一定の役割を果したかどうか不明である。その後、イギリスの一九一四年破産法の影響を受けて、シャムでは一九四〇年破産法改正につながってくる。いずれも清算型の破産手続を定めていた。しかし、いずれの破産法の改正でも、債権者は債務者から債権を取り立てることが、現実にはきわめて難しいとされていた。

(6)　刑事訴訟法の改正

暫定刑事訴訟法が一八九六年に制定されたが、不備であったので、きちんとした刑事訴訟法を作成する必要性はパドューによって認識されていた。刑法が制定されれば、それに即した刑事訴訟法が必要になるのは当然である。一九〇九年七月二〇日付けのパドューのメモによると、すでに全七三九条からなる草案ができていた。これはギオンが起草し、インド、日本、エジプト、ドイツ、フランス、スペインの刑事訴訟法を参照して作成された(54)。ところが、その成立が遅れ、一九三五年民事と刑事の訴訟法が一本化されて制定されるまで待たなければならなかった。そのために、暫定的に控訴裁判所法の裁判手続規則の改正（一九〇一年と一九〇五年）やチカー裁判所の裁判手続の改正（一九一四年と一九一八年）によって処理してきた。

刑事訴訟法にも日本法の影響が見られるが、藤吉が裁判官である時に日本の刑事訴訟法についての意見を求められたであろうと推測される。日本では近代的な刑事訴訟に関する法律の最初は一八八〇年の治罪法（一八八二年一月一日から施行）であった。これはボアソナードがフランスの一八〇八年治罪法典を基に起草したものであった。ここでは検事が起訴する権限を持つ国家起訴主義（起訴の国家独占主義）、予審判事による予審手続、事実認定における自由心証主義、公判における公開主義、口頭弁論主義等の近代的刑事訴訟の基本原則が採用されていた。しかし陪審制度は導入されなかった。

一八八九年の憲法、裁判所構成法の制定を受けて、治罪法を部分的に改正して一八九〇年に旧〻刑事訴訟法（いわゆる明治刑訴）が制定された。これらはフランス法の強い影響が見られたが、次第にドイツ法の影響を強く受けるようになり、一九二二年の旧刑事訴訟法（いわゆる旧刑訴）が成立した。自由主義的要素を取り入れ、被告人の地位の強化や弁護制度の拡充、上告理由の拡張等にそれが見られた。しかし、実際には権威主義的な解釈運用や職権主義的な運用がなされ、国家権力の濫用さえ見られた。[55] 強制処分に人権保護の視点が弱く、旧刑訴の趣旨が生かされなかった。

藤吉にはフランス法の影響の強い一八八〇年治罪法や一八九〇年旧〻刑事訴訟法についての意見や翻訳が求められたであろう。刑訴法改正を担当していたギオンにとっては母国の法律がアジアの一国である日本でどのように取り入れられたかを知ることは、シャムでの立法作業に参考になったと思われる。

2　裁判官としての仕事

藤吉は司法顧問の地位を持ちつつ、一九〇一年に中央控訴院（Central Court of Appeal）の裁判官になったが、一九〇三年からは専属の裁判官となった。[56] 一九〇五年から一九一三年までは国王への直訴裁判所（チカー裁判所）の裁判官となった。前者はシャムにおける通常裁判所としてもっとも高いランクの裁判所であった。これに対して後者は特別な裁判所であった。

シャムの慣習として最高のレベルの判決でも一カ月以内に国王に対して直訴する権利が訴訟当事者に認められている。これが「国王への直訴裁判所」（チカー裁判所）であり、藤吉はそこの裁判官になった。後に、これは司法省直属の機関となり、大審院と呼ばれるようになった。法律の解釈をおこなう最高の機関であったことを意味する。

ラーマ五世の命によって藤吉が裁判官になることについて、藤吉自身はどう思っていたのであろうか。法律の制定、特にシャム刑法の制定に深くかかわった藤吉は、その法律をどう運用していくか、特に裁判所での運用に関心を持っていたのではないか。法律が作成された後、それを社会に定着させる必要があり、その一つの方法として裁判所での運用に心配りが必要なことを感じていたのではないかと思われる。藤吉が裁判官に任命される以前からベルギー、イギリス、フランス等からのお雇い外国人が裁判所で働いており[57]、近代的な訴訟形式の定着に力を尽くしていたのであり、藤吉もその役割を担ったことになる。

問題があったのは、外国人裁判官がシャムに適用すべき法律があるのに、それを知らないために、イギリス法を適用して処理していたことである[58]。国際裁判所ではイギリス法を適用することを認めていたために、その延長でイギリスから来ている裁判官がイギリス法を適用して処理していた。イギリスは植民地で法律の内容が明瞭でない場合には、裁判官が準拠すべき原理は「正義、衡平、および良心」となっていたが、実際には現地の事情に合致するかぎりイギリス法を適用するのが実際であった[59]。

この考えが植民地ではないが、シャムでも同様な取扱になったものと思われる。したがって、シャムの法律内容を外国人裁判官に分かるよう翻訳する必要性があった。外国人裁判官には翻訳官がついていたはずであるが、その者が十分役割を果たしていなかったことが考えられる。裁判を通してイギリス法が導入されたことは重要な問題点である。お雇い外国人としてイギリス人が司法分野に入ってきた場合、裁判官になっている場合が多いので、具体的な紛争処理の場でイギリス法が果たした役割は無視できないであろう。

チカー裁判所で審理をおこなう場合、法律顧問も出席するが、通常シャム側の司法官試補で外国語に通じている翻訳局員が陪席して、法律顧問に審理の内容を通訳し、法律顧問が意見を述べる場合も翻訳官が通訳するのが普通である。藤吉の場合、立憲革命後最初の司法大臣となったプラヤー・テーパウィトン（一八八九年〜一九四九年）が一九〇三年八月一日に司法省英語通訳として雇用され、藤吉の専用通訳になっていた[60]。彼によれば藤吉は法律および英語に非常にすぐれていたという。しだいにシャム語もできるようになり、通訳なく審理をおこなっていたという。このことは追悼録の中で外務省留学生としてシャム司法省翻訳局に出入りしていた山口武[61]が述べている。藤吉はシャム語がよくできたので、裁判での審理に苦労なく対応できた[62]。

藤吉が『法律新聞』の記者と面談した結果が、「政尾法学博士の暹羅談」という題で『法律新聞』一四七号（一九〇三年七月一三日発行）に掲載されている。それによれば、枢密顧問官として枢密院の法部の勅裁委員（時期が合わないが、チカー裁判所のことである）となっているが、皇帝自ら裁判長となり皇帝の名に依りて裁判を下すが、実は自分が皇帝の名代として二～三人の助手を使って一人で裁判事務を取り扱っていると述べている。一年間に八〇〇件の上訴事件を処理するので、一日あたり五～六件を処理している。そこで多忙であると述べている。[63]

シャムの司法の特徴として、裁判が確定していても皇帝が毎夕馬車で市中をまわる際に直訴すると、あらためて訴訟として取り上げることができる制度になっていること、刑事事件では強盗事件が多いこと、民事事件では相続権と土地所有権の争いが多いことを指摘している。刑事事件の場合、たとえば農家に押し入って水牛を強奪し、売り払えば相当の利益になるので、強盗事件がたえなかったという。シャムは仏教国なので死刑を嫌う傾向があるが、自分は強盗には七年の懲役、強盗致傷には一〇年の懲役、強盗致死には死刑を宣告している。これが評判となり、地方の裁判所でも死刑を宣告する事例が出てき、強盗事件そのものが減少していると述べている。

シャムの裁判官は、藤吉の判決を評して、「事件の法的説明に加ふるに、東洋的仏教思想―基督教思想に立脚する西洋人顧問の到底考へ及ばない所であるが―に基づく判断を以てしている。所謂情の判決である。殊に人事関係事件に於て、人情の機微に触れ、その特徴を遺憾なく発揮していた。原被両告とも満足するのは当然の事である。[64]」と山口武が述べている。これは民事事件についての判決への評価である。関西学院やバンダビルト大学でキリスト教学を勉強したので、キリスト教のことをよく知っている藤吉は、意図的にキリスト教的発想に基づかないで、シャムの人々の考えの基礎にある仏教思想に基づき判断を加えたものと思われる。一度は牧師になることを考えていた藤吉だからこその判断と言えよう。

しかし、刑事事件では先に述べたように厳罰主義で臨み、犯罪自体を減らすことを目指しており、仏教の考えとは一見逆になっている。仏教の温情主義より、当時の社会的に混乱した時期には社会的安定性を優先した方がいいという判断を藤吉が持っていたためであろう。

藤吉がシャムの司法大臣に提出した一九〇五年から一九〇六年にかけての報告書によると、チカー裁判所では受理件数が一九〇二年七三二件、一九〇三年八七一件、一九〇四年七三六件、一九〇五年九六〇件となっており、前年未決件数もあるので、年間一〇〇〇件を越える事件を処理していることが分かる。一九〇三年からチカー裁判所が取り扱える事件の訴訟物価格が四〇〇ティカル以上という制約を課したが、効果がないことを指摘している。判決のうち、原判決認容が七割五分、変更したのが一割三分、破棄したのが一割五分ぐらいになっている。(65)

一九一〇／一一年のチカー裁判所に係属していた事件は、それ以前からの事件数が五一六件、あらたにこの時期に係属されたのが八八五件、この間に処理されたのが七三六件であった。この内上告を認容したのが五五二件、棄却したのが六三件、破棄自判決したのが七五件、差し戻ししたのが一八件、取り下げたのが二八件となっていた。かなりの事件数を処理していたことが分かる。(66)

シャムの司法をめぐる問題点を示す事例がいくつか記録されている。一つはチカー裁判所で藤吉が被告を支持する判断を示したのに対して、原告が国王に直訴した事件があった。国王は原告側の主張に賛成し、ラビを呼んでチカー裁判所の判決を変更するよう指示したが、ラビは藤吉の判断が正しいと主張して、国王の命令に従わなかったことがあった。ラビは一九〇二年三月二三日の藤吉への手紙でそのことを伝えている[67]。これはラビが裁判所の判断を尊重し、国王の介入をなくするようにしたいと考えていたことを示す。イギリスで教育を受けたラビは司法権の独立・法の支配の実現を考えていたようである。しかし、現実には司法権の独立の実現が困難であった。

もう一つの事例は次のものである。村松山壽の「暹羅土産」という題の『法律新聞』一四七号（一九〇三年七月二三日発行）では、貴族に裁判所の召喚状を送ったところ、貴族が自分を呼びつけるのは不埓千萬だと国王に訴えたら、国王ももっともだとして、その裁判官を呼びつけ、叱ったというエピソードがのっている。そこで「司法権の独立などは、まだまだ夜深いことだ」と指摘している。

3　司法省法律学校での指導

司法制度の改革をしても、それを支える人材がいなければ実現は不可能である。このことを最初に述べたのはジャックマンであり、一八九三年に法律家養成のための法律学校の設置の考えを明らかにした。次にピチェット司法大臣が一八九五年一一月に法律学校の必要性を明らかにしたが、ラビが司法大臣になり、一八九七年三月にやっと実現にこぎつけた。それまで財政上の問題と授業をおこなえる人材をどうするかが決まらなかったためである。最初の学年には一五四名の学生が在籍していた。中等教育を三年以上受けている者に受験資格があったが、シャム語、シャムの歴史、算術の三科目の試験で選抜された。ただし役人や裁判官としてすでに働いている場合は別であった。最初に設立された時には九カ月の期間だけの教育であった。ラビ自ら昼食後教えていた。初めは彼の執務室の横にあった食堂で講義していたが、学生が増えるにつれて刑事裁判所のホールで講義をおこなった。教材としてインドの刑法典やイギリスの契約法、不法行為法や手続法のテキストを用いた。刑事裁判所で被告を弁護する実習も受けていた。

その年の一二月二～七日には最初の司法試験が実施された。試験科目は刑法と刑事訴訟法、契約法、不法行為法、家族法と債務奴隷と召使い雇用法、民事訴訟法、相続法、国際法であった(68)。一五四名中四四名が受験して九人が合格してバリスターの資格を与えられた。この試験委員にはラートブリー親王、プラヤー・プラチャーキット（Chem Bunngとも呼ばれた）、プラヤー・クライスィー（Pleng Wepara）、ジャックマン、カークパトリックの五名がなった。一番で合格したのはChao Phraya Mahithornで、後に裁判官や司法大臣になった。合格者はNaetibanditと呼ばれ、イギリスのバリスターと同等とされた。

法律学校は一八九八年設立されたタイ法曹協会が運営していたが、しだいに組織として整備され、校長、書記、財政担当事務官が配置され一九一一年に正式に政府の機関となった。ラビが講師となり、プラチャーキット（Chem Bunnag）、クラィスィー（Pleng Wapara）、Pinit Nitinai, Phraongchao Wachariwong らが非常勤の講師として教えた。近代的な法制度を教えるために英語の法律書をテキストとしていたが、タイ語によるテキストも整備されてきた。学生数は一九〇四年には一一〇名、一九〇五年には九八名で、平均して一〇〇名ぐらいであった。その中には役人や裁判官も含まれていた。司法試験合格者は一九〇四年一〇名、一九〇五年一二名で、合格率は五％ぐらいであった(69)。着実に法律学校の卒業生が司法分野での人材養成機関として機能し始めていた(70)。

パドューによれば、家族法、相続法や土地法はシャムの法律家が教え、法の一般原則は西洋の法律顧問が担当して教えたという。英語のできる者は英語の教材を使ったし、この法律学校を優秀な成績で卒業する者には海外に留学する機会を提供し、その場合は、イギリスに留学するのが通常であり、イギリス流の法学教育が実践された(71)。立法面では大陸法が大幅に導入されたが、人材養成の面を見るとイギリス式教育を採用しており、両方をミックスした司法制度となっていると言えよう。こうして法律顧問に頼らなくても自立して法律問題を処理できる人材の育成を図ってきた(72)。

ラビは法律学校を充実させるとともに、裁判官や検察官として勤務する者の報酬をあげていき、法律専門家の地位の向上に努めた(73)。司法省に勤務するスタッフの充実も目指していたが、その実現のために司法大臣をやめた後も法学教育に力を注いだ。「タイ法制の父」と言われる由縁である。一九二〇年八月七日にラビが死亡し、その命日は、現在のタイの法学生の特別の休日となっている。

藤吉も法律を制定しても、それを動かす裁判官を初めとする法律家の訓練の必要性を強く感じていたと思われる。日本でのシャムの法律事情の講演の中で、シャムでの法学教育の問題を指摘し、その重要性を述べていることからも分かる。ラビの考えに賛成して積極的に法学教育に協力したと思われる。内外の著名な法律家が講義をおこなったとされているが、藤吉が法律学校で常勤として教えていたという明確な証拠は存在しない[74]。関わったとしても非常勤の講師として、自ら中心となって作成した刑法、博士号を取得した契約法、シャム語を習得していたのでシャムの法制史等の授業を単発で担当したのではないかと想像される。さらに藤吉が書いた判決が、まだ成文法になっていない分野で条理に基づく判決として法学教育の材料とされることで、法学教育に貢献したと言えよう。藤吉の弟子としてシアンという人物が『相続法』という本を一九一二年に出版している。これも藤吉の法学教育の成果と言えようか。

この法律学校は一九三三年に廃止され、チュラロンコン大学法学政治学部に移籍されたが、一年後に新たに設立された道徳政治大学に移った。これが一九五二年タマサート大学に名称が変更された。チュラロンコン大学は一九五八年に法学教育を復活させ一九七二年に法学部を設置した。一九七一年にはラムカムヘン大学に法学部を設置し、この三つが法学教育の中心となっていた[75]。さらにスコタイタマラージ大学でも教えるようになっている。現在では六つの国公立大学、一六の私立大学で法学教

育がおこなわれている。(76)

4　勲章の授与

法律顧問として五年間働いた時にあたる一九〇五年五月に、藤吉は白象三等勲章（Decoration of the White Elephant Third Class）を与えられた。(77) さらに刑法典が成立したことを受けて、一九〇八年一〇月に王冠二等勲章（Crown of Siam Second Class）を与えられた。チカー裁判所裁判官としての活躍にみられるようにシャムでの司法制度の改革への功績によって、一九一一年三月「ピヤ」爵（Phya Thong）が与えられた。

さらに一九一一年六月には、日本政府から勲四等の旭日小綬章を受けた。これはシャムでの長年の功績に対して授与された勲章であった。一九一二年一一月にはシャムでの滞在一五年になったので、一四種類の金器を受け、「ピヤー・マヒダラ」（Phya Mahidara 侯爵・法律の頭という意味）となった。つまり準皇族として扱われることになった。そこで藤吉はPhya Mahithon Manoopakorn Kosolkoonという名前を名乗ることになった。

シャムを離れるにあたって、一九一三年八月王冠大綬章（Decoration of the Great Crown of Siam）を受け、さらに勅語を国王ラーマ六世より授けられた。さらに「チュラ、チョム、クラオ」同族勲章第二等（Royal Decoration of Siam Second Class）を受領した。藤吉とその家族は国王との陪食が認

พระยา มหิธร

遅羅国大礼服着用（遅羅語自署）

められた。これは外国人としては前例のないことであった。その時皇太后より光子には御真影、千代子と久子には宝石入りの襟止めが贈られた[78]。千代子は一三歳、久子は七歳になっていた。九歳になっていた隆二郎はなにももらわなかったのであろうか。日本にいた光子と子供達は藤吉がシャムを引き上げるにあたり、日本からわざわざ出かけてきたものと思われる。もしかしたら、隆二郎だけはシャムに来なかったのかもしれない。一九一三年版の住所録によれば、光子の住所としてPhlaplajai Roadが記載されているが、「不在」であることが明記されている[79]。このことから光子が子供の教育のために日本に帰国していたことが分かる。光子らは藤吉の帰国あいさつについて回ったのであろう。

藤吉はちょうど四三歳になっていた。当時の平均寿命を考えると一番の働き盛りをシャムで過ごしたことになる。もっと早く日本に引き上げる予定であったが、シャムでの仕事に生きがいを感じたこと、さらに国王初め周囲の人々が藤吉を引き止めたことから一六年近くシャムに滞在することになった。しかし、一九一一年五月日本で虫垂炎の手術をしたが、さらに腎臓を患っていたことから健康に自信をなくした。裁判中いすに座っていると背中に痛みを感じ始めたこともあって、一九一三年五月司法省に退職を申し出、やっと認められた。

藤吉がシャムを離れるにあたって、吉田作弥公使[80]も出席する送別会が一九一三年八月開かれた。そこで三木栄が藤吉のこれまでの出世物語をおこない、名前からしてめでたいという話をしたという。政は山田長政の政であり、藤吉は豊臣秀吉の名前であるし、尾は山田長政と豊臣秀吉の郷里である尾張の尾であるということを話して、一同どっと笑ったという。山田長政に心酔していた三木栄らしい話である。藤吉自身も山田長政を研究しており、自分を山田長政に擬すことに満足していたであろう。三木はこの時、次のような歌を藤吉に捧げたという。(81)

「藤袴はきて都に上がります
　　君にしあれば千代も栄えむ」

藤吉がシャムを去った後、法律顧問やその補佐の職についたのは主にフランス人、イギリス人であり、その後のシャムの立法はそれらの人々によっておこなわれた。それと同時にシャム国内で法律の専門家が育ちはじめており、それらの人々が立法作業に従事し、力をつけてきていた。

藤吉の後任として日本人の法律顧問を人選することが藤吉に任されたが、実を結ばなかった。その結果、フランス法やイギリス法の影響が強くなっていったのは当然である。したがって、日本人の法律顧問の存在や日本法とのかかわりが、シャムの人々の意識の中でうすれていったのもやむをえなかったと言えよう。

(1)　同じ論文が上と下に分けて中央法律新報一九号、二〇号（一九二一年）に掲載されていた。それを追悼録に転載したものと思われる。

(2)　飯田順三「タイ近代刑法典および民商法典の編纂過程における日本法の影響(一)」創価法学二九巻一・二号（一九九九年一二月）一九頁、飯田順三「タイ法の発展と政尾藤吉」ジュリスト一一二一

号一〇二頁、五十川直行「タイ民商法典の比較法的考察〈序説〉(1)―日本民法との歴史的関連性」法政研究六二巻三・四合併号（一九九六年三月）七三二頁、Junzo Iida, “Development of Thai legal system and the role of the Japanese Legal Advisor, Masao Tokichi”, The Sixth Pacific Basin Symposium “Development and Equality”, ed., by Soka University, March 4-6, 1998.

タイ側においてはWarasarn Nitisart（Thammasat University Law Journal）vol.16, no.2に藤吉の略歴が紹介されている。

(3)　川島真「装置としての『台湾』と日本人の外縁―在暹「台湾人」国籍問題」日本台湾学会報一号（一九九九年五月）三九頁。一八九五年下関条約によって日本が台湾を領有してから二年後、台湾人は日本国臣民となったが、台湾からシャムに移住する者の国籍をどうするかという問題を処理する過程で生じた問題である。

(4)　この当時の刑事上の問題点を認識していたカートパトリックの現状分析と対策をまとめたものとして、Walter E. J. Tips, Crime and Punishment in King Chulalongkorn's Kingdom, White Lotus Press, 1999.

(5)　T. Masao, “Siamese Law: Old and New”, Arnold Wright & Oliver T. Breakspear ed., Twentieth Century Impressions of Siam, Reprinted ed., White Lotus, 1994 p.91.

(6)　“Ordinary General Meeting, 2nd July, 1908, Discussion on Dr. Masao's Paper”, Journal of the Siam Society, vol.5, part 2, p.19.

ルアン・ラタナヤティは一八八二年から八八年までイギリスに留学してバリスターの資格を得た最初のシャム人である。一八九三年に初代の検察局長になり、一八九七年には刑事裁判所所長になったが、一九〇一年に死亡した。シャムで最初の判例集『タマサート・サマイ』を刊行している。村嶋英治「現在タイにおける公的国家イデオロギーの形成」『国際政治』八四号（一九九〇年）一二四頁。

(7)　外務省外交史料館にある「各国刑法関係雑件」四―一―一―三五に載っている。飯田順三・前掲論文二五～七頁に転載されている。

(8)　飯田順三・前掲論文二八頁。

(9)　ジャックマンの死亡は日本の法律雑誌にも記録されている。藤吉が連絡したのかもしれない。「ローラン・ジャックマン氏の訃報」法学新報一二巻三号（一九〇二年七月）八四頁。

(10)　ジャックマンが死亡した後、その権限が分散されたが、外交面での顧問となったのがEdward H. Strobelであった。彼はハーバード・ロースクールの国際法の教授で学部長を歴任したが、そこからの転身であった。彼が一九〇八年シャムで死亡すると、その後を継いだのがJens I. Westengardであった。彼もハーバード・ロースクールの教授であった。彼が一九一五年退職した後も、ハーバードの卒業生であったWalcott H. Pitkinが就任し、その後任もハーバード・ロースクールの国際法の教授であったFrancis B. Sayreであり、アメリカから外交顧問が送られてきた。

(11)　一九〇八年九月一八日付けの小村壽太郎あての英文の手紙の中で、その時の気持ちを述べている。外交資料館四―一―一―三五各国刑法関係雑件。

(12)　Arnold Wright & Oliver T. Breakspear ed., Twentieth Century Impressions of Siam Revised Edition, White Lotus, 1994, pp.94～96.

(13)　この第三次草案はM.B.Hooker ed., The Laws of South-East Asia, Vol.2., Butterworths,

1988, pp.579~603に掲載されている。タイでは国立公文書館にラーマ五世の記録をまとめたマイクロフィルムの中で司法省の記録No.23-4に収録されている。これをさらに修正して、条文の形の草案が一冊の本として出版されている。これはエール・ロースクールで見つけた。全部で三三八条からなるRevised Draft of the Proposed Penal Code for the Kingdom of Siam, April, 1907.

(14) 岡田朝太郎『暹羅王国刑法典目録』（早稲田大学恩賜館法学研究室、一九二四年）四頁。

(15) 稲垣満次郎「暹羅国の現状」東邦協会会報一三二号（一九〇六年二月）二二頁。

(16) 飯田順三「民商法典成立小史②」ジュリスト一一四九号六頁、パドュー自身がまとめた本として、George Padoux, Code Penal du Royaume de Siam (Version Francaise avec une Introduction et des notes), Imprimerie Nationale, 1908があるが、その中で立法制定過程を述べ、シャム刑法典のフランス語訳を掲載している。

(17) 最高裁判事のKrom Khun Siridaja Sangkas,同じくPhya Pracha Kitkorachak,外務省のPra Boriraks Chaturongの三名である。

(18) David M. Engel, Law and Kingship in Thailand during the Reign of King Chulalongkorn (Michigan Papers on South and Southeast asia 9), The University of Michigan, 1975, p.53.

(19) ダムロング（一八六二年生まれ、一九四四年死亡）はラーマ五世の異母弟であり、二三年にわたって内務大臣の地位にいた。地方制度や学校教育制度の整備に力注いだ行政官であったが、一方彼は時間を見つけては二〇〇冊以上の本を出版し、シャムの歴史、考古学、政治、文学、仏教の研究を重ね、「タイの歴史の父」と認められている。彼の業績についての日本語文献は、山口武「暹羅皇叔プリンスダムロング殿下」南洋協会雑誌九巻二号六〇頁がある。その中で藤吉とダムロングとは特別に親密であったことが記述されている。

(20) デーワウォンはラーマ四世の四二番目の子供であり、ラーマ五世の弟である。一八五八年生まれ、一九二三年死亡した。ダムロングと共にラーマ五世を支える重要な地位にいたが、ダムロングが積極的で強気なのに対して、デーワウォンは内向的な性格であったという。修好条約の締結のために日本に立ち寄ったことは本書六九頁で述べた。石井米雄＝吉川利治編『タイの事典』(同朋舎、一九九三年三月) 二二八頁。

(21) 政尾藤吉「暹羅国刑法草案」法学協会雑誌二五巻五号七三四頁。

(22) 政尾藤吉「暹羅の新刑法について」法学協会雑誌二五巻一一号一六三五頁、さらに藤吉の講演をもとにまとめた泉二新熊「暹羅国刑法草案」法曹記事一七巻九号(一九〇七年九月)九三頁。

(23) Apirat Fetchsiri, Eastern Importation of Western Criminal Law: Thailand as a Case Study (Publication of the Comparative Criminal Law Project Vol.17), Fred B. Rothman & Co., Littleton, Colorado, 1987, p.86 およびApirat Fetchsiri, "A Short History of Thai Criminal Law Since the Nineteenth Century", Malaya Law Review, no.28, pp.124〜150.

(24) Apirat Fetchsiri, op.cit., p.84, M.B.Hooker ed.,The Laws of South-East Asia Vol.2., Butterworths, 1988, p.604にこの報告書の要旨が掲載されている。

(25) 飯田順三・前掲論文三六頁では、藤吉が特徴と指摘した点以外にも、次の規定に特徴があるとしている。王族に対する罪(九七、一〇〇条)、特別殺人重罰規定として尊属殺人、職務執行中の公務員の殺人、あらかじめ謀った殺人、残虐な行為でなされた殺人には死刑とする(二五〇条)、宗教上の感情を侮辱し、礼拝場や礼拝物を毀損や損壊した者を処罰する(一七二、一七三条)、秘密で行動し、目的が不法な結社に属すること自体を処罰する（一七七〜一八二条）。

(26) Apirat Festchri, Eastern Importation of Western Criminal Law, p.82〜3.

(27) Report of the Revision of the Penal Code 1908 (28 July 1917) in M.B.Hooker ed.,Laws of South-east Asia Vol.Ⅱ., Butterworth, 1988, p.604.

(28) 外交記録文書四—一—一—三五各国刑法関係雑件の中で、小村壽太郎の藤吉あての私信がまぎれて入っていた。

(29) 飯田順三「タイ民商法典成立小史③」ジュリスト一一五四号五頁によれば、一九〇七年一〇月三一日の報告書には、債権編起草のために質屋法、証拠法、金銭消費貸借法を調査し、一八九八年から一九〇六年までの最高裁判決の要約を作成した。一九〇七年一二月九日の報告書には、抵当法の調査と一九〇六年最高裁民事判決四〇〇件の調査がされた。一九〇八年一月三日の報告書では、地方統治法、鉱業法、航行法、郵便局法、地方衛生法を調査、高等裁判所の判決、外国人裁判所の判決、最高裁判決の三〇〇件の要約作成がなされた。一九〇八年三月の報告書では、民事訴訟法中の強制執行、奴隷廃止法、利息法、文書法、都市警察法、牛売買法、稲売買予約取引禁止法の調査、一八九八年から一九〇三年までの最高裁の三三五の判決の要約作成、ラビの最高裁判決注釈書の翻訳がなされた。

(30) モンシャルヴィユはエジプトの法律学校の教頭、ギヨンはフランスの検事正、リヴィエールはパリ大学教授からの転身であった。

(31) この事件は、ナラティップ親王がある女優と恋に陥ったが、彼女に何度も暴行を加えた。ラビが彼女をかくまったことを怒ったナラティップ親王は風刺小説を書いて、ラビをふくろうに例え、ラビが性的目的で彼女をかくまっていると批判した。ラビはそれに抗議しようとしたが、相手が親王であり、ラーマ五世にも失望していたので、司法省をやめることにした。Rungsaeng Kittayapong, The Origins of Thailand's Modern Ministry of Justice and its Early Development, April1990, pp.230～32.

(32) 西澤希久男「タイ民商法編纂史序説」名古屋大学法政論集一一七号（一九九九年三月）二五一頁。

(33) 柴田光蔵「ローマ法学」碧海純一＝伊藤正己＝村上淳一編『法学史』（東京大学出版会、一九九三年三月）六六頁。

(34) 飯田順三「タイ民商法典成立小史④」ジュリスト一一六〇号五頁によれば、その後も編別の修正がなされており、一九二二年九月二八日に国王が認めた勅書によれば、第一編は総則、第二編は人、第三編は債務、第四編は物、第五編は家族、第六編は相続となった。国際私法が落ちたことが特徴である。

(35) Draft of Civil and Commercial Code, Obligations, October 1910, Office of the Juridical Council, Tha Chang Wang Na, Bangkok. これを作成した委員会はLegislative AdviserとしてPadoux, Legal AdviserとしてMoncharville, Riviere, Guyon, SecretaryとしてL.Evesqueから構成されていた。この草案はドイツ民法、フランス民法、スイス債務法、インド契約法、日本民法典、イギリス動産売買法、エジプト民法典等を参照しており、条文毎にどの法典を参照したかを明記している。

(36) 西澤希久男「タイ民商法典編纂史序説」前掲論集、二五〇頁。

(37) Draft of Civil and Commercial Code for the Kingdom of Siam, Book II., Persons and

Family, Book Ⅲ. Inheritance submitted to the Minister of Justice, May 1912.

(38)　ラーマ五世は異母姉妹とも結婚している。つまり、父ラーマ四世とその側室との間で生まれた三人の姉妹と結婚している。一番上の姉は一八八一年バン・パイン宮殿でボートが転覆して死亡した。一番下の妹サワーンとの間でワチルナヒット親王が生まれ、一八八六年皇太子になったが一八九五年病死した。そこで真ん中の妹であるサオワパーンとの間で生まれたワチラウット親王が皇太子となり、ラーマ五世の死後ラーマ六世となった。シャムでは一夫多妻制度は同時に血族結婚をも含んでいる。父を同じにする異母兄妹間の結婚がみられることは、シャムが「双系社会」であることを示す証拠である。父系社会ではそれは嫌われる行為だからである。

(39)　タイ社会では一般的に男女の格差の少ない社会として知られている。タイ古来からの伝統であった。妻方居住慣行が一般的で、離婚する場合は夫が家出し棄妻するのが普通であり、三印法典でもそれを前提に規定がなされている。父権の強い家族制度での離婚とは違う制度になっていることは、赤木攻「タイ社会における妻の地位」大阪外国語大学学報二九号（創立五〇周年記念号）（一九七三年二月）、二八一頁。しかし、男女が完全に平等というわけではない。

(40)　谷口知平＝石田喜久夫『新版注釈民法(1)総則(1)』（有斐閣、一九八八年六月）一四頁。

(41)　飯田順三「民商法典成立小史②」ジュリスト一一四九号（一九九九年二月）六頁。

(42)　飯田順三「タイ法の近代化─婚姻法をめぐって」湯浅道男＝小池正行＝大塚滋編『法人類学の地平』（成文堂、一九九二年九月）一八二頁。

(43)　Rungsaeng Kittayapong, The Origins of Thailand's Modern Ministry of Justice and Its Early Development, Ph.D thesis, University of Bristol, 1990, p.261,　Office of the Judicial Council,

Codification des Lois Siamoises: Notes et Correspondence, Vol.Ⅲ., 1912, 3/133 "Proces-Verbal De La Seance Du 22 Juin 1912". サワット親王はチカー裁判所の長官であった時、自分の子供を強く殴打したために死亡する事件が起きた。イギリス公使はこのような乱暴な人物が裁判官であるのは不都合であるとして辞めさせた。これに怒ったサワットは新聞を発行してイギリス批判を展開した。豪快な性格の人で「豪傑プリンス」とも呼ばれていた。矢田長之助「暹羅に関する思出で」財団法人暹羅協会会報九号（日暹修好五〇周年記念特別号）（一九三七年一二月）七九頁。

(44) Adul Wichiencharoen and Luang Chamroon Netisastra, "Some Main Features of Ancient Family Law in Thailand", in David C. Buxbaum ed., Family Law and Customary Law in Asia, Martinus Nijhoff, The Hague, 1968.

(45) The Bangkok Times, 28 July, 1913 "Dr. Masao Returns on Pension".

(46) 「暹国会社法の制定に就て」通商彙纂六五号（一九一一年九月）五二頁。

(47) この会社法の日本語訳は「暹羅国組合及会社法」在暹日本人会編『暹羅事情』（石丸祐正発行、一九二二年一一月）五七七～六四六頁。

(48) この法律も山口武が翻訳している。満鉄東亜経済調査局『シャム』（南洋叢書四巻）（再版、慶応書房、一九四三年五月）五九三―六一九頁。

(49) 三木栄「政尾公使伝」政尾隆二郎編『政尾藤吉追悼録』（一九二二年一一月）一四頁。

(50) Organization and Civil Procedure of the Courts of Justice (Translation), 1908, Preface. その後民事訴訟法は一九三〇年に大幅な改正がなされている。これについてはH.Eypout, "The New Laws on Civil Procedure", Journal of the Siam Society, Vol.35, Part 2, pp.109～126.

(51)　破産法の条文はCharles L'Evesque, Etude sur le regime juridique du Siam en matietre commerciale in Borchardt's Die Handelgesetz des Erdballs, Bd.Ⅵ., pp. 17~8に掲載されている。

(52)　Bangkok Times Press ed., The Directory for Bangkok and Siam, 1913, pp.66~89.

(53)　一九九七年からのアジア経済危機による影響で、破産法を改正して清算型の破産だけでなく、会社更生手続の定めが追加になった。大きな改正がなされた。今泉慎也「タイの倒産法制改革―迅速な倒産処理を目指して―」アジ研ワールド・トレンド一九九九年一〇月号一四頁、金子由芳「タイ通貨危機下の『会社更生法』導入について」広島法学二二巻一号（一九九八年七月）一一五頁。

(54)　飯田順三「タイ民商法典成立小史⑤」ジュリスト一一六五号（一九九九年一〇月）五頁。

(55)　高田卓爾『刑事訴訟法』（青林書院、一九五八年三月）一六頁。

(56)　The Bangkok Times Weekly Mail, 25 September, 1903, "The Ministry of Justice--Report for the Year 121"およびA. Cecil Carter ed., The Kingdom of Siam 1904, The Siam Society, 1988, p.198.

(57)　当時のシャムには、お雇い外国人としての裁判官の他に、領事裁判権を持つ国が自国人のかかわる裁判を審理するために、本国から呼ばれた裁判官がいた。たとえばThe Bangkok Times Weekly Mail, 10 March, 1898, "The British Court", 10 September, 1898, p.1参照。

(58)　飯田順三「タイ民商法典成立小史⑤」ジュリスト一一六五号（一九九九年一〇月）五頁。

(59)　山崎利男「イギリス支配とヒンドゥー法」『世界史への問い―第七巻権威と権力』（岩波書店、一九九〇年一〇月）二八八頁。

(60)　早稲田大学アジア太平洋研究センターの村嶋英治教授のご教示により、プラヤー・テーパウィトンの葬礼記念本の中にこの記述があることを知った。

(61)　山口武は追悼録に執筆した時の肩書きが山下汽船会社員となっている。藤吉は山下汽船の顧問となっていたが、山口武との縁であろうか。山口武はいくつかのシャムの法典を翻訳しているのは、司法省翻訳局に出入りしたり、藤吉の指導を受けていたおかげであろう。山口武は一九〇三年九月の第八回外務省留学生試験にタイ語留学生として合格し、チュラロンコン大学に三年間留学した。彼は日本人のタイ留学の第一号であった。帰国後、日暹協会の事務主任になり、シャムからの留学生の指導にあたった。東京外国語大学にタイ語科が復活した時、教授となった。村田翼夫「戦前における日・タイ間の人的交流」国立教育研究所紀要九四集（一九七八年三月）一八九頁。

(62)　藤吉は最高裁の判決を英語に訳していたが、その訳が正確であることを同じ司法顧問（Judicial Adviser）であったステュアート・ブラック（Stewart Black）が証明する文書が残されている。タイ最高裁判所編『タイ最高裁判所一〇〇年史（タイ語）』一一六頁。

(63)　タイの最高裁判所の図書室で集めた判決では、藤吉が裁判長としてかかわった事件は次のとおりであった。かっこの中には陪席判事としてかかわった事件数を掲げる。一九〇二年では民事事件が一五件（一四件）、刑事事件が三件（一件）、一九〇三年では民事事件が五件（一七件）、刑事事件が三件（六件）、一九〇四年では民事事件が一一件（一五件）、刑事事件が五件（八件）、一九〇八年では民事事件が二件（六件）、刑事事件が三件（一〇件）、一九〇九年では民事事件が一件（九件）、刑事事件が五件（六件）でこれ以上の数の判決があるが、紙がコピーに耐えられない状態にあったために、これ以上のコピーはできなかった。

(64) 三木栄「泰国法律顧問政尾藤吉博士伝」新亜細亜一巻四号（一九三九年一一月）一五一頁。

(65) 政尾藤吉（穂積重遠訳）「暹羅国法制現況」法学協会雑誌二五巻一号（一九〇七年一月）八一頁。

(66) Constance M. Wilson, Thailand: A Handbook of Historical Statistics, G.K.Hall& Co., Boston, 1983, p.289.

(67) Rungsaeng Kittayapong, The Origins of Thailand's Modern Ministry of Justice and Its Early Development,p.224.

(68) 6op.cit., p.210およびThe Bangkok Times Weekly Mail, 7 December, 1897.

(69) 政尾藤吉（穂積重遠訳）「暹羅国法制現況」法学協会雑誌二五巻一号、（一九〇七年一月）、七二頁。

(70) 藤吉がシャムを離れた後の法律学校の在校生数と司法試験合格者数は以下のとおりである。玉田芳史『タイにおける国民的官僚制の成立』平成九・一〇年度科研費補助金成果、（一九九九年三月）、一〇〇頁。

	在校生数	合格者数
1915	1042	15
1916	1151	17
1917	1281	25
1918	1385	13
1919	779	9
1920	786	13
1921	778	21
1922	845	31
1923	813	31
1924	891	49
1925	1119	1
1926	1034	26
1927	1083	54
1928	1052	63
1929	1088	67
1930	949	79
1931	925	88
1932	942	67
1933	905	151

(71) Prasit Kovilaikool, "The Legal System of Thailand", in ASEAN Law Association ed., ASEAN Legal Systems, Butterworths Asia, 1995, p.537.

(72) 当時の法律家の三四～五人の集合写真がSteve Van Beek, Bangkok--Then and Now, AB Publications, 1999, p.76に掲載されている。この法律学校は優秀な人材を排出したが、中でもプリーディー・パノムヨン（Priidii Phanomjong）は一九一六年、一六歳で入学し、二年半で司法試験に合格し、「一九歳弁護士」として知られ、その有能さは有名であった。のちに彼はパリ大学に留学して一九二七年に法学博士を取得した。帰国後、法務省法律編纂局に勤務し、法律学校の講師を兼任した。一九三二年の立憲君主革命では指導的役割を果たした。一九三三年一二月第二次パホン内閣の内務大臣となり、タマサート大学を創設した。第二次世界大戦後、首相になったが、ラーマ八世の死に関係しているという疑惑が生じ、首相を辞任し、中国に亡命した。

(73) 山口武『白像王国』（博文館、一九一二年五月）、六九頁によると、裁判官は二〇七名おり、その報酬は月二四〇チカルから八〇〇チカルぐらいであったという。

(74) 創価大学法学部飯田順三教授からの教示による。飯田順三「百周年を迎える近代法学教育」ジュリスト一一一六号（一九九七年七月）一一五頁参照。

(75) Prasit Kovilaikool & Kietkajorn Vachanasvasti, "Legal Education in Thailand", The Legal System of Thailand, The 7th Lawasia Conference, Bangkok, August 7-12, 1981, p.26.

(76) マリー・プルエクオングサワィー「タマサート大学の臨床教育と法サービスの配備」財団法人法律扶助協会編『アジアの法律扶助』（現代人文社、二〇〇一年）二六七頁。

(77) The Bangkok Times Weekly Mail, 25 April, 1905 "Dr.Masao".

(78)　「政尾博士優遇」東京朝日新聞一九一三年八月二七日。
(79)　Bangkok Times Press ed., The Directory for Bangkok and Siam, 1913, p.369ここに書かれている住所のあるPhlaplajai Roadは現在のTh.Phlab Phla Chaiではないか。これはNew Roadから入った小道であり、近くにWat Kanikaphonがある。
(80)　吉田は同志社英学校余科第一回の卒業生で一八七九年卒業後、神戸女学院の教頭になった。一八八四年外務省に入り、ボン大学で法学博士号を一八九〇年に取得した。第三高等学校や同志社で法律を教えたが、一八九九年再び外務省にもどり、オーストリア、オランダで勤務した後、一九〇八年六月から一九一四年六月までシャム公使であった。ここで藤吉と交渉があったと思われる。共にクリスチャンでもあった。藤吉の弟覚治郎は一八九八年六月同志社高等普通学校を卒業しているが、その在学中に吉田が国際法を教えていた可能性がある。宮崎晶行「人物点描77—熊本バンド出身の知られざる外交官、吉田作弥」同志社大学広報三二八号（二〇〇〇年五月三一日）三四頁。
(81)　三木栄「政尾公使伝」前掲書一八頁。

第四部　衆議院議員としての活躍

ここではシャムから帰国して、衆議院議員として活躍する期間を扱う。日本にいながらもシャムとの関係は切れないで続き、シャム特命全権公使となる準備期間という意味も持っている期間でもある。

1　シャムからの帰国

一九一三年（大正二年）にシャムでの仕事を切り上げて日本に帰国した。バンコックを出発したのが一九一三年八月末で、九月一六日郵船丹後丸で神戸港に到着した。いったん九鬼家の別荘がある鎌倉に落ち着いたが、その後九鬼家の本宅（芝区芝公園地一四号一九）の近くの芝園橋の借家に住んでいた。それから代官山に家を建てて移った。

腎臓の持病を持っており、一九一一年（明治四四年）三月には静養のために帰国し、鎌倉にある九鬼邸で過ごした。この時盲腸炎にもかかっていた。シャムでの長年の生活で疲労が溜まってきたのであろう。シャムに帰任しても再び腎臓が悪くなって、日本に帰国することを決心した。ラーマ六世はそれをなかなか認めなかったが、ついに折れて認めた。日本に帰国後、病気が回復すると何を仕事とするかが問題となった。アメリカでの弁護士資格は持っているが、日本での資格とすることはできない。しかし、日本の弁護士資格は持っていない。これまでの経験をいかした仕事を捜さざるをえない。シャム事情やシャムでの仕事について講演する仕事があったが、(1)それだけで生活できるほどではなかったであろう。シャムからの年金五〇〇〇チカル（バーツと同じで、三八四・六ポンドに相当する）(2)が生活するのに役立ったであろう。

帰国した時の新聞報道によれば、藤吉の後任として英語に堪能な法律学者を推薦することになっていること、シャムとの関係がこれで切れたわけではなく、何かあればシャムに出かける約束になっていること、日本とシャムとの条約改定が課題であること、シャムの王室からの依頼で日本とシャムとの交通史の資料整理をすることが当面の仕事であることを藤吉は述べている。(3)

2　シャムと日本の交通史の整理

藤吉がシャムから帰国して、シャムとかかわる仕事として、日本とシャムとの交通史の資料整理をおこなうことが一つの仕事であった。藤吉の帰国前にシャム国王（ラーマ六世）にシャムと日本との交渉史の史料を集めることを提案し、ラーマ六世もそれに同意したので、藤吉は当時京都帝国大学にいた松本亦太郎に推薦依頼をおこなった。この問題に関心を持って研究を進めていた京都帝国大学で経済史を担当していた内田銀蔵に頼むことにした。松本亦太郎も京都帝国大学で内田銀蔵とは知り合いであった。内田銀蔵は一八八九年（明治二二年）東京専門学校を卒業しており、藤吉とは同じ年に卒業した同級生であった。ついで一八九八年東京帝国大学国史科を卒業し、一九〇二年京都帝国大学教授となり、国史科を創設した。(4)

内田とともに、この仕事に従事したのが中村孝也や川島元次郎らであった。中村は当時大学院に在学して江戸時代の文化を研究していたが、内田の指導を受けながら仕事をおこなった。中村孝也の父辰治は台湾総督府殖産局から蚕業の技術者としてシャムに移り、シルクの製造に関わっていたことがある。(5)したがって中村自身もシャムに関心を持っていたものと思われる。

中村は一九一三年秋、東京大学心理学実験室で松本亦太郎に会って、シャム日本交通史料の整理について話を聞き、それから当時芝園橋にあった借家に住んでいた藤吉と会った。その家ではシャムの大小の仏像が置かれ、異様な情調が漂っていたという。そこで話し合いをして、日本の古文書をそのまま提出しても分かりにくいので、英語の解説文をつけることになった。英語の解説文については藤吉も参加しておこなった。一九一四年（大正三年）夏までには、その作業が完了した。その表題は「暹羅日本交通史料」(6)というものであり、二巻からなっていた。これを船便でシャムに送った。第一次世界大戦が始まり、その影響で船が予定の日にシャムに到着せず、拿捕されたか、撃沈された可能性が考えられた。しかし、船は避難しながらもシャムに到着し、史料はラーマ六世に無事献上された。

シャム国王も満足して、国王の紋章入りの黄金細工の巻煙草入れの箱が内田と藤吉に贈られた。しかし、内田銀蔵は一九一九年欧米からの帰国後病気で死亡したので、遺族にその品が渡された。(7) 苦労して集められた史料はバンコックにある王立図書館の歴史亜細亜部に納められていたが、(8) 今はどうなっているのであろうか。高温多湿の中でどう保存されたのであろうか。

藤吉もその史料収集を受けて一九一四年（大正三年）に「山田長政を憶ふ」という論文を『学生』五巻二号に発表している。藤吉なりにシャムにいるころから日本との交流の歴史に関心をもっており、その勉強の成果の一つがこの論文であった。シャムの歴史調査を目的として一九〇四年二月二六日暹羅学会（Siam Society）が結成され、その会長はW・R・D・ベネット、事務局長にフランクフルター博士が選ばれた。藤吉は理事として関わり、オリエンタル・ホテルで開催された創立総会には稲垣満次郎も出席していた。(9) 暹羅協会での活動を通して、オランダ語で書かれたシャムの歴史書がフランス語に翻訳され、そこから、オッヤ・セーナー・ピモック（陸戦の神という意味）なる人物が山田長政であることが判明した経緯をこの論文の中で書いている。シャム名が与えられてからは、日本名の山田長政という名前が使われなくなったことを明らかにした。(10) 藤吉が山田長政に入れ揚げていたことが分かる。

これが日本中に山田長政の名前が知れ渡るきっかけとなった諸要因の一つであった。(11) 「暹羅日本交通史料」の整理を完了し、藤吉が山田長政の論文を発表した翌年に、大正天皇即位大礼を記念して山

東京下渋谷私邸応接室にて（1915年頃）

田長政に従四位が贈られた。これは偶然の一致ではなかった。この史料は日本がシャムに進出する歴史をまとめたものであり、過去の歴史だけでなく、今後も日本が南に進出することを期待する動きにはずみをもたらす役割を担ったものと思われる。つまり、「富国強兵」を目指す日本で主張され始めた南進論を促進する役割を持ったと言えよう。特に、藤吉より長くシャムに滞在し、約三〇年シャムで活躍した三木栄が書いた『日暹交通史考』（古今書院、一九三四年）や『山田仁左衛門長政』（古今書院、一九三六年）(12)とともに、戦前の山田長政像を形成する役割を果たしたと言えよう。

シャムとのつながりのある仕事として、日本にやってくるシャムの皇族の接待があった。たとえば、一九一五年（大正四年）一月二七日カムペングペチ殿下同妃殿下の一行七名がアメリカからの帰国の途中、日本に寄った。政尾は横浜港まで迎えにいった。二九日麻布霞町にあった公使館で午餐会が開かれ、政尾もそれに参列した。(13) その時の公使は四代目になるビヤ・チャムノング・ジイタカーンであり、一九一一年から公使であった。

日本に留学に来ていた官僚貴族の家系出身であるモムラチャオン・ナクサン殿下（通称クンちゃん殿下）は藤吉の家に寄宿していた。(14) 彼は一九二〇年はじめ来日した陸軍軍人（当時少佐）のパホンと一緒に日本にやって来た。パホンは日本に注文した大砲の検査とそれを操作研修を受けるために、一年四カ月日本に滞在した。ナクサン殿下は一九二〇年四月学習院初等科二年生に入学し初等科六年になるまで在籍した。学習院の学籍簿にはナグサット勲（政尾勲とも表記されていた）と表記されていた。勲は多分クンという名前からつけられたのであろう。当時藤吉の姪である原田貞子が一七〜八歳で藤吉の家から学校に通っていたので、クンちゃん殿下と仲良くしていた記録が残っている。(15) 藤吉が死亡後も学習院に通っており、光子が世話を続けたものと思われる。その後はどうなったか不明である。これは藤吉がシャムの陸軍とも関わりを持っていたことを示すエピソードと言えよう。(16)

3　シャム日本人会会長に就任

日本に帰国した藤吉であるが、一九一六年から一七年にかけて、シャム日本人会の会長になった。三谷足平に続いて二代目の会長であった。一九一三年九月一日にシャム日本人会が結成されたが、ちょうど藤吉が日本に帰国した直後である。しかし、藤吉は日本人会の結成を支援する活動をしていた。三谷が会長を退いた後、結成の経過をよく知っていた藤吉が二代目の会長に選ばれたのであろう。日本人会の前身、日本人倶楽部の会長にもなっていたからである。しかし、藤吉は日本に滞在しており、衆議院議員として活動していたので、シャムに居住する日本人を世話することは現実には不可能であったであろう。多分補佐役の人がバンコックでいたと思われる。もしかしたら三谷足平がその役についていたのではないかと思われる。日本にいた藤吉が会長にならなければならなかったことは、当時二〇〇〜三〇〇人しかいなかった日本人の相互扶助組織は組織としてまだ弱体であったことを示しているようである。あるいは衆議院議員に出世した藤吉の名前を使うことによって日本人会の権威づけに利用したのかもしれない。一九一八年には三代目として三井物産の加藤尚三に交代したが、四代・五代・七代・八代の会長は不明である[17]。藤吉がシャム公使であった時の会長も不明である。第九代は植木房太郎（一九二六年〜一八二八年）で、彼の提案で日本人学校が一九二六年設立され、在留邦人の子弟一六名で開校した。

4　第一二・一三回衆議院議員選挙に立候補する経緯

藤吉はシャムで約一六年滞在していたが、日本の情報はきちんとフォローしていたのではないかと思われる。浦島太郎ではなかったということである。お雇い外国人としての契約によって、一年経過すれば休暇を取って日本に帰ることができた。ただどの程度その条件を行使したのかわからないが、五～六回は日本に帰国していたのではないか。さらにシャムでは何種類かの英字新聞が発行され、それに日本の情報が掲載されていたので、大きな動きは掴んでいたのではないかと思われれる。

帰国後の仕事として持ち込まれたのが一九一五年三月二五日実施された第一二回衆議院選挙の出馬であった。藤吉としてはこれまでの経歴にふさわしい仕事を捜したであろう。そこで決心したのが衆議院選挙への出馬であったであろう。藤吉の特異な経歴はマスコミに騒がれたこと、貧しい商人の息子がエール大学で博士号を得て、シャムでは準皇族として扱われたことは注目の的になった。洋行帰りのハイカラさが買われる時代であり、それを活用して立候補すれば当選の可能性もあった。一七歳で大洲を離れてから、郷里に帰ることの少なかった藤吉が、市部と郡部という大選挙区制が採用されていた時期に、選挙にでて当選することが可能なのかという不安を持ちつつ立候補したであろう。

衆議員議員選挙法が改正され、大選挙区単記無記名投票、選挙人資格は二五歳以上の男子、直接国税一〇円以上、被選挙人資格は三〇歳以上の男子、納税資格は廃止された。独立市部は人口三万以上(四二市、六一名)とし、郡部は人口一三万人に定員一名、二六万で定員二名、以下一三万ごとに定員一名を加える。これで定員三六九人となった。これは一九〇〇年三月公布された。

選挙に出馬するために藤吉は政友会に所属した。東京専門学校を創設した大隈重信は憲政会の創設にかかわっており、憲政会と政友会は敵対する関係にあった。第一二回衆議院議員選挙は、第二次大隈内閣の下での総選挙であり、政友会にとっては厳しい環境の中での選挙であった。立憲同志会が与党であり、解散時に政友会は第一党であったが野党の立場にたっていた。大隈内閣のもとで政友会系と目される地方官が更迭されたり、選挙干渉によって政友会はきびしい選挙活動を強いられた。大隈重信にとって敵である政友会に入会した藤吉は東京専門学校の卒業生からは裏切り者とされた。そのために早稲田から国会議員になった卒業生が年一回会合を開いているが、藤吉は一度も出席していない。

なぜ藤吉は政友会に入ったのか。帰国後、藤吉は九鬼隆一やすでに内務官僚になっていた隆一の三男の三郎、自分の二人の実弟に相談したであろう。藤吉がシャムに行くきっかけを作ってくれた小村壽太郎は一九一一年（明治四四年）一一月二六日五七歳で死亡しており、相談相手として義父や義弟、実弟しかいなかったであろう。その時九鬼隆一から相談するよう勧められたと思われるのが中橋徳五郎である。中橋は九鬼隆一の次男一造の妻ヌイ（縫子）の父である。ヌイと一造が結婚した時期をつかむことができなかったが、一九一四年か五年であろうと思われる。長男隆一郎が一九一六年五年七月に生まれているからである。ヌイは次男隆造を一九一七年九月に出産したが、一造はその前に一九一七年二月二〇日に死亡した。そこで四男の周造は東京帝国大学大学院の特選給費生であったが、一九一八年一月二三日分家して、同年四月一七日にヌイと結婚した(18)。周造とヌイは一九二一年九月の藤吉の葬儀のあと一〇月に約八年間にわたるヨーロッパへの留学に旅立っていった。九鬼と中橋が親戚関係になる前から中橋と九鬼隆一は交流があったようである。というのは隆一の妻波津子を巣鴨病院に入院させるために提出した一九〇六年（明治三九年）一月の病院長あての申請書の中で、中橋の名前が見えるからである。それには中橋は大阪商船会社社長の肩書きになっている[19]。

以上のとおり藤吉と中橋とは親戚関係になる。中橋徳五郎（一八六四年～一九三四年）は、金沢藩士斉藤宗一の五男として金沢に生まれ、一八八四年（明治一七年）中橋家の養子となる。一八八七年家督を相続する。一八八二年東京帝国大学法科大学選科に入学して英法を学び、大学院で商法を専攻後、判事試補、特許局審査官、農商務省参事官、法制局参事官、衆議院書記官、逓信省参事官、監査局長、鉄道局長を歴任する。一八九八年（明治三一年）官を辞し大阪商船会社の社長、日本窒素、南満州鉄道、宇治川電気等の重役を兼ねて実業界で活躍していた。一九一二年（明治四五年）大阪市政記者団の推薦で衆議院選挙に出て当選した。一九一四年（大正三年）一一月大阪商船社長を退いた後、立憲政友会に入党した。原敬とは彼が大阪新報社長時代から親交があったが、もっとも親友であった奥田義人の勧めによって政友会に入った[20]。藤吉から相談を受けた時には政友会に所属しており、中橋が政友会に入会することを勧めたのではないかと推測される。もっと積極的に政友会から立候補することを勧めた可能性も大きいのではないかと思われる。中橋は一九一五年（大正四年）の選挙では金沢から立候補したが落選した。しかし、その選挙が無効となり再選挙となって当選した。一九一七年（大正六年）の選挙では永井柳太郎と対決したことで有名になったが、当選して政友会総務につくと同時に、一九一八年（大正七年）原内閣の時には文部大臣になって、高等教育機関の拡充に尽力したことで知られている。

藤吉が原敬に個人的に親近感を持ったのは、原敬が若いころキリスト教の洗礼を受けていることがあげられよう。一八七二年（明治五年）秋の終わり頃、フランス人マリンが教える神学校に入り、そこで一年半キリスト教の勉強をし、洗礼を受けて「ダビデ」という名前をもらった。神学校にはいったのは、宣教師を目指していたのでないかと推測されている[21]。藤吉も若いころ、宣教師になることを目指して関西学院で神学の勉強をし、バンダビルト大学にも留学しており、親近感を持ったのではないか。

さらに原敬の外交政策としてアメリカとの関係をもっとも重視していたことが、アメリカに留学した藤吉にとっては好ましく思われたのではないか。日清・日露戦争以来、軍事力によって大陸での権益を拡大しようとする政策をやめて、原敬は国際的な平和協調によって、特に英米との協調によって外交を進めようとする政策を選んだ[22]。それに藤吉は親近感を覚えたものと思われる。

政友会は一九〇〇年九月一五日創立された。伊藤博文が総裁、原敬が一一月から幹事長に就任した。二代目の総裁として西園寺公望が就任した。しかし一九一三年に桂太郎内閣の内閣不信任案撤回を示唆する勅語が西園寺に下ったが、政友会をその勅語に従わせることができなかったことから、総裁辞意を申し出た。その後任として原敬が適当がどうかの疑義はあったようであるが、一九一四年六月一八日、政友会臨時総会で原敬が第三代目の総裁となった。藤吉が入会した時には原敬が総裁となっていた。

政友会は四大政綱を打ち出した。第一に国際協調、特に英米との協調、第二に教育の普及、とりわけ高等教育機関の拡充、第三に産業基盤の整備に力を注ぎ、港湾改良や鉄道建設のように公共事業をやって地域の振興を図ること、第四に鉄鋼・造船・化学という基幹産業の振興をはかって、党勢の拡張につとめた。

藤吉と政友会とのつながりを強める婚姻関係が二つある。一つはチトセと木下三四彦との結婚である。藤吉の妹である矢野ヤスと竹三郎との間で生まれた長女チトセを藤吉と光子の養女として一九一七年（大正六年）五月一七日入籍した。その前後にチトセは東京の藤吉の家にやってきて、光子から花嫁修業を受けた。釧路に籍のあった木下三四彦と結婚し、一九一七年七月二七日に届け出た。両者が結婚に至った経緯は不明である。

木下三四彦は一八八三年（明治一六年）一二月二二日室蘭で生まれ、木下成太郎の弟であると同時に養子になった。成太郎（一八六五年～一九四二年）は但馬豊岡藩の家老の家に生まれ、大学予備門に入学するが健康を害して郷里に帰る。その後自由党に入って政治活動に打ち込んだが、保安条例に違反したとして東京外三里に放逐された。そこで父木下弥八郎のいた室蘭に渡り、ついで厚岸町で漁業と農牧畜業を経営して成功した。木下弥八郎は兵庫県豊岡家老職元智の長男として生まれたが、一八八二年北海道に渡った[23]。弥八郎の長男である成太郎は一九〇七年（明治四〇年）政友会から北海道議会議員に当選し、一九一二年には衆議院選挙で当選した。政友会北海道支部幹事として活躍し、一九一七年には幹事長、一九二一年には支部長になった[24]。一八歳年下の弟であり、同時に養子になった三四彦は第五高等学校を経て一九一二年東京帝国大学法科大学英法科を卒業し、一九一三年三月一日札幌弁護士会に登録して弁護士となった。後には札幌市議会議員や北海道議会議員を歴任し、一九四八・四九年には札幌弁護士会会長となった[25]。チトセとの間には二子（圭紹と城志子）が生まれた。

もう一つは次女久子と原敬の養子となった貢（奎太郎）との結婚である。貢は藤田銀行取締役であった上田養記と栄子の次男として一九〇二年（明治三五年）七月に生まれたが、一九一一年（明治四四年）一二月一二日に原敬夫妻の養子として入籍した。栄子は原敬の長兄恭の長女であった。原敬にとっては姪の子を養子にしたことになる。貢は原敬の大阪の家でうまれており、一九〇四年（明治三七年）東京に帰ってからは、栄子が二八歳で死亡したので、原家で養育されていた。したがって実子とほとんど変わらなかった[26]。一九二一年（大正一〇年）一一月四日、原敬は政友会京都支部大会に出席するために東京駅に出向き、その改札口近くで、大塚駅転轍手の中岡艮一に胸部を刺されて死亡したが、その時貢は二〇歳になり、その一カ月前イギリス遊学にでかけ、その船の中で父の訃報を知ったという。久子と貢の結婚は原敬の死亡後の一九二五年一〇月七日である。一九二七年（昭和二年）八月には長女ミサ子が生まれている。久子と貢の結婚について藤吉も承知していたことであろうか。

二人はその後離婚した。

大隈内閣は軍部の要求を入れて海軍拡張と陸軍二個師団の増設を認めようとしたが、衆議院では野党の政友会が多数を占めており、与党の立憲同志会が少数であったために否決された。それがきっかけで一九一三年衆議院が解散した。

藤吉は地元である大洲とのつながりが薄かったのに、なぜ立候補できたのか。「大正時代前期には、政友会・立憲同志会（のち憲政会）ともに本部―支部の系列化が進むなかで、愛媛県支部は本部の指示と意向を受け、本県出身で中央の実業界・官界・法曹界・言論界で活躍する人物を擁立するようになった」(27)。この結果藤吉も政友会本部からの指示で愛媛県郡部の選挙区から出馬できたと言えよう。中橋徳五郎の推薦が効いたのであろう。その前提として、それまで政友会から連続二回当選していた伊予郡出身の武市庫太が先の国会で二個師団増師案に賛成したために、一九一四年一二月二五日に政友会から除名された。そこで、政友会はその後の候補者を捜していたという事情があった。伊予郡の隣の郡である喜多郡出身の藤吉に白羽の矢があたったのである。一九一五年三月一日開かれた政友会伊予郡大会で満場一致で藤吉を最適任者として推薦することを決めた(28)。これを受けて政友会愛媛支部も藤吉の立候補を確定し、政友会本部が公認候補として三月一八日決定した(29)。先の選挙で当選したが、無効となった成田栄信も立候補の公認を求めていたが、先に藤吉の公認がきまった。成田は立候補にこだわり、結局公認を取りつけた。政友会から四名が立候補することになった。

藤吉は立候補にあたって次のコメントを出している。

「私は教育の関係からしても又境遇の必要からしても外国の事情に能く通ずる様になったので、日本人の外国通として自ら任じて良心に恥づる所がないと思って居る、日本の議会を見渡すと総選挙の度毎に多少は変るが何うも顔触れが段々古くなって、新分子の這入って来ることが甚だ少いように思われる、殊に過去二十五年間海外にあって冷静な頭で、日本の経済上、財政上、政治上の状態を見るに日本は外国通に欠けて居る、随って外交が下手である、例へば政友会の如き大政党が政府を引受ける時でも外交の局に当る者がない、何時も他から頼んで来るそれでも尚甚だ貧弱で戦には勝っても外交には負けて居る、そこで自分の抱負としては、自分は必ずしも政友会から外交の局に当るとは言わぬが、自分の如きものが政友会から何十人となく出て然る可き筈だのに、一向出ないから、私は其何十人の一員となりたい希望から率先して出る気になったのである。殊に私は機会があれば亜米利加問題に力を注いで見たいと思って居る、それは未だ私が少壮の時分にオハイオ河以南の諸州で教育を受けた関係から亜米利加憲法の成立の由来各州に対する中央政府の権限等を普通の人よりも比較的能く理解して居るので亜米利加問題に対しては多少自負する所があるからである」(30)。外交とくにアメリカの問題を担当したいという希望を出している。当時、日本人排斥運動がアメリカで起きていること、日本が東アジアで勢力を拡大していることに対してアメリカがいらだっているという二つの問題が控えていたことから、以上のコメントが出されたのであろう。シャムを中心とする南洋問題について何もふれていないのが不思議ではあるが。

一九一五年三月二五日の第一二回衆議院選挙では、愛媛県郡部の選挙権者は二万四七二三人であった。政友会は古谷久綱を東西宇和・周桑・宇摩郡、渡辺修を南北宇和・越智郡、成田栄信を温泉・新居郡、藤吉を喜多・上浮穴・伊予郡に割り当てた。藤吉は最下位で当選した。得票数二一七七票で、喜多郡で一〇八三票を獲得した。この時の選挙では政友会つぶしの運動がなされたが、愛媛県ではその影響が小さかった。一一回の衆議院選挙では政友会から四名、国民党から三名、無所属一名という構成であったが、一二回では立憲同志会四名、政友会三名、中正会一名になっている。政友会と立憲同志会が逆転したが、政友会の数が極端に減少したわけではなかった。立憲同志会の才賀藤吉が八月に死亡したために、次点の成田栄信が繰上当選した。しかし、三月二一日から二四日にかけて古谷・渡辺・政尾・成田の政友会の幹部運動員が酒食饗応の容疑で一斉に逮捕され、選挙事務所が捜索された。愛媛県では政友会は健闘したが、全国的には政友会の議員の多くが落選し、二〇二の議席が一〇四にまで減少し、第一党の地位を失った。第一党は立憲同志会（後に一九一六年一〇月一〇日に憲政会となる）で九五から一五一議席まで伸ばした。

一九一七年四月二〇日の第一三回衆議院選挙においては、愛媛県郡部選挙区では政友会からの立候補者全員が当選した。古田・成田・藤吉の三人の現職に河上哲太（国民新聞記者）と藤野正年（堂島米穀取引所理事）が立候補した。藤吉は二一五二票を得て当選した。喜多郡で一一八八票、北宇和郡で四八八票を得た。それに対して憲政党では押川方義以外の候補者は落選し、特に本部幹部の竹内作平が落ちたのは予想外であった。

藤吉はどのように選挙運動を進めたのであろうか。第一二回選挙では一九一五年二月二五日に郷里に帰り、小西旅館に選挙対策本部を置いた(31)。吉岡寿平、姫野覚弥、福山安逸、松原琢巳、玉木亀三郎、浅田千代吉、城戸市太郎、赤松傳三郎（藤吉の弟である覚治郎が養子にいった先）、久保一郎、嶋田仁吉、玉城恒吉、夏井保四郎、森住太郎、梅原忠三郎らが大洲町からの初めての立候補の応援をおこなった(32)。各地で政談演説会を実施し、郡中町の寿楽座で演説をおこなったことが記録されている(33)。さらに海南新聞によれば喜多郡柳沢村光福寺、天神村天満座、久万町福井座、喜多山村栖源寺、大洲町末広座等々で演説会を実施している。応援として勅選貴族院議員岡喜七郎、久松定夫、さらに友人の高山長幸らが東京からやってきていた(34)。

愛媛新報には皮肉な、あるいは悪意に満ちた書き方で藤吉の選挙活動について述べている。「当時は自動車の便なく、喜多郡入りをするには船で長浜港に上陸するか、高浜から伊予鉄列車で郡中に出で、郡中から馬車に揺られて喜多郡に入るか、又は上浮穴郡は森松街道を馬車に拠らねばならぬのであった。陸の最も進んだ当時の交通機関より他になかったのである。彼は恰も王者の如く勿論シャムでは王者待遇であったろうかも知れぬが、一個半個の衆議院議員に出ようと云うのに於ては路傍の人に過ぎぬ。而して投票を有権者から頂戴せねば議員にはなれぬのだ。よく云っても悪く云っても物貫ひではないか。夫れが馬車六臺位は借切って漫幕を張り、政尾君の定紋を附し房を垂らしてガタゴト、ピーと中山街道から内田街道を突走って得々たりしと云うのだから稚気満々、暹羅の王者も伊予に帰っては昔彼が十六、七歳頃に遣って居た芝居気が出るものかなと嘆ぜさせられ『雀百迄』『お里は争はれぬ』と郷土人の心あるものは痛嘆したのであった[35]」。

「彼が油屋旅館の大広間の床の間の真ん中に泰然として大胡坐をかいて酒杯を親族知己先輩、即ち世話になった範囲の極く少人数の人達と交はして居る處へ、彼の前主人たる某（特に名を秘す）が遅ればせに来て見ると、某男は末座の方へ据るようになって居た。カッとなった短慮の彼の男は「政尾無礼なり、如何に偉くなろうとも主人に変わりはないぞ、下へ直れ」と居丈高になったものだ。座は白けた。之には如何に剛腹な政尾君も詮方なく下座に下がって、旧主を床の間の中央に置いたと云うことだ[36]」。前主人と表現されているが、多分郡中で世話になった人のことではないかと思われるが、藤吉が郷里の人々に冷たかったことを言いたかったために、上のエピソードを書いたのであろう。藤吉自身の考えでは、郷里の人々にほとんどお世話になることなく、これまでやってきたという自負を持っており、今回衆議院選挙でお世話になったにもかかわらず、それが態度に現れて、郷里の人々との間で感情の行き違いを生んだのでないかと思われる。

さらに一九一五年九月六日政友会中四国大会が松山の新栄座で開かれて、原敬・床次竹二郎・江藤哲蔵・三土忠造・望月圭介・中橋徳五郎・児玉良太郎らを含めて約一五〇〇名が参加した。愛媛県支部長夏井保四郎が開会の辞を述べ、岡喜七郎が議長となり、宣言案を可決した。夕刻には原敬歓迎会が県公会堂で開催された。藤吉も当然参加し、五分間の演説をおこなった(37)。その後翌日から床次竹二郎とともに今治・西条・大洲などで遊説を続けた(38)。一二回の衆議院選挙で第一党の地位を明け渡したことを受けて、政友会の勢力拡張のてこ入れがおこなわれ、藤吉もそれに参加した。

一九一五年五月二〇日第三六回衆議院の開院式が開催され、藤吉ははじめて出席したが、その時の衣装が注目を浴びた。「華やかな大綬中綬を胸狭きまでに掛けた例の暹羅准皇族政尾君の周囲には田舎議員がこれはなんだと人垣を築くと一頸の中綬が白像勲章胸の大綬が王冠大綬章さ、此外に皇族勲章があるが今日は掛けないが何れも倫敦第一の宝石商ベンスンの製作だ(39)」と記事にされている。

一九一六年四月には衆議院議員であることを受けて、勲三等瑞宝章を受領した。勲四等はすでにシャムにいる頃に受けていたので、ワンランク上がった。

一九二〇年（大正九年）五月の第一四回衆議院選挙に出馬しなかったので、約五年間の衆議院議員の間に藤吉はなにをやったのであろうか。そのうち七〜八ヵ月は海外に行っていたので、正味四年と少しである。

愛媛新報は、藤吉が郷里のために何等の行為をしていないことを指摘している。多分郷里に帰ることが少なく、郷里の支持者のさまざまな要望（就職や進学の斡旋や建設工事請負の斡旋等）に答えることに熱心でなかったことを指しているのであろう。つまり、選挙区民のための利益誘導に熱心でなかったということであろう。しかし、東京・代官山の自邸に郷土の者を書生として勉強の便を図っていることは指摘されている。追悼録にも藤吉の援助をうけていた今井常一という東京帝国大学法学部の学生がエッセイを載せている。彼はその後弁護士となって活躍した。代官山の家が広かったので、それができたのであろう。さらに、シャムから帰国後正月には、旧大洲藩出身者の学生のための寄宿舎である肱水舎[40]の学生を自宅に呼んでごちそうを出し、一日楽しくすごしたという。歌留多やトランプをして楽しんだという。また築地の鶴澤仲助師匠から習っていた義太夫をうなったであろう。「太閤記十段目」「弁慶上使」「玉藻前三段目」が得意であったという。浄瑠璃を得意とした父の影響があったのであろうか。それとも一〇代のころに一時旅芸人の一座にいたことの影響であろうか。

5　衆議院議員としての活動内容

次に藤吉の衆議院での仕事を見てみよう。

(1)　郷里にかかわる仕事

郷里に関わる仕事、つまり郷里にかかわる政策の実現に努力している。その事例を見てみよう。

一九一七年六月三〇日の予算委員会で、藤吉は南予地方で製糸工場が発展しつつあることから、日本銀行の支店を愛媛県に設置することを要望している[41]。

一九一七年七月二日の予算委員会第一分科会（外務省、司法省および文部省所管）会議で、藤吉は四国に高等学校、高等師範学校、高等専門学校もないことを指摘し、高等教育機関の配置が不公平になっており、四国の中学校を卒業した学生の進学問題の解決について質問している。政友会の高等教育充実という政策に合わせた質問であると同時に、四国の高等教育の改善のための学校の設置を求めている。(42)

一九一九年二月二五日から始まった四国海岸循環鉄道建設に関する建議案外二件委員会の委員となり、利益の多い松山宇和島間の優先的な鉄道建設の要望を述べている。(43)さらに一九一九年三月二五日から始まった愛媛県今治港開港に関する建議案委員会の委員にもなっている。この委員会では委員長を勤めた。(44)海に囲まれた四国に重要港を複数もうけることを主張し、綿織物の輸送が増えており、県費で防波堤を建設することを決めている今治港の建設促進を一九一九年三月二五日の衆議院本会議で提案している。(45)これは政友会の産業基盤整備によって経済発展を図ろうとする政策の一環でもあった。

以上の郷里にかかわる問題の他に、次のような委員会や本会議で審議に参加している。

(2)　第二次大隈内閣（一九一四年四月一六日成立）のもとでの委員会と本会議

一九一五年五月二〇日に第三六回帝国議会衆議院開院式と勅語奉答文起草ノ件委員会に出席したが、その一週間ほどあとの一九一五年五月二九日衆議院本会議において「責任支出問題」について質問している。(46)これは大隈内閣のもとで、政府が帝国蚕糸株式会社に交付した五〇〇万円を含めて、六〇〇〇万円という巨額のお金を米価調節、水道港湾補助、臨時軍事費等に支出した。この場合には次期の帝国議会に提出して承諾を得るのが憲法の規定であるが、次期の議会とは次期の通常議会であると解釈して、開かれようとしていた議会が臨時議会なので提出されなかった。これが憲法違反問題をひきおこしているのではないかと指摘して、憲法違反を避けるためにどのような方策を考えているかを質問している。これに対して、政府は予備費を増額すると答えているが、それに対して、藤吉は英国流の支出検査機関の設置を提案している。会計検査院では対応できないことを根拠としている。この質問は大隈内閣を追求するものであり、藤吉が議員になってすぐの議会で追求したために、恩師に弓をひくとして早稲田の卒業生としての評価が低下する根拠となった。しかし、藤吉は大隈から直接教わったことはないであろうし、卒業した学校の創設者であるから創設者と同じ政党に属し、同じ政治的見解を持つべきであるというのはおかしいことである。批判的意見を述べたといっても、それは見解の相違であり、そのこと自体で卒業生としての評価が低くなるというのは藤吉としては承服しかねたであろう。

一九一五年一二月九・一〇日に「大正四年田租第一期分延納ニ関スル法律案委員会」に出ている。(47)

この法案は米価が下落して農家が困窮に陥っているのを救済するために米価調節するための委員会において、田租第一期の納入期限である一月一五日を延納して翌年度の六月一五日まで延ばすという案が検討された。これで一一一八万円分の延納になるが、それによって米価が下落するのを少しでも抑えようという提案である。農家では田租の支払いのために米を売ると、米が市場に多く出回り、米価が下がるので、それを延納によって遅らせるというねらいである。この法案についての審議の場では、藤吉の出番はなかった。

一九一六年二月一八・二二・二三日に華族世襲財産法改正法律案委員会に出席している(48)。藤吉の妻光子は男爵である九鬼家出身であり、華族問題には無関心ではいられなかったであろう。一八八四年華族制度ができ、一八八六年華族世襲財産法が制定された。これは華族がその家格や体面を維持するに必要な範囲で世襲財産を設定することが義務になっていた。これは華族としての特権の一つである。というのはこの世襲財産に対しては原則として第三者が所有権、質権、抵当権を主張することができないからである。改正では義務制を廃止し、宮内大臣に認可を申請して世襲財産設定が認可される制度に切り替えた。特別な保護があるが、逆にそれをうまく運用して利益を生み出すことが難しくなる。たとえば財産の譲渡禁止、質権抵当権設定の禁止、株券の利益または利息の配当を受ける権利の譲渡禁止、質権抵当権設定の禁止、地上権および永小作権設定には宮内大臣の認可の必要性等々の制限がある。ところが華族の中には生活に苦しくなる者が生じてきたために、世襲財産の義務制を廃止して、認可制に切り替えたのが、改正の中心点であった。藤吉はこの委員会では多くの発言をしている。この世襲財産制を華族だけでなく多額納税者にも拡大したらどうかという提案をしたり、宮内大臣が世襲財産を認可しない場合には世襲財産審議会に諮問されるが、その審議会の組織を宮内大臣に任すことが宮内大臣の権限を大きくしすぎるので法律で決めておくべきではないかという提案をしている。

これらの提案は否決されて、政府提案通りで可決された[49]。

一九一六年二月二五・二六日に国籍法中改正法律案委員会に出席して発言している[50]。国際問題への関心の強い藤吉としては、この国籍問題にも関心を抱いたであろう。国籍に関する最初の法律は一八九九年制定された国籍法であるが、基本的に血統主義を採用し、帰化・婚姻・認知・養子縁組等の身分行為による国籍の取得を認めた。この国籍法を改正して、出生による国籍の取得について、血統主義と出生主義との抵触によって生じる二重国籍問題の解決を目指した。アメリカのように出生主義を採用している外国で生まれた者はその外国と日本国籍の両方を取得し得るが、これまでの国籍法では二重国籍を解消できなかった。そこで改正法では内務大臣の許可で、日本国籍を離脱できる規定をはじめて設けた。さらに日本人が外国人の妻となって夫の国籍を取得した時は、日本国籍を失う規定が設けられた[51]。それまでは当然日本国籍を喪失するものとしていた。

提案された法案通り可決されたが[52]、藤吉はアメリカで生まれた日本人の子は日本とアメリカの二重国籍を取得するが、それを認めても何も不都合ないのではないかという質問を出している。これには、もしアメリカで生まれて日本とアメリカの二重国籍を有する日本人に、排日運動の結果、アメリカでの選挙権やその他の権利行使を制限されたり没収されるおそれがあるので、その場合に日本国籍から離脱することを選択できる規定を設けておくことが必要であると答弁されている。アメリカで排日運動がしだいに激化してくる状況の中で、在米日本人の不利益を排除するために、日本国籍離脱を認める規定を導入しようとしていた。アメリカに五年も滞在し、排日運動を懸念して日本に帰国した藤吉にとっては無関心ではいられない問題であったであろう。

(3)　寺内内閣（一九一六年一〇月四日成立）のもとでの委員会と本会議

一九一七年六月二三日に第三九回帝国議会衆議院開院式と勅語奉答文起草ノ件委員会の委員となった。

一九一八年二月二・六・七・九日に朝鮮事業公債法中改正法律案外（樺太事業公債法案）委員会と本会議で発言している。

この委員会では委員長になり、一九一八年三月二七日開催の四〇回議会で次のように提案理由を説明している(53)。朝鮮での鉄道建設、改良、車両の改良のために公債の発行額を、九六〇〇万円から一億六八〇〇万円に増額すること、さらに樺太に鉄道を敷設するために五五〇〇万円を限度とする公債の発行を認める法案を提案している。これは朝鮮および樺太での植民地経営のためのインフラストラクチャーの建設資金の調達を求めた法案であった。

一九一八年二月二八日、三月二・五日・七・九・一二・一三・一六・二三・二五日の一〇回にわたって共通法案委員会(54)と本会議でも発言している。

一九一八年三月二七日の本会議では、藤吉は共通法案の提案説明をおこなっている(55)。これは内地と植民地の法規が抵触する場合の解決を明確にすること、内地人と植民地人との婚姻・親族関係を整備すること、植民地の会社の内地での支店や工場の取扱方を整備すること、植民地での破産手続に内地でも同様な効果を認めること、植民地の犯罪者が内地に逃亡した場合の取扱を整備すること、植民地の犯罪者が内地で犯罪を犯した場合に再犯加重の原則を適用することを認めることを定める規定を持つ共通法案の内容を説明し、可決されることを希望する趣旨を述べている。これは朝鮮や台湾が植民地であるために、純粋の外国とは異なるために、できるかぎり内地と同様な取扱をすることを明確した法案である。内地法律延長主義を採用しており、植民地に対する同化政策を法律の面から強化したのがこの法案である。その後、この方針は一九二一年に成立した「台湾ニ施行スベキ法令ニ関スル法律」に明確に示されている。この委員会では東京専門学校時代の同級生であった山田三良が法制局参事官となり、政府委員として出席していた。この問題は国際私法の領域の問題であり、藤吉も得意とする分野であったので、委員長に推薦されたものであろう。

藤吉は政友会の中で、国会会期中に設けられた政務調査会で第一部（外務、司法、文部）で理事、部長や副部長、また会期終了後もうけられる臨時政務調査会では第二部（外務）の副部長や部長を歴任し[56]、右に述べた衆議院での仕事は、政友会内での役割分担にあわせて担当している。さらに一九一八年八月一五日に設置された生活資料に関する件特別委員にもなっている[57]。これは一九一八年七月二三日富山県魚津町の女性の漁民の県外移出米積出拒否を皮切りに発生した米騒動に対する対策をたてるために情報収集し、米価調節についての政策を提言する委員会であった。

(4) 原敬内閣（一九一八年九月二九日成立）のもとでの委員会と本会議

米騒動への対策を批判されて寺内内閣が総辞職した後、衆議院に議席を持つ首相としてはじめて原敬が選ばれた。政党政治のはじまりであった。アメリカの政治を見てきた藤吉としては、政党政治を支持する側に立つのは当然であったであろう。さらに薩摩・長州・土佐・肥前といった明治維新時に活躍した藩の出身でもないし、帝国大学出身でもなく藤吉としても政党政治を支持する側に立たざるをえなかったであろう。

一九一九年二月二五日に決議案起草ノ件委員会の委員として、一九一九年一二月二六日に第四二回帝国議会衆議院開院式と勅語奉答文起草ノ件委員会の委員として出席した。

一九二〇年一月二三・二六・二八日に大正八年勅令第三〇四号（承諾ヲ求ムル件）委員会では委員長になり、一九二〇年二月一〇日の衆議院本会議で、承諾を求める理由を説明している。「戦争中ニ敵国ニ於テ帝国又ハ帝国ノ法人、又ハ個人ガ受ケタル損害ガアル、此損害ノ支払ニ充ル為メ、帝国ノ版図内ニ在リマス所ノ敵国、又ハ敵国ノ法人、又ハ個人ニ属スル財産、又ハ債権ヲ担保トシテ押ヘテ置イテ、管理シテ置ク、ソレガ此勅令ノ目的デアリマス(58)」と説明し、一九一九年第一次大戦後の講和会議の経過からこのような措置を取る必要があることを述べて、本会議での承諾を求めている。

一九二〇年二月五・六日では少年法案外一件（少年法案・矯正院法案）委員会の委員として出席しているが、ここでは少年の犯罪を審判するために少年審判所を設けるための法案が審議されたが、藤吉は発言していない[59]。

一九二〇年二月一九日に府県制中改正法律案外八件委員会[60]では、委員として出席している。これは地方自治制度の改革を目指しており、郡制や郡長・郡役場の廃止、府県制や市制・町村制の改正をおこない、町村財政の負担軽減と地方制度の簡素化を図るものである。これは地方自治を若干拡張することになるので、当然中央官僚からの反発があり、この四二回議会では成立に至らず、四四回議会でやっと成立した。原内閣の重要政策の一つであったが、そのねらいは地方に政友会の勢力を拡大することにあると同時に、地方自治への配慮を示し、大正デモクラシーの高まりを反映していると言えよう。藤吉もこれに賛成の立場で委員会に出席している。

一九二〇年二月二四・二六日に国有財産法案委員会では、藤吉は委員長として議事進行に心を砕いている[61]。それまで国有財産の管理については統一した法律がなかった。各省が管理していたが、はじめて大蔵省が統轄して管理する制度を導入した国有財産に関する基本法がこれである。藤吉は法案の内容については何も述べていない。与党側の立場に立っていたので、賛成の立場で委員長としての職責を果たしたのであろう。

以上の外に注目されるのが、シャムとの不平等条約の改正について本会議で質問している点である。この後シャムの公使となって不平等条約の改正問題にかかわるからである。その質問には、藤吉の条約についての考え方が示されているので、それを整理しておこう。一九一七年六月三〇日の予算委員会会議録と七月三日の予算委員会第一分科会議録に掲載されている。

藤吉の主張は次のとおりである。シャムでは裁判所構成法、刑法、刑事訴訟法が制定されたことを受けて、イギリスとフランスは治外法権を定めた条約を廃止して条約改正をおこなった。日本はまだ改正しようとしない。その原因の一つは大国である中国との間で日本は治外法権を行使しているのに、小国であるシャムとの間で平等条約を締結することはできないと考えていること。二つ目の理由は治外法権を廃止する政府は悪いという評価を受けることを恐れていることである。しかし、平等条約の締結によって日本国民が受けるメリットは多くなり、シャム国内の移動の自由や土地の取得が可能になる。つまり、シャムでの経済活動がやりやすくなる。そうなれば、日本人のシャムへの移民が可能になる。苦労の多い南米にまで移民に行かなくてもよくなる。ところが、日本の外務省から外交官としてシャムに赴任した者には積極的にその役割を果たそうとする者が少ない。そこで外交官以外から登用してはどうかという提案をしている(62)。

この議論は、日本の資本を投下することによってシャムを日本の勢力圏に置き、企業進出や移民によって、日本の南進を進めようとしている(63)。つまり、日本の貧困者の生活を維持するにはどうするかという国内問題を解決する手段としてシャムへの進出を提案している。そのために、シャムとの平等条約の締結を主張している。つまり、平等条約によって日本の国益を高めることができるという主張である。したがって、シャムのために平等条約を締結しようという議論ではない。約一六年近くシャムで暮らしてきても、やはり藤吉も日本人であったということであろう。この提案は後に藤吉自身がシャムに公使として赴任する伏線にもなっている。

さらに藤吉は、それ以前から日本の企業がシャムに進出して綿花栽培事業に乗り出すことを提案していた。「日本の資本を以て、シャムで綿花を作る事となれば、夫れ丈けシャムに我が勢力を扶殖した事となるのみならず、年々綿を買ふに付ても、日本人の手から日本人の手に金を払ふ点から考へても、試に都合が宜いと思います」[64]という考えを持っていた。さらに、その背後には藤吉の以下のような考えがあった。つまり「日本人は依然たる花綵列島の主人公、蓬莱の女仙である、彼等（アングロサクソン民族）は男装して、葡萄の汁を啜りり、乾肉を含んで、東洋の大陸に入り、その土地について大和民族の故郷を建設するの体質がない、同時に勇気がない。かくて亜細亜モンロー主義を唱え、東洋の治安を希ふが如きは、対岸の火災を防ぐが如き者で、その努力の結果の甚だ痛切ならざる恨みがある」[65]として、日本の海外発展を願うならば体質改善をする必要性があり、第一次世界大戦で大きな利益を上げながら、大陸経営に投資をしないことを批判している。これは藤吉がアジアへ進出することを唱える南進論者であることを示していると同時に、「豊富な体験と確かな判断力を持った理知的な、大正時代の『アジア主義』的な『南進論』者」[66]であると言えよう。

6　海外視察団長としての役割

(1)　アメリカ視察

一九一七年九月一九日衆議院議員渡米視察団の団長としてアメリカに渡り、各地をまわって五〇数回の会合で一〇〇回以上の講演をして友好関係を持って、一二月一四日帰国した。日本国民の代表である衆議院からアメリカに派遣されたのは、これがはじめてであった。この視察団についてはただちにアメリカ側で報道された(67)。送別会があちこちで開催されたが、出発前日には美土代町の青年会館で開かれた万国基督青年会に藤吉と望月小太郎が参加した(68)。九月一九日東京駅を発ち、横浜港から春洋丸でアメリカに向けて出航した。九月二八日ハワイに寄港して、総督主催のパーティに出席した後、一〇月五日サンフランシスコに到着した。そこからロスアンゼルス、ニューオリンズ、ワシントン、ニューヨーク、ニューヘブン、ボストン、バッファロウ、シカゴ、シアトル等の都市を訪問し、各地で大歓迎を受けて(69)、一二月一四日加奈陀丸で横浜港に帰ってきた(70)。ニューヨークでは日本人会の主催で昼食会が開かれ、藤吉は当時戦われていた第一次世界大戦に日本の軍隊も必要になれば参加することを示唆する講演をおこなった(71)。当時アメリカでは第一次世界大戦の戦局が国民の最大の関心事であったことを考慮したのであろう。ニューヘブンには藤吉、山根、島田の三名だけが出かけたが、藤吉は久しぶりに恩師のボールドウィンに会い、彼の自宅で楽しい夕食会に参加した。日本エール大学会(Yale Alumini Association of Japan)からの彼の七七歳の誕生日のお祝いの品を日本から持参し、サンフランシスコから送っていた。

当時、日米間で石井菊次郎特使とランシング国務長官の間で日米共同宣言を交渉中であったが、日本が中国で特殊な利益を持っていることに対してアメリカが承認することを明記した宣言に署名することで決着がついた。それは日本の中国での権益を維持することになるが、議員団の活躍は、それを促進することを後押しするという役割を果たした。

団員は島田俊雄（政友会・島根県）、山根生次（維新党・山口県）、植原悦二郎（立憲国民党・長野県）、望月小太郎（憲政会・山梨県）であった。さらに国民新聞の山田毅一記者が同行した。英語の得意な藤吉にとってはうってつけの仕事であったであろう。アメリカの弁護士資格を持ち、エール大学の博士号を持っていることは、アメリカでの待遇をよくしたのではないかと思われる(72)。アメリカに知人を持ち、視察先に友人が訪ねてきたことも友好関係を築くのにプラスになったようである。植原はロンドン大学・ワシントン大学、望月はミドルテンプル大学に留学しており、英語のできる議員をアメリカに派遣している。

アメリカとの協調を重視する政友会にとって、アメリカの感情を和らげる努力を怠れない。日露戦争後アメリカとの軋轢が生じてきて、日本の中国での権益に対してアメリカ側が不快感を持っていた。さらにカリフォルニア州での日本人排斥運動や満州へのアメリカの進出を日本が制約することによる対立が生まれてきた。それらを和らげるという目的でアメリカに視察団が派遣されたが、前者は日米共同宣言という形で解決した。

後者の問題では、この年の七月第一次世界大戦がおこり、アメリカでは戦争のために労働力が不足しており、そのためにまじめに働く日本人労働者に好意が寄せられていた時期であったことが幸いして大きな問題になっていなかった。つまり、藤吉がアメリカを去る動機の一つであった日本人排斥運動が弱くなっていた時期であった。そのことも視察団歓迎の理由でもあった。しかし、戦争が終わるや日本人排斥運動が再び活発化した。

一九一七年一二月一五日の原敬日記には、前日訪問を受けた「政友会員政尾藤吉、島田俊雄両人来話によれば米国の感情は変化し好傾向を生じたるが如し、石井大使の外議員団の優遇、而して政尾が十分なる英語演説は慥かに成功せりと云へり、誠に喜ばしき事なり[73]」と記述している。

(2)　南洋視察

一九一九年六月から四カ月近くかけて衆議院南洋視察議員団の団長として台湾、中国南部（アモイ、シャントウ（汕頭）、カントン、香港）、フィリッピン、英領北ボルネオ、インドネシア、シンガポール、シャム等を訪問した[74]。

第一次世界大戦によって日本がイギリスにかわって中国や東南アジアでの貿易の実績を拡大していくが、戦後両者の中国や東南アジアでの市場競争が激しくなっていった。これに対して、それ以前から東南アジアには中国から移住してきた華僑や華人が商業に携わっていたが、この人達が中心となって、日本が中国に二一カ条の要求を突きつけたことに抗議し、日本が中国や東南アジアに進出することに反対の立場を示すために、一九一五年以降東南アジアの各地で日本商品ボイコット運動が起された。(75) この運動自体はその後何回も繰り返されたが、日本が西洋列国に遅れることなく東南アジアに勢力を伸ばそうとすることを東南アジアの国々が警戒していた時期に、この南洋視察が実施された。第一次世界大戦後、東南アジアの実情を知り、日本が取るべき道を探ること、当時の言葉でいえば、南進の在り方を探ることが目的であった。

視察団の日程によると、六月二七日から二九日台湾、六月三〇日から七月一日アモイとシャントウ、七月から一一日香港、七月一三日から一六日フィリッピン、七月一九日から二〇日北ボルネオ、七月二六日から八月九日ジャカルタ、バンドン、スラバヤ、八月一二日だけでシンガポール、八月二〇日にバンコックに到着した。藤吉は一行とともに八月二三日ラーマ六世に拝謁した。六年ぶりの再会であった。この夜、公使館でパーティがあり、皇太子、外務大臣、司法大臣等が出席した。皇太子はラーマ六世の弟であるが、皇太子妃はロシア人である。(76)

このパーティで藤吉が第一世界大戦でのシャムの行動に敬服する旨のあいさつを述べたのに対して、ラーマ六世は英語で次のように述べた。「余ハ政尾団長ニ依リテ述ベラレタル、日本国議員団ノ敬意ヲ嘉納ス、日暹両国ハ、古来常ニ親善ノ関係ニ在リ、殊ニ、近年ニ至リ、我ガ国ノ制度文物等日本人顧問ノ力ニ依リテ、面目ヲ一新シタルモノ多シ、今ヤ顧問タリシ其ノ人、議員団ヲ率ヰテ再ビ我ガ国ニ来ル、余ノ喜ビ何物カ之ニ如カム、余ハ常ニ、日暹両国ノ親善ヲ念ドス、是レ列座セル叔父「デブアウオンセ」親王ニ知ル所ナリ、余ハ今後両国ノ親善益々敦厚ナラムコトヲ期ス」(77)。藤吉のシャムでの役割の大きさが分かるあいさつであった。再びシャムの王室の人々とのつながりが後に藤吉がシャムの公使となる伏線となったと言えよう。

翌日は外務大臣の私邸に招かれた。藤吉は滞在中、農業を視察し、米や農産物の調査、華僑政策を調査した。さらに外務大臣にあって、シャム湾に日本の船会社が航行できるように協力を依頼した(78)。そのためにシャムの会社に日本の船会社が投資できないかを提案した。一行は八月二八日バンコックを出発したが、ここからは二班に分かれ、一班は仏領インドシナ（今のベトナム）、もう一班は英領海峡植民地（今のシンガポール）に出かけた。藤吉は九月七日香港によって、一七日神戸港に帰ってきた。

団員は藤吉の他に、井原百介（憲政会・山口県(79)）、白河次郎（立憲国民党・大阪市）、上田彌兵衛（正交倶楽部・大阪府(80)）、佃安之丞（新政会・三重県）、赤間嘉之吉（立憲政友会・福岡県）であり、随行員として末松偕一郎（台湾総督府財務局長）と原田織造（衆議院書記官(81)）、台湾銀行員三島虎次郎と大阪毎日新聞記者渡邊廣重が同行した。台湾総督府の役人が参加しているのは政府機関が南洋への関心を強く持っていたことを示している。台湾総督府はこの時期、南洋への進出の拠点とされており、そのために盛んに南洋を調査していたので、同行したものと思われる。

六月二三日神戸港から亜米利加丸で出発したが、その目的はなんであったか。これは訪問先で友好関係を築くだけでなく、第一次世界大戦後日本が現在東南アジアと呼ばれている地域に進出するにはどうすればいいのかを探ることにあった。第一次世界大戦後、大正八年六月ベルサイユ条約によって日本は南洋群島（内南洋と呼んでいた地域）を委任統治することが決定した。内南洋を日本が支配することになったが、次に外南洋と呼ばれる地域、今の東南アジアにどう進出できるかが関心事になった。それを探ることを目的として衆議院議員団が結成された。さらに、これは日本が南方にかかわることに公的な認知がなされたことを明白に示す出来事であると言えよう(82)。

帰国してすぐおこなった講演録が政尾藤吉「南洋排貨運動の教訓」（南洋協会雑誌五巻一〇号、一九一九年一〇月）と「南洋視察談」（政友二三六号、一九一九年一二月一五日）である。前者によれば、今回の視察から、南洋でも日本排斥運動がおきていることを憂慮し、それの原因として南洋貿易の根本策が確立していないことをあげている。さらにそれぞれの土地の有力者（華僑）と理解しあうことが必要であるが、日本の外務省や殖民省（台湾総督府は別）はそこまで注意を払っていないことを指摘している。今後は南洋の華僑との諒解の必要性を強調している。南洋協会は、「南洋の事情を研究して其の開発につとめ、以て彼我民族の福利を増進し聊か世界の文明に貢献せん(83)」ことを目的として、一九一五年一月三〇日創立された。藤吉は役員にはならなかったが、最初から会員として加入していた。

後者は、訪問国のうち、フィリッピン、ボルネオ、ジャワ、シンガポールの経済の現状を分析し、日本の企業がどのように見られているかを整理している。フィリッピンでは多くの日本人労働者が第一次大戦後マニラ麻の不況で不穏な動きをしていること、ジャワでは日本の資本の進出を歓迎しているが、労働者がジャワに入ることには反対であること、シャムではイギリスが日本の進出に警戒心を持っていること等を指摘している。これは政友会茶話会での講演のためか、どのように日本が東南アジアで経済政策をたてるべきかの論点にはふれていない。二つの論文とも、すでに進出しているイギリスやフランスとの衝突や華僑との軋轢に注意することを喚起している。日本が経済的に進出すれば、当然に衝突が生じることを指摘している。しかし、そこには軍事的な進出はまったく念頭になかったと思われる。昭和に入って生まれた「大東亜共栄圏」という発想はなかったであろうと思われる。

7　議員としての働きの評価

藤吉が政友会に加入したこと、さらに衆議院議員になるとすぐに大隈内閣への批判をおこなったことから、恩師に弓を引くものと早稲田出身者からの批判を浴びた。このために早稲田との関係が冷えたものとなってしまった。これは藤吉にとっては不当な批判であった。どの政党に所属するかは、本人の思想信条の自由であるし、たとえ恩師であってもおかしいことがあれば批判されるのは当然であるからである。藤吉にとっては気の毒な結果となってしまった。

藤吉は外交問題やシャムを含めたアジア問題や植民地となっていた朝鮮・樺太・台湾に関連する問題で活躍していたが、その主張がどこまで政友会や衆議院において影響力を行使しえたかについては疑問がある。議員としての期間が短かったし、政治の世界でのし上がっていこうとする意欲が旺盛であったとは言えないことに原因があったように思われる。一九一八（大正七年）六月一三日の『原敬日記』によれば、「唐紹儀は先達腰越別荘に来り、緩々面会せしも、同人は今会見したし、又支那人の通弁にては秘密の漏洩を恐ると云うに付、政尾藤吉を四五日前唐の寓所に送りて打合はせしめ、本日午前より政尾宅にて会見し、政尾英語にて通訳したり、長時間の談話なりしが、唐云うに、広東に於て軍国政府を創立し、両院議員を召集し憲法を議定し、而して其議定を終ると同時に一同辞職し、北京政府をして其憲法に因りて新に議員選挙をなさしむ事となる積にて、目下議員集合を促しつつありと云ふ」。英語ができることから重宝されていたことがわかるが、政友会内での意志決定に深くかかわるまでにはいたっていなかったと思われる。

この時期は、大正デモクラシーの中で、大きな社会変動を衆議院議員として受け止めて、国会を中心に活動していたと言えよう。その中で不平等条約の廃止して日本とシャムとの関係改善を目指すことを主張したことがシャム公使として赴任するきっかけとなったことを考えると、この時期はシャム公使として活躍する準備期間ともなっていた時期であった。

8　第一四回衆議院議員選挙への不出馬

一九二〇年五月の一四回衆議院選挙には出馬しなかった。なぜなのか。シャム公使になる話があったためであろうか。三回目となると地元の支持が得にくくなったためであろうか。別の候補者が出る話があって、辞退したのである。

選挙制度が変わって、小選挙区制に移行した。これは原敬が政友会の勢力を拡大することをねらって四一議会に衆議院議員選挙法改正案を提出した。これは選挙資格の納税資格を直接国税一〇円から三円に引き下げ、中選挙区制から小選挙区制に変えることであった。普通選挙制は時期尚早として採用されなかった。この案は一九一九年三月に成立し、有権者が一気に倍増し、主に増えたのは政友会の支持母体であった地方農村の小地主や自営農民であった。

これによって、藤吉の選挙地盤であった喜多郡と上浮穴郡の二郡で愛媛県第五区になり定員一名となった。このために政友会の地元の支部の同意を取りつけないと立候補が難しい状況になった。一九二〇年三月一三日の東京朝日新聞では五区から藤吉が出馬予定であることを報道しているが、四月八日の新聞では藤吉の立候補が困難となったことが報道されている。四月二九日に政友会公認候補として高山長幸(84)が選ばれて、当選している。最初は藤吉自身立候補の予定であったが、三月の末頃に立候補が難しくなったようである。第五区ではなく、東宇和郡と西宇和郡からなる第六区からの出馬を模索したようであるが、これもうまくいかなかった。海南新聞では藤吉は一九二〇年四月一一日松山に着き、立候補打ち合わせのために東西宇和郡に出向いたが、四月一四日には帰京している。(85) ということはこの時点で立候補困難と判断し、断念したものと思われる。地元の動きを知るのに便利な海南新聞のマイクロフィルムがこの時期欠けていて、詳細な分析ができないが、以上の推測に間違いはないと思われる。その結果、小選挙区制の採用は藤吉にとっては選挙に出馬できない事態を招いたのであり、マイナスに働いたと言えよう。

藤吉と高山長幸とは古くからの友人であったと思われる。高山は藤吉より三歳上であるが、中野ミツを通して知り合ったのであろう。というのは、高山は読書好きで、中野ミツが開いた書店『雙松堂』に入り浸っており、慶応義塾を卒業後郷里に帰った高山は、二三歳の時「大洲婦人会発起者総代」となって、女子教育の必要性を唱える運動をおこした記録が残っている。(86) 中野ミツは大洲女学校の設立にもかかわり、女子教育に力を入れていたことを考えると、この大洲婦人会も中野ミツが関係したものであり、高山がそれに協力したものと思われる。高山はキリスト教徒としての洗礼を受けてはいないが、中野ミツとの交流が続いており、帰郷するたびに中野ミツを訪問しており、藤吉とも交流があったと思われる。藤吉が立候補した時には高山が応援に駆けつけている。したがって、先輩でもあり、人格者である高山が立候補することになって、藤吉もあっさりと立候補をあきらめたと思われる。

藤吉は衆議院議員でなくなっても政友会にはそのまま所属していて、政友会での仕事には従事していた。アメリカ、特にカリフォルニア州での日本人排斥運動が活発化し、それにどう対応すべきかが問題になってきた時に活躍した。一九二〇年一〇月五日政友会政務委員会で、藤吉はアメリカの外交係争上の沿革、憲法および条約の規定から説明をし、憲法一四条三項の「各国国民は同一待遇を享受する」という規定を根拠に抗議するだけでは不十分であり、さらに最恵国条約によって同等の待遇を要求する努力が必要であると述べている(87)。アメリカ事情の専門家として貴重な存在であったようである。

9　藤吉にかかわる人々の動静

藤吉がシャムから日本に帰国してから、藤吉のまわりの人々の動静を見ておこう。大洲にある藤吉の生家は、妹のヤスが矢野家に夫竹三郎とともに養子となって守っている。「矢野陶器店」の看板で商売をしている。竹三郎は長年アメリカで農業に従事し、帰国してからヤスと結婚した。三人の女の子をもうけ、その内の一人であるチトセが先に述べたように藤吉・光子の養子となって木下三四彦と結婚した。満二〇歳になった長女千代子は一九二〇年三月四日、東京海上火災保険会社に勤務する栗山謙作と結婚した。衆議院議員としての任期が終了するころであった。

弟覚治郎の死亡が大きな出来事であろう。一九一五年七月一日香港と上海の間の海に投身自殺をした。一九一四年六月から三井物産ロンドン支店勤務となり、八月に次席主任に就任したが、病気となり帰国途中であった。四〇歳になっていた。その遺書には、「病弱事半ばにして国に帰り、先輩知友

家庭（1920年3月東京にて）

に合すべき面目なき由を、こまごま記しあり」[88]という。大州での葬儀の後、一九一五年七月二一日、東京の同志社校友有志によって霊南坂教会で追悼会が開催された。それには藤吉をはじめ政尾家一族、三井物産関係者も参列している[89]。

覚治郎と妻市子との間に二男三女がいた。覚治郎がロンドン勤務になったために、家族は大洲に移って祖父のいる赤松家に住んでいた。覚治郎の死亡後、一九一八年市子は子供の教育のために伯父藤吉を頼って上京した。藤吉の住んでいた代官山の近く住んでいたが、子供が病弱であったために鎌倉に転居した。次男赤松秀雄は鎌倉師範付属小学校、横浜第一中学校、第八高等学校をへて東京大学理学部化学科を卒業し、のちに東京大学教授となった。一九七一年退官後、横浜国立大学工学部教授、工学部長になった。横浜国立大学学長に選任されたが、それを断り、岡崎国立共同研究機構分子科学研究所所長に就任した[90]。赤松秀雄は藤吉が死亡した時には一〇歳ぐらいであり、藤吉のことを記憶しており、一族の中に藤吉がいたことを誇りに思っていたようである。

実母が死亡した後、母代わりになっていた中野ミツを一九一五年に東京に呼び寄せた。アメリカ留学の際には多大な援助を受けたので、老後の面倒をみようということである。ミツは一九一五年上京し、一九二六年九月一八日麻布（当時は麻布区木村）で死亡している。藤吉が住んでいた代官山に近い麻布に住み、麻布桜田美普教会の信者となって通っていた。このことは、あとを継いだ豊分教会（現在は日本基督教団広尾教会）の昇天者リストの六番目に中野ミツの名前が記録されて、一九二六年九月一八日死亡したことが確認できることから分かる[91]。この教会は一九〇一年東京第一美普教会となり、その後東京芝教会と変更し、一九〇七年麻布に移転して麻布美普教会と改名し、さらに麻布桜田町に移転して麻布桜田美普教会となった。藤吉の最後の追悼式がこの教会で開催されているが、この教会はメソジスト派であるが、大洲では大洲教会とメソジスト派の教会と交流があったので、違和感はなかったものと思われる。さらに藤吉もメソジスト派に属していたことも影響していたと思われる。もっとも、中野ミツが大洲教会を転出した記録は残っていない。享年七九歳であった。ミツより先に藤吉が死亡したが、藤吉の妻光子がその後の面倒を見ていたものと思われる。

藤吉の弟定次郎は八幡浜の商家長野家に養子にいき、八幡浜尋常高等小学校の第一期の卒業生となった。一八九八年嘉多子と結婚し、二男六女の子供をもうけた。名前を利寿と変更し、一九一四年先代定次郎の後、家督を相続し太物商を営んだ。八幡浜産業信用組合理事、八幡浜肥料会社、八幡浜商場、別府鉱泉株式会社の監査役を兼ねていた。一九一八年一月三日の町会議員に立候補して当選した。これには藤吉も応援したものと思われる。定次郎も政友会に入党しているが、これも藤吉とのかかわりからである。定次郎は二人の男の子を続いて失っている。長男恒一郎に続いて、次男健次郎が一九一八年一〇月流行性感冒で死亡した。(92)

藤吉の義父にあたる九鬼隆一は帝国博物館総長を一九〇〇年に辞任してからは病気勝ちであったが、枢密院顧問官は続けており、日露戦争を期に結成した忠勇顕彰会の会頭としてその運営に力を注いでいた。これは戦争で戦って死亡した者を弔うために作られた。日露戦争後は達磨図の揮毫にも精進していた。これも戦死者を弔う意味があったのであろう。さらに歴史的に価値のある建造物の保存、美術評論や講演の仕事にも励んでいた。(93)美術関係の仕事として郷里の三田に三田博物館を一九一四年一二月設立し、地方美術館の模範とした。これは一九四一年に閉鎖され、建物も一九七二年に解体されてしまった。(94)文部省時代の活動と比べると、きわめて穏やかな活動であり、文部省時代が動とすれば、この時期は静と言えよう。(95)

離婚原因の一つになった岡倉天心は一九一三年九月二日、静養先の赤倉山荘で死亡したが、その追悼会が同年一一月東京美術学校で開催され、隆一は郷里の三田で病気で伏せっていたために追悼文を送っている。そこでは隆一は岡倉天心の業績を称える文章になっている。「九鬼は尊大、容易に人に下らない性格であったといはれるし、天心はもとより不羈奔放の天才であった。このわがまま同士のふたり」(96)が、よく日本美術の保存に共同歩調ができたものである。そのような隆一に藤吉はどのような接しかたをしていたのであろうか。人の気をそらさない社交的な藤吉なので、気にいられていたのではないかと思われる。藤吉が接した九鬼隆一は、その人生の後半の時期にあたるので、少しはまろやかな性格になっていたのかもしれない。

九鬼隆一にとって痛恨のきわみは、一九一七年二月二〇日次男一造の死亡であろう。一造は農科大学に入学したが、自ら農業をやりたいと一九〇六年アメリカのテキサスに渡り、農業を営んでいた。アメリカで六年間過ごした藤吉の示唆があったのであろうか。中橋徳五郎の長女である、妻の縫子との間に生まれた隆一郎（一九一六年七月生まれ）と隆造（一九一七年九月生まれ）の二人の子供を残して死亡した。さらに一九一八年三月二二日には兄の星崎琢磨が死亡している。一造の死亡後、その弟、四男周造は一九一八年一月二三日三〇歳で分家をした。当時周造は一九一二年七月東京帝国大学文科大学哲学科を卒業して、大学院に進学し、特選給費生として哲学を研究していた。一九一八年四月一七日一造の妻であった縫子と結婚した。兄の未亡人と結婚したことになる。当時は珍しいことではなかったと思われる。周造は一九二一年一〇月縫子とともにヨーロッパ留学に出発している。藤吉の葬儀に参列した後、旅立っている。後に残った隆一郎と隆造の二人の子供は未亡人となった光子が面倒をみている。

三男三郎は一九一三年東京帝国大学法科大学政治学科卒業後、内務省に入り、奈良県警視に任じ、次いで東京府南足立郡長、明治神宮造営局書記官、東京府理事官、千葉県書記官、神奈川県書記官学務部長、群馬県書記官内務部長を歴任した。一九三四年には滋賀県書記官内務部長になったが、一九三五年退官した。熊坂フジと結婚して二人の男の子がいる。藤吉の死後、一九二三年一月に長男隆彦、一九二四年二月に次男嘉彦が生まれている。隆一郎が一九三一年家督を相続し、男爵を受け継いだことから、叔父である三郎は一九三三年に分家をしている。

隆一は関東大震災の時には、まっさきに皇居におもむき天皇の安否を気づかったエピソードが残っており、皇室への忠誠心が非常に強かった。震災時にそれまで集めた美術品や書画等が焼けてしまい、隆一は、これを機会に鎌倉長谷に引っ越し、晩年を生きた。一九二〇年議定官、一九二四年に正二位、一九三一年八月に勲一等旭日桐花大綬章を受けた。

（1）　次のような講演の記録が残っている。「暹羅の国情」東京経済雑誌一七二八号（一九一三年一二月一三日）、「暹羅の経済事情」専修大学学報二号、一九一三年末ごろ講演したもの。

（2）　東京朝日新聞一九一三年八月一三日二面。藤吉がシャム公使になってからも、シャムから年金をもらっているならば、服務規律違反ではないかが衆議院で問題になった。東京朝日新聞一九二一年三月八日三面参照。

（3）　「暹国顧問十六年」東京朝日新聞一九一三年九月一七日四面、藤吉が日暹交渉史にかかわるようになった経緯については三木栄『日暹交通史考』（古今書院、一九三四年一〇月）に詳しく載っている。

（4）奥島孝康・中村尚美監修『エピソード稲門の群像』（早稲田大学出版部、一九九二年）二四一頁

（5）中村孝也は天理大学教授となり、『タイ事情―自由の国―』（天理教東南アジア研究室、昭和五〇年三月）という本を編集しているが、その一八八頁にそのことにふれている。

（6）その内容は次のとおりであった。政尾藤吉追悼録と三木栄『日暹交通史考』から合成した。追悼録だけでは不完全であった。三木栄の本によると、一九三四年には第一集第五冊がタイ国立図書館に入っていないし、第二集は白蟻にやられて消えていることが判明している。それ以外はどうなっているのであろうか。この史料は京都大学文学部図書館に保管されている。

第一集　第一冊　通航一覧　暹羅国部一・二
　　　　第二冊　通航一覧　暹羅国部三（付、六昆琶牛）
　　　　第三冊　通航一覧暹羅国部四　五（付、莫臥児）大泥部、信州、迦知安、密西耶部
　　　　第四冊　通航一覧続輯
　　　　第五冊　暹羅国風土軍記暹羅国山田氏興亡記
第二集　第一冊　外番通書暹羅国書一・二・三
　　　　第二冊　異国日記（抜粋）
　　　　　　　　常代記（抜粋）
　　　　　　　　駿府記（抜粋）
　　　　　　　　羅山林先生文集（抜粋）
　　　　　　　　和漢寄文（抜粋）
　　　　　　　　第三冊異国渡海御朱印帳（抜粋）

異国近年御書草案（抜粋）
異国御朱印帳（抜粋）
上村氏所蔵文書
藍文書（抜粋）
亀井文書（抜粋）
神野文書（抜粋）
末吉文書（抜粋）
烏井文書（抜粋）
相国寺心華院書翰屏風（抜粋）
相国寺外航印信（抜粋）
異国来翰之認（抜粋）
全堺詳志（抜粋）

第四冊　海外異傳
山田長政傳

第五冊　視聴草（抜粋）
増訂一話一言（抜粋）
和国河志料（抜粋）
駿国雑志（抜粋）

第三集　第一冊　野史（抜粋）
和漢三才圖會（抜粋）
増補華夷通商考（抜粋）

珍珠襄（抜粋）
五事略（抜粋）
采覧異言（抜粋）
増補采覧異言（抜粋）
朱子談綺（抜粋）

第二冊

長崎志（抜粋）
長崎志續編（抜粋）
長崎港草（抜粋）
長崎談（抜粋）
續長崎談（抜粋）
長崎夜話草（抜粋）
筆のすさび（抜粋）
和漢船用集（抜粋）
長崎圖（抜粋）
肥州長崎圖（抜粋）
譯司統譜（抜粋）
徂徠集（抜粋）

第三冊

石城志（抜粋）
本朝世事談綺（抜粋）
大唐清朝商船入津記（抜粋）
奥船出所（抜粋）

向向舊記写（抜粋）

長崎湊異国押役人附（抜粋）

第四冊　鐵研斎酉軒書目（抜粋）

和蘭通船（抜粋）

紅毛天地二圖贅説（抜粋）

元和航海記（抜粋）

正徳長崎新令（抜粋）

（7）中村孝也「シャム日本交通資料と政尾博士」『政尾藤吉追悼録』五七頁以下参照。この時贈られた巻煙草入の写真が内田銀蔵『日本と泰国との関係』（創元社、一九四一年六月）口絵に掲載されている。

（8）山口武「暹羅皇叔プリンスダムロング殿下」南洋協会雑誌九巻二号（一九二三年二月）六〇頁。

（9）Journal of the Siam Society, vol.1, no.1, p.209. Siam Societyの七〇周年記念に発行されたHistory of the Siam Society. 1974. p.2には発足当時の役員の名前が掲載され、そこに政尾藤吉の名前が載っている。

（10）藤吉の山田長政についての研究を整理したものとして景浦稚桃「日泰親善の功労者故政尾藤吉氏の事蹟に就て」伊豫史談一〇七号（一九四一年一〇月）四四頁。

（11）矢野暢「『山田長政』神話の虚妄」矢野暢編『講座東南アジア一〇巻東南アジアと日本』（講談社、一九九一年二月）七二頁によれば、藤吉は一九〇〇年にはやくも山田長政論を書いていると述べているが、これを確認することはできなかった。矢野は歴史的資料に基づき山田長政の実像に疑問を提示している。矢野の長政非実在説を批判する書として小和田哲男『山田長政―知られざる実像』（講談社、一九八七年八月）がある。これまで山田長政を取り扱った小説はかなりある。山岡荘八『山田長政』（東方社、一九六九年）、白石一郎『風雲児(上)(下)』（読売新聞社、一九九四年一二月）、中津文彦『山田長政の密書』（講談社、一九八九年）、和久峻三『山田長政の秘宝』（角川書店、一九八七年）、遠藤周作『王国への道―山田長政―』（新潮社、一九八四年）等があげられる。いずれも江戸時代にアユタヤに渡り、多くの武勲をあげて、日本人町の頭領、さらに武官の最高位を得たが、王宮内の権力闘争に破れて死亡するという波乱万丈の生涯を描いている。学士院賞を受賞した岩生成一『南洋日本人町の研究』（岩波書店、一九六六年）の第五章の中で、アユタヤのオランダ商館員であったファン・フリートの手記を活用して山田長政論を展開している。

(12)　三木栄は山田長政についての英語の本を出している。Sakae Miki, The Exploits of Okya Senaphimocq (Yamada Nagamasa), the Japanese General in Siam in the Seventeenth Century, Tokyo, 1931（私費出版なのか発行元は不明）。

(13)　「政尾藤吉」新愛媛編『南予の群像』（新愛媛発行、一九六六年四月）一九四頁。

(14)　東京朝日新聞一九一五年一月二八日五面、一九一五年一月三〇日四面、一九一五年二月一六日三面。

(15)　パホン（一八八八年生まれ、一九四七年死亡）は一九三二年の立憲革命で陸軍側のリーダーとして活躍して革命を成功に導いた。一九三三年六月から三八年一二月まで首相となった。この日本滞在で日本との関わりができ、一九四二年四月、日タイ同盟慶祝使節団長として日本を訪問している。最初に日本を訪問した時、上野公園の西郷の銅像とよく似ているので、将来シャムの革命の指導者になるだろうと予言されたことは有名な話となっている。村嶋英治『ピブーン―独立タイ王国の立憲革命』（岩波書店、一九九八年四月）一二八頁。

(16)　シャムからの留学は一九三三年以降増えてきた。一九三六年から国費のよる日本への留学制度を設けた結果、最初の国費留学生は一二名であった。それから私費留学も増えて、一九三九年七月一日現在で一一四名のタイからの留学生が勉強していた。小学校在学が八名もいた。経済、医学、歯学、工学、水産、獣医が勉強している科目の上位を占めている。在京タイ国学生会館が一九三六年六月から開館となった。東京のタイ国公使館に学生監督官が設置されていた。それに就いていたのが山口武であった。山口武「留日タイ国学生に就て」日本タイ協会会報一六号（一九三九年九月）七一頁。一九四三年学習院に留学したワラワン殿下とその随行員については三島由紀夫の小説『豊饒の海』の中に登場している。そこではラーマ六世の弟であるバッタナディドと、ラーマ四世の孫にあたり、従兄弟になるクリサダという名前で登場している。共に一八歳という設定である。ただし、小説の時代設定ではラーマ五世からラーマ六世に治世が変わったころ（一九一〇年）である。シャムからの二人の留学生を世話する松枝侯爵はだれを想定して書かれたものであろうか。三島由紀夫が政尾藤吉のことを調べたどうかは分からないが、彼を想定したものではないであろう。

(17)　泰国日本人会編『グルンテープ　タイ国日本人会七〇周年記念特別号』（一九八四年）五六頁。藤吉が二代目のシャム日本人会会長であったことは高野山真言宗タイ国開教留学僧の会編『泰国日本人納骨堂建立五〇周年記念誌』（一九八七年七月）七三八頁によって知った。その本によれば、高野山真言宗タイ国開教留学僧の会会長であった藤井真水は同郷出身であった藤吉のシャムでの活躍を子供の頃から聞かされており、小さい頃からタイに憧れていたこと、藤吉の妻である光子とも会ったことがあることを記述している。藤井はシャムに留学して一九三五年ワット・ラージャブラナにおいて日本人納骨堂を建立した。シャムで亡くなった日本人を弔うために建立され、今も日本人の僧が守っている。仏教を通した日本とタイとの親善を深める一つのきっかけを藤吉が作ったことは、藤吉が予期せぬことであったであろう。

(18)　周造は帰国後、西田幾多郎の招きで京都帝国大学文学部講師に就任して京都に単身赴任をおこなった。その後、一九三一年八月一八日父隆一が死亡、同年一一月二〇日母波津子が死亡した後、ヌイと周造は離婚し、周造は祇園の芸者福一（中西きくえ）と再婚した。母との強いつながりを暗示しているようである。田中久文『九鬼周造―偶然と自然』（ぺりかん社、一九九二年三月）参照。

(19)　高橋眞司「杉山波津子」福沢諭吉年鑑一二号、九九頁。

(20)　中橋徳五郎翁伝記編纂会編『中橋徳五郎』（一九四四年三月）二五一頁。奥田義人は一八六〇年六月鳥取県で生まれ、東京帝国大学卒業後、農商務省に入り、法制局長官、衆議院書記官長を経て、一九一三年山本権兵衛内閣の文部大臣、法務大臣、一九一五年には東京市長となった。英吉利法律学校を創設し、後の中央大学の学長にもなった。一九一七年八月死亡した。

(21)　前田蓮山『原敬伝上巻』（高山書院、一九四三年一月）一三八頁。

(22)　川田稔『原敬と山形有朋――国家概念をめぐる外交と内政』（中公新書、一九九八年一〇月）一三頁。

(23)　松村松年＝那須正夫＝松田学＝中川寅三『木下弥八郎贈位記念』（一九二九年一一月）は木下弥八郎の顕彰の碑を建設し、その完成を記念して作成された出版物であるが、その中で豊臣秀吉ゆかりの家系であることと、弥八郎の業績がまとめられている。

(24)　札幌市教育委員会文化資料室編『新聞と人名録にみる明治の札幌』（北海道新聞社、一九八五年）

三二四、四九四頁、木下三四郎「木下成太郎／政友会の大御所」北海道総務部文書課編『北海道回想録』（北海道、一九六四年二月）三九頁、橘文七編『木下成太郎先生伝』（みやま書房、一九〇九年三月）によれば、美濃部達吉の天皇機関説を衆議院で批判する演説をおこなったことで知られている。さらに大東文化学院（現在の大東文化大学）や帝国美術学校（現在の武蔵野美術大学）を創設している。

(25)　札幌弁護士会編『札幌弁護士会百年史』（一九八三年七月）八一頁によれば洋服は用いず、常に羽織袴で、温顔、悠々たる態度で明治生まれの弁護士の風貌があったとされている。一九七四年一月三日死亡。

(26)　服部之総『原敬百歳』（朝日新聞社、一九五五年九月）八六頁。

(27)　高須賀康生『愛媛の政治家』（愛媛文化双書刊行会、一九八八年一〇月）一一八頁。

(28)　海南新聞一九一五年三月三日二面。

(29)　南海新聞一九一五年三月二一日一面。

(30)　「新候補者の面影政尾藤吉君」東京朝日新聞一九一五年二月二〇日四面。

(31)　海南新聞一九一五年二月二七日二面。

(32)　海南新聞一九一五年二月二八日二面。

(33)　伊予市誌編纂委員会編『伊豫市誌』（伊予市、一九七四年一二月）一一一六頁。

(34)　海南新聞一九一五年三月七日、三月一三日、三月一七日。

(35)　「故政尾藤吉博士㈥」愛媛新報一九三一年四月。

(36)　「故政尾藤吉博士㈦」愛媛新報一九三一年四月。

(37)『愛媛県議会史』第三巻（一九八一年三月）一五八頁。
(38)政友一八五号（一九一五年九月二五日）五三頁。
(39)「議員装束くらべ」東京朝日新聞一九一五年五月二一日五面。
(40)肱水舎は喜多同郷会が経営している学生寮である。一九〇一年東京・下谷にあった旧大洲藩・加藤邸下屋敷を開放して設けた。関東大震災で焼失した後、現東京都杉並区荻窪に建設された。愛媛新聞社編『愛媛県大百科事典』四八一頁。
(41)帝国議会衆議院委員会会議録一二巻（三九回議会）一九一七年、九四頁。
(42)前掲書一二巻（三九回議会）一九一七年、一二〇頁。
(43)前掲書二二巻（四一回議会）一九一九年、一二一頁。
(44)前掲書二三巻（四一回議会）一九一九年三月一八、二〇、二五日、四七七頁。
(45)帝国議会衆議院議事速記録三五巻（四一回議会）四八〇頁。
(46)帝国議会議事速記録三〇巻（三六回議会）七〇頁、政尾藤吉「責任支出問題」政友一八一号（一九一五年六月二五日）七頁、さらに「責任支出論戦」東京朝日新聞一九一五年五月二九日四面。
(47)帝国議会衆議院委員会議事録九巻（三七回議会）三八一頁。
(48)帝国議会衆議院委員会議事録一〇巻（三七回議会）五六一頁。
(49)華族世襲財産法関係の法律は霞会館諸家資料調査委員会編『華族制度資料集—昭和新集華族家系大成別巻—』（吉川弘文堂、一九八五年八月）一九七〜二一四頁。
(50)帝国議会衆議院委員会会議録一一巻（三七〜三八回議会）一七七頁。
(51)田代有嗣『国籍法逐条解説』（日本加除出版、一九七四年四月）八三四頁および田中康久「日本国籍法沿革史⑿」戸籍四七二号、一三頁。

(52) 一九一六年以降、アメリカでの排日運動が激しくなったが、一七歳以上の日本男子は兵役義務との関係で国籍を離脱できなかったので、これが日本の軍国主義を示すものとして、アメリカ側の批判が高まり一九二三年ごろから新たに国籍問題が生じた。一九二四年の国籍法改正では、勅令で指定する外国（特定の出世地主義を採用している国）で生まれその国の国籍を取得する日本人は日本国籍を留保する意思表示をしないかぎり、その出生の時にさかのぼって日本国籍を失うという規定に変更された。勅令で指定されない外国で生まれその国籍を取得する場合は、内務大臣の許可で国籍を離脱できることになった。田中康久「日本国籍法沿革史⒀」戸籍四七七号、一頁。

(53) 帝国議会衆議院議事速記録三四巻（四〇回議会）一四六頁。

(54) 帝国議会衆議院委員会議事録一七巻（四〇回議会）二四九～三三九頁。

(55) 帝国議会衆議院議事速記録三四巻（四〇回議会）六二五～六二七頁。

(56) 小池靖一監修＝小林雄吾編『立憲政友会史・第四巻』（立憲政友会史出版局、一九二六年一一月）一六八頁では四国代表として衆議院議員の互選によって協議員に選ばれている。一六九頁には政務調査会の理事、二六一頁には政務調査会第一部（外務・司法・文部）の部長、二八五頁には政務調査会第二部（外務）の副部長、四七七頁には臨時政務調査会第三部（内務）の部長、五六二頁には臨時政務調査会第二部（外務・司法・文部）の部長が記録されている。

(57) 帝国議会衆議院議事速記録三六巻（四二回議会）一二六頁。

(58) 政友二二一号、一九一八年八月二五日、四七頁。

(59) 帝国議会衆議院委員会会議録二三巻（四二回議会）一七七頁。

(60)　帝国議会衆議院委員会会議録二三巻（四二回議会）五八一頁。
(61)　帝国議会衆議院委員会会議録二三巻（四二回議会）五八三頁。
(62)　帝国議会衆議院委員会会議録一二巻（三九回議会）一三七頁。
(63)　矢野暢『日本の南洋史観』（中公新書、一九七九年八月）七九頁以下。一九〇〇年から一九二九年の間で、日本とシャムとの貿易高は東南アジア全体の七・三％しかない。William L. Swan, Japanese Economic Activity in Siam, Centre for South East Asian Stadies, Gaya (Bihar, India), 1986, p.19.
(64)　政尾藤吉「隠れたる暹羅の国情」政友一六三号（一九一四年一月二〇日）九頁。
(65)　政尾藤吉「大陸経営としての日本人」東方時論二巻一号（一九一七年一月）二四頁。
(66)　吉川利治「『アジア主義者』のタイ国進出—明治中期の一局面」東南アジア研究一六巻一号、（一九七八年六月）、九二頁。この考えを持ちつづけていたことは「暹羅人の財布の力——政尾新公使の出発」大阪毎日新聞一九二一年一月三一日六面。
(67)　New York Times, August 18, 1917 p.7 "Five Members of House of Rep. are coming to U.S. to study conditions".
(68)　国民新聞一九一七月九月一八日五面。これは日本において藤吉がキリスト教とのかかわりがあったことを示す数少ない記事である。この会議への参加は江原素六とのつながりをうかがわせるものである。
(69)　政尾藤吉談「予期以上の結果」東京朝日新聞一九一七年一二月五日四頁。
(70)　国民新聞一九一七年一二月一五日五面には、「上々の御機嫌で　遣米五代議士の帰朝」のタイトルで帰国時の記事を載せている。そこには藤吉、光子、千代子、久子、中野ミツ、中橋徳五郎の娘ヌイ子が一緒に写った写真が掲載されている。同様の写真は国民新聞一九一七年一二月一五日四面にも掲載されている。

(71) The New York Times, October 31, 1917, p.13, "Speech at Lunchen of Japan Soci. says many Japanese are anxious to fight under Amer. flag".

(72) 島田俊雄「議員団に加はりて」政友二一四号（一九一八年一月五日）一四頁。

(73) 『原敬日記四巻』三四四頁。

(74) 南洋視察に先立ち、訪問先の日本駐在代表を集めてのパーティーの様子を報道する新聞をバンダビルト大学から送っていただいた。The Japan Advertiser, June 8, 1919.

(75) シンガポールでの日本商品ボイコット運動については、Yoji Akashi, "The Nanyang Chinese Anti-Japanese and Boycott Movement, 1908-0928-A Study of Nanyang Chinese Nationalism," Journal of the South Seas Society, vol.23, 1968, p.73, および桑島昭「第一次世界大戦とアジア―シンガポールにおけるインド兵の反乱（一九一五）」大阪外国語大学学報六九号、（一九八五年三月）一二三頁参照。

(76) Eileen Hunter with Narisa Chakrabongse, Katya & The Prince of Siam, River Books, Thailand, 1994.

(77) 『衆議院南洋視察団日誌』（発行所不明、一九一八年六月）五五頁。

(78) 一九一九年一二月から山下汽船がバンコックとシンガポール間、バンコックと香港間に小型汽船の運行を開始している。藤吉は山下汽船とつながりがあったようである。綾部恒雄＝永積昭編『もっと知りたいタイ』（弘文堂、一九九〇年）二六八頁。一九〇六年六月には日本郵船がバンコックと香港との間の航路を開設したが、二年後には撤退した。一九二六年九月大阪商船がバンコックとサイゴン間の航路を開設、一九二八年一月三井船舶が日本とバンコック間の航路を開いた。

(79)　井原百介「南洋視察談」憲政三巻一号（一九二〇年一月一〇日）一五頁。井原は南洋で米不足が生じていることを中心に報告している。

(80)　上田弥兵衛は視察の様子を本にまとめた。自費出版した『南洋』一九二三年四月がそれである。そこに詳しい日程が記されている。

(81)　原田織造「南洋の実際を知れ」南洋協会雑誌五巻一一号（一九一九年一一月）四頁。

(82)　矢野暢『日本の南洋史観』（中公新書、一九七九年八月）九三頁。

(83)　「南洋協会趣旨」南洋協会会報二巻一号（一九一六年一月）一頁。

(84)　高山長幸《ながゆき》は大洲の士族高山文兵衛の長男として一八六七年七月八日に生まれたが、共済中学校（のちの大洲中学校）卒業後、小学校で教鞭をとっていたが、上京して東京英語学校、慶応義塾理財科で学び、一八九三年に三井銀行に入行し函館、三池、大津、長崎の支店長を歴任した後、帝国自動車会社の社長となった。第一〇回の衆議院選挙で当選したが、藤山雷太の依頼で大日本製糖会社の再興のために辞任した。しかし、一九二〇年五月の第一四回衆議院議員選挙に際して、藤吉と入れ替わって、原敬の懇望で出馬した。それ以来一九三〇年二月の一七回選挙まで連続四回当選した。政友会の政務調査会長、院内総務に就いた。高潔な人格で知られ、対立する政党員からも慕われたという。その間に帝国商銀頭取、明治石油・蓬莱生命・朝鮮産業鉄道取締役を歴任した。政界引退後は東洋拓殖会社総裁となった。高山長幸の妻はクリスチャンであった江原素六の次女よし子である。弧竹や潮江と号した。一九三七年一月一九日七〇歳で死亡した。高須賀康生『愛媛の政治家』（愛媛文化双書刊行会、一九八八年一〇月）一〇二頁。高山の生涯については後藤朝太郎編『高山長幸』（弧竹会、一九二八年）を参照。
(85) 海南新聞一九二〇年四月一二日、四月一三日、四月一六日。
(86) 日本基督教団大洲教会百年史編纂委員会編（山本裕司著）『流れのほとりに植えられた木――大洲教会百年史Ⅰ一八八五―一九二八』（日本基督教会大洲教会発行、一九九九年六月）八四頁。
(87) 「加州琿春討議」東京朝日新聞一九二〇年一〇月六日二面。
(88) これは覚治郎の死を悼み、杉村楚人冠が書いた文章の中にある。川尻茂平編『故健次郎氏の霊前にささぐ』（一九一八年一二月）という文集に掲載されている。杉村は覚治郎と同じ船でロンドンに赴き、交遊関係を持っていた。
(89) 同志社社史資料室編『追悼集Ⅱ――同志社人物誌明治四一年〜大正四年』（同志社、一九八八年一〇月）一八六―一八八頁。
(90) 赤松康江「追憶」井上勝也＝井口洋夫＝黒田晴雄編『追憶赤松秀雄』（岩波ブックセンター、一九九一年五月）三頁。
(91) 日本基督教団豊分教会編『豊分教会七〇年史』（豊分教会発行、一九七一年七月）および松本徳次郎編『日本美普教会年譜』（信愛社団、一九六七年）参照。
(92) 川尻茂平編・前掲書、一二頁。
(93) 美術書として『日本美術史提要』『九鬼君講説大意』（京都美術協会編、一八九三年一二月）、『九鬼男爵日本美術論』（橘高乙一発行、大阪聚文舎、一九〇八年九月）『日本之王道』（一九一九年二月）、

『日露時局談片』（渡辺市太郎編、光彰館、一九〇四年四月）、『乃木大将の感化』（大島唱治編、聚精堂、一九一二年）、『茶徳談片』（心月庵主書、一九〇五年一〇月）、『達磨心論』（一九二九年六月）等の著述がある。

(94)　高橋眞司「九鬼隆一㊦」福沢諭吉年鑑一〇号、七二頁。

(95)　三宅雪嶺『同時代史』四巻二五頁では、「全盛期は文部少輔たりし時にして、文部省が九鬼の文部省と見え、省内の人がその風采態度を真似、必らず大いに発展すべきかに見えて、つひに美術に隠るるを余儀なくせらるるに知らる」と隆一の八〇年の生涯を結論づけている。

(96)　伊藤正雄「福沢諭吉と岡倉天心―九鬼隆一をめぐる両者の立場について―」甲南大学文学会論集一〇号（一九五九年一一月）八頁。

第五部　シャム特命全権公使時代

ここではシャム特命全権公使になってから死亡するまでのことを中心に述べることとする。不平等条約を撤廃して、シャムでの仕事の区切りをつける時期にあたる。

1　公使として赴任

藤吉に正式にシャムの特命全権公使の辞令が出たのは、一九二〇年（大正九年）一二月八日である。この時高等官二等に任ぜられた。同時に正五位に叙せられた。

なぜ藤吉が公使となる話がでてきたのか。約一六年間にわたるシャムでの仕事や生活の経験から、藤吉はシャムでの広い人脈を持っていた。日本の外務省には当時シャムでこれほどの人脈を持った人物はいなかった。外務省内では「三シャ」と言って、シャム、ギリシャ、ペルシャの三国は、赴任をきらわれていた。(1) それは気候風土がきびしく生活しにくいことと、出世コースからはずされることの二つの意味があったからである。シャムと日本との関係がまだ政治的にも経済的にも少なかったということもあろう。したがって、積極的にシャムとかかわろうという外交官はきわめて少なかった。その証拠に稲垣満次郎のあと公使になった者は短期間しか勤めていなかった。そこで外務省以外から人材補給を必要としたのである。

藤吉自身もエール大学在学中から外交官になりたいという希望を持っていたし、外交官になるという話は願ってもないチャンスであったであろう。さらに、当時衆議院への立候補を取りやめざるをえなかった藤吉を救済するという意味もあったのではないか。ちょうど政友会総裁である原敬が総理大臣であったので、藤吉をシャムの公使に任命することができたのであろう。

一九二一年一月一六日エール大学会（Yale Alumini Assoiciation of Japan）の主催で、帝国ホテルで送別会が開催された。会長は岡部長職子爵（旧岸和田藩主）であった。参加者は多くなかったが、親しい者が集まったので打ち解けて話ができた。岡部子爵が送別の辞を述べたのに対して、藤吉は英語でシャムにおける「自分の任務に対し、自ら信ずる所あるが如く、誠に快い答辞を述べた(2)」という。

一九二一年一月二八日東京駅を出発し、横浜港より加賀丸で甥夫婦である成田栄造・ツルエを連れてシャムに向かった。新聞報道では女中一人を連れていったとなっている(3)が、甥の妻ツルエのことであろうか。麻布中学校に通っていた次男隆二郎は一月三日から腸チフスで入院しており、出発の前日藤吉は病院に見舞い、シャムで会うことを約束した。長女千代子は先に述べたように、すでに結婚していたので、家では妻光子、次男隆二郎、次女久子がいたが、隆二郎が腸チフスの病気のために光子は同行することができなかった。そこで、身の回りを世話するために甥夫婦を連れていった。しかし、後で光子と久子は藤吉のもとに出かける予定であった。

なお藤吉がシャムに出発した後、国会で藤吉がシャムから年金をもらっていることが問題とされた。永井柳太郎と田中善立が質問し、内田外相が答弁している。シャムへ赴任するに当たり、年金を辞退した筈と述べたり、「今後年々貰う金を一時に貰って仕舞ったかも知れぬ」とか「その金は断じて怪しき金にあらず」と答弁が不明確であると追求されている。(4) 衆議院議員になった時も同じ問題が指摘されたが、衆議院議員や外交官であれば、外国から年金をもらってはいけないという規則があったのかどうか、あいまいであった。外国の年金をもらうことがこの当時めずらしいことであり、明確に法律で禁止する規定はなかったのはないかと思われる。

2　公使としての仕事

一九二一年五月バンコック宮城において国書捧呈が行われた。その時に写した写真が残っている。

公使館は一九〇三年オリエンタル・ホテルからチャロン・クロン通り（ニュー・ロード）とマハ・プルタン（Thanon Maha Phrutharam）通りの交差するところ（現在ではバンコック中央駅から南へ一キロ行ったところ）に移っていた。現在では想像つかないが、ここは当時外国人高級住宅街とされていた地区であった。公使館と領事館、公使以下の宿舎が設置された。その施設は質素であったという。

それでも「王族の方がしょっちゅう自動車を運転してみえていた」(5)という。赴任した一九二一年はバンコックではことのほか暑い年だったという。

　藤吉が再びシャムに公使として帰ってきたことは、「之れ恰も故郷に錦を飾るの概あるで得意と喜悦を以て早々久々にてプリンス（ダムロングのこと）に拝謁されたがプリンスは昨の吾わが友今や友邦の代表者となって来るを非常に欣ばれ余は復茲に再び胸襟を開きて相語る一友を得たり将来各自邦家の為に折角致さんとて深き握手を交換されたのは今尚彷彿として筆者の目前に在る」と山口武は書き記している。(6) シャム側も藤吉が公使として赴任してきたことを歓迎する様子を伝える記述である。

　藤吉は公使として赴任する当時のシャムにおける日本人の人数であるが、赴任前の一九二〇年九月末段階での数字が記録されている。それによれば、男性二一五名、女性七四名で合計二八九名である。(7) 藤吉がはじめてシャムに来た一八九七年には男性二四名、女性二七名で合計五一名であったことと比較すると、人数が六倍に伸びていることが分かる。特に男性の数の増加が目立つが、これは日本人のシャムでの経済活動が活発化したことを示しているように思われる。しかし、小規模な商業や貿易業が中心であったために、同じアジアでも、フィリッピン、シンガポールやインドネシアと比較すると、日本にとっての重要度は小さかったと言えよう。それらの国ではゴム、麻、砂糖等の栽培を企業によっておこなっているのと比較すると、シャムでは事情が異なる。この当時の日本からの交通事情の悪さが影響していたのではないかと思われる。一旦シンガポールまでいって、そこからシャムにいかなければならなかった。しかし、不平等条約のままでは捨て置けない状況が生まれてきていたことは以下で述べるとおりである。

公使としての最大の仕事は日・シャム通商条約の改定であった。藤吉が日本にいる間に、外務大臣の内田康哉が条約改正の方針を示していた。それは藤吉自身の見解とは異なる内容であった。藤吉の見解は衆議院予算委員会の場で発言しているとおり、領事裁判権・治外法権を廃止して平等条約を締結することであった。藤吉のねらいはシャム人と同様にどこに住むか自由になる居住権を持ち、国内を自由に旅行できること、土地所有権も認められることから、日本人がシャムで経済活動がやりやすくなること、さらに日本人が農業のためにシャムに移住することもやりやすくなることであった。(8)ところが、内田の方針では領事裁判権を維持しようとするものであり、藤吉は自分の考えと違う方針のために苦悩することになった。

領事裁判権を持つことによって、どのような結果が生じているか。在留日本人はルア・チャーング（手漕ぎ小舟）でバンコック都心から二四時間以内で往復できる地区にしか居住できないという制限があった。在留日本人は日本領事館に登録されていたが、地方に居住する場合には、六カ月毎に領事館が発行する身分証明書に、シャムの警察の査証を受けたものを常時携帯することを義務づけられていた。つまり地方居住者は地方に一時滞留しているという形にして、警察から黙認されることになっていた。領事裁判権を日本に認める代わりに、居住地の制限と、土地所有権の禁止が合意されたために、経済活動や移民を促進する上ではマイナスであった。

さらに、在留日本人で刑事事件の被告となった場合、日本領事館裁判廷で裁かれ、軽い判決の場合には、日本公使館の敷地内で現地使用人と車庫の裏側にあった独立の家屋が勾留場所として利用されて、そこに入れられた。重罪の場合には長崎地方裁判所に移送されることになっていた(9)。そのために日本人の警察官が勤務していた。しかし、日本人警察官が在留日本人を逮捕することは難しい。実際にはシャムの警察が犯罪被疑者を摘発し、それに日本人が含まれている場合に、日本領事館に連絡があって、はじめて日本人警察官の立会のもとで捜査して、日本人を逮捕するという方式が使われていた(10)。

関税自主権をシャムが持たないことによって、関税率がもっとも低く設定され、製造加工品は三・三三%という率であった。これによってシャム国内では製造業が発展することがきわめて困難な状況に追い込まれた。しかし、日本側ではシャムとの貿易が小さかったので、そのメリットを生かすことができなかった。そこで藤吉は治外法権を維持するメリットが大きくないことから、それを廃止する方が望ましいと考えていた。

その背景には、少しずつであるが、治外法権を廃止する方向にすすんでいたことがある。フランスは不平等条約を根拠に、多くのシャムにやってくる中国人をフランス保護民（French Protégés）としてフランス領事館に登録させてきた。当時シャムでは運河、道路や鉄道の建設が進められ、多くの中国人がそれらに従事するクーリーとしてやってきていた。その人達がフランスの保護民となって領事裁判権が行使されると、多くの中国人がシャムの裁判を受けないことになった。[11]しかも、この保護民としての登録の不正取得、売買、譲渡がなされ、数万人に達していた。その結果、シャムの統治機能が弱められた。その弱みにつけこんで、フランスは一九〇四年二月一三日、アジア人保護民登録制度制限を認める代わりに、ルアンプラン対岸およびパクセ対岸の領土をシャムより割譲させた。つまり、一九〇四年二月一三日以前に登録証を得た者以外にはフランスの保護民となることはできなくなった。その者はシャムの裁判所で審理をうけるが、兵役は免除されていた。その結果シャムはその領土の一部を失った。[12]この条約が成立したことによって、ラーマ五世はフランスへの友好を示すために、言い換えればフランスを宥めるために、フランスから新たに法律顧問を受け入れることになった。それで、パドュー、ギヨン、エヴェック、リヴィエール等がシャムにやって来た。

この条約改正によって中国人に対する裁判権をシャムが取得したが、これが中国人の反発を招いて暴動がおき、中国人つまり華僑への対応を迫られた。[13]一九一〇年六月一日バンコックの華僑の商店が一斉に閉店してストライキを実施し、四日間続いたことがあった。原因は華僑に対する人頭税をシャム人の半額にして優遇していたが、それを廃止して同じ六バーツに上げたことであった。中国からシャムへ流入が増え、一九一〇年ごろには華僑の人口が約八〇万人にまで達し、総人口の約四%にもなった。このストライキは軍隊と警察によって鎮圧されたが、これ以来シャム側は華僑との融和的な関係を築くことに注意を払うことになった。一九一三年の国籍法が属地主義を採用して、シャムでうまれた中国人にシャムの国籍を与えたが、一方華僑の秘密結社の収入源であった阿片窟と賭博場の独占請負制度は一九一七年に廃止して、その弊害をなくす政策をとった。

さらにイギリスとの条約によって、香港、マラヤ、インド、ビルマ等のイギリスの植民地の人々はイギリス臣民（subjects）として、シャムにやって来て犯罪をおかしても、それらの人々がシャムのイギリス公使館に登録されているかぎり、イギリスの領事裁判権のもとに入る。(14) たとえばビルマ人は北シャムでチーク材の不法伐採をしてもシャムの裁判所で裁けないという問題を発生させた。このようにフランスとイギリスとの不平等条約がフランス人やイギリス人だけでなく、その臣民や保護民にも拡大されて、シャムにとって不平等条約の悪影響が大きくなってきた。それをいかになくしていくか、シャムが苦労したところである。いっきに領事裁判権を廃止できず、徐々に廃止の方向に向かって動いてきた。

一九〇七年三月二三日、フランスはフランス人以外の保護民の裁判権を完全に放棄した。つまりフランス保護民として登録されているアジア人は、シャムで国内法が整備されるまで国際法裁判所で裁判されるが、これ以降にフランス保護民として登録されるアジア人はタイの一般の裁判所で裁判されることになった。それと引き替えに西部カンボジア（シャムラートとシーソポン）を割譲させたし、フランス人自身への領事裁判権はそのまま残っていた。(15) 一九〇七年当時で、フランス人とフランスの保護民として登録されていた者の合計で一万六四五五名[16]に達しており、その内の九割以上が保護民であり、シャムにとってこの条約は土地を失ったとはいえ治外法権撤廃に一歩前進したものと評価されている。

さらにイギリスもイギリス国籍民として登録されている者は、イギリス人、アジア人（Asiatic Descent）を問わず、シャムの法整備がなされるまで国際裁判所のもとにあるが、法整備がなされた後にはシャムの裁判所に移管されることになった。イギリス人とその保護民あわせて五六九〇名いたが、その九割以上が保護民であり、シャムにとって不平等条約撤廃への一歩前進であった。しかし、これと引き替えに、マレー四州（ケランタン、トレンガヌー、ケダー、ペリスとその海岸の島々）の領土をイギリスに割譲さざるをえなかった。[17]これでイギリスは一五〇〇〇平方マイルの土地と約一五〇万人を支配下においた。この一九〇九年三月一〇日のイギリスとの条約はフランスより一歩領事裁判権廃止の方向に進んだ。[18]

一九一三年にはデンマークとも交渉し、デンマーク保護民の裁判権限を国際裁判所に認める条約を三月一五日に調印した。それを引き替えにデンマークはシャム国内での居住の自由と土地所有権を取得した。デンマークは領土の割譲を求めなかった。

第一次世界大戦にシャムも参戦して、兵員と食料等の供給をおこなった。はじめはシャムは中立を宣言していたが、一九一七年四月アメリカが参戦したことをうけて、七月二二日シャムはドイツに対

暹羅公使任命当時（1921年1月）

して宣戦布告をおこなった。一二〇〇名からなる志願兵部隊をヨーロッパに派遣した。これはシャムにとって外交上の利益をもたらした。

一九一九年のベルサイユ講和会議ではシャムも先勝国として出席し、治外法権を撤廃することを主張し、条約の改正交渉に入ることをフランス、イギリス、アメリカ等の連合国側の国々に申し入れた。これはシャムの外交顧問であったアメリカ人のピットキンの戦略であった。それを受けてアメリカが最初に平等条約を締結する交渉を始めた[19]。一九二〇年一二月一六日条約に調印がなされた。その内容は、条約の有効期間を一〇年としたこと、シャムにいるアメリカ人の裁判権はシャムに属するが、アメリカ領事が第一審および控訴審において意見を述べることができ、シャム側の裁判官と意見が合わない場合には領事裁判に移審する権利を認めるとともに、新しい五つの法典（刑法、民商法、刑事訴訟法、民事訴訟法、裁判所構成法）が施行されてから五年後に、この移審する権利を撤廃することであった。これにシャム側が満足したわけではない。これまでの日本やイギリスとの条約では法典成立と同時に移審する権利を撤廃するとなっており、それと比べると後退したからである。しかし、原則として領事裁判権を廃止したことは一歩前進であった。

ところが、日本の外務省側の考えは違っていた。その内容については飯田修三『日タイ条約関係の史的展開過程に関する研究』（創価大学アジア研究所、一九九八年三月）に整理されている。日本はアメリカとシャムとの新しい条約の情報入手が遅れたために、領事裁判権や関税上の特権を従来通り日本が保持することを求める内容であった[20]。

① 日本人が関わる裁判に外国人裁判官および外国人法律顧問が参加できること。
② 新たな条約が批准されるまで、日本人に関する訴訟は国際裁判所に移すこと。
③ 国際裁判所に係属する日本人に関わる訴訟を日本領事館に移審する権利を留保すること。
④ 最恵国待遇条項に訴訟手続も含むこと。
⑤ 日本人に関わる訴訟を審理するために、日本人の裁判官または司法顧問を雇用すること。さらに警察顧問も雇用すること。
⑥ 日本人に財産権の取得を認めること。
⑦ 日本人に対する課税は内国人（シャム人）と同じ待遇にすること。
⑧ 日本の会社の営業活動を許可すること。
⑨ 日本人に徴兵を免除し、さらに代替税を課さないこと。
⑩ 輸出入関税については一八九八年の条約を継承すること。

藤吉がデーワウォン外相と交渉を開始したのが四月二日であった。デーワウォン外相はラーマ五世の異母弟であり、三八年間も外相を続け、一八九八年日本とシャムとの通商条約をめぐって稲垣満二郎と交渉した経験を持っている外交交渉のシャム側の実力者であった。彼は昼間寝て、夜間のみ外務省に出勤する習慣を持っており、面会を求めると午後八時以降とか午前三時頃に指定することがよくあった。[21]交渉の場では、アメリカとの新しい条約の批准が成立していない段階なので、日本側と交渉を開始できないことをシャム側は主張した。さらに日本人顧問の雇用はできないことを述べた。シャムでは外国人の顧問制度を廃止する方針を打ち出していること、アメリカとの交渉でもアメリカ側から顧問の雇用を条件として出してこなかったことを理由としていた。藤吉は日本人顧問を雇用することを条文に書いても支障はないと主張したが、妥協には至らなかった。藤吉はシャムの裁判所に日本人裁判官を送り込むことを考えていた。[22]

一九二一年五月三日アメリカとシャムとの新しい条約が批准された。藤吉はその条約を外務省に送り、日本側の提案内容の再検討を求めた。日本の提案する顧問裁判制度をとうていシャム政府が受け入れないことを日本側に伝え、アメリカと同じ移審権を認めることを進言して、「斯クスレバ暹羅ハ大ニ日本ヲ徳トシ、日暹両国ノ関係ハ益々親善トナルベシ。従来日本ハ暹羅ノ条約改正ニ就キテハ英、仏、丁（デンマーク）、伊、等ニ後シ暹羅側ヨリ見テ如何ニモ冷淡ニ過ギルノ感アリタルヲ回復スルコトヲ得ベシ」[23]と外務省に伝えた。

しかし、七月六日付けの内田外相の訓令は、一月の訓令と同じ内容であり、多少の譲歩の余地があると書いてあったにすぎない。藤吉は提案内容の変更を期待していたが、それが難しいことを知り、七月二九日に日本側の提案の全文をシャム側に示した。藤吉は全文の提示をぎりぎりまで引き延ばさざるをえなかったのは、日本の提案内容を知って、シャム側が日本に不信感をいだくことをおそれたのである。この間の藤吉の苦悩を、三隅棄蔵代理公使は次のように外務省に報告している。

「公使ハ更ニ暹羅国政府ニ意向ヲ揣摩シ我政府提案ノ尽ニテハ到底当国政府ノ承諾ヲ得ルコトハ覚束ナシトシ当国外務大臣ニ対シテ積極的ニ何等督促ノ方法ヲ講ズルナク形勢ヲ観望シテ時機ヲ待チ居リシカ此ノ間ノ苦心ハ実ニ惨憺タルモノ之有[24]」

この苦悩が藤吉の命を縮める要因になったことは間違いない。

藤吉の後任としてその死亡の一年後に矢田長之助が公使として赴任して、一九二二年八月から交渉が再開された。三年間におよぶ交渉の結果一九二四年三月一〇日に新しい条約が署名された[25]。そこで問題として交渉の焦点となった移審権については、刑法、民商法、訴訟法および裁判所構成法が公布施行されてから五年間に限って、移審権を日本側が有するが、シャムにおいて施行されている法令によって権利義務が生じることを認めた。さらに法典編纂に際し修正要求権を有することを定めた。ということは基本的に領事裁判権を日本が放棄したことになる。もう一つの論点である最恵国待遇であるが、条約に別段の規定がある場合を除いて、通商、航海、産業に関する事項について差別待遇をしないことになった。そこで条約にどのような別段の規定を設けるかの議論が残ることになった。日本とシャムとの間で、妥協の産物として通商条約が改定されたが、日本人は居住、営業の自由、土地所有権やその他の財産権を英仏の国民と同様に取得でき、これでシャムでの経済活動をおこなう基盤が整備されたことになる。暹羅国に関税自主権を認めるとともに、暹羅国が各国との条約で定める税率に対して、最恵国約款によって対応すること、税率を引き上げる場合には列国が無条件で承認する場合には日本も無条件で承認することになった。それまで日本人のシャムでの経済活動は小規模であったが、これで貿易の拡大や資本の進出が期待された。

以上の結果、交渉の途中で藤吉が死亡したのは大変残念である。藤吉にとっては、自らのシャムでの仕事の仕上げが不平等条約の廃止であると思っていたのではないだろうか。藤吉がお雇い外国人として法整備に努力してきたのは、シャムを近代国家として作り替え、それをてこに不平等条約をなくすことに目的があった。日本とシャムが平等条約を締結することは、藤吉みずからが努力した成果が日本によって認められることを意味していたのではないだろうか。そんな気持ちをこめて、条約の交渉にあたっていたのではないだろうか。しかし、そんな気持ちを日本側は考慮するはずがなかった。日本側は日清戦争、日露戦争、第一次世界大戦を勝ち、世界の中でその力を誇示し、既得権益を放棄することを自らの意志で実行することはなかった。欧米諸国の動きを見て、はじめて不平等条約を改定することに同意したのである。藤吉の生前には平等条約の締結を実現できなかったが、最終的には藤吉が目指した方向で決着がついたことになる[26]。

シャムが西欧列国に領事裁判権を放棄させ、関税自主権を取得して、不平等条約の完全撤廃を実現したのは、一九三七年であった。

3　藤吉の死亡と葬式

藤吉は一九二一年八月一一日、公邸で脳溢血のために午後四時昏睡状態に陥り、医者が手をつくしたが午後九時に死亡した。享年五〇歳であった。いすに座り、フランス語を勉強するためのテキストを膝の上に置いたまま死亡した。[27] シャムの次にはフランス公使にどうかという内々の話があったということ、シャムではフランス語が幅をきかせていたことから、フランス語の勉強をしていたらしい。フランス語だけでなくドイツ語も勉強していたらしい。語学の好きな藤吉らしい。体の方であるが、以前から腎臓を悪くしていたので、大変な酒豪家であったが、医師の勧めで好きな酒を減らしていた。一方、大変な甘党でもあり、羊羹や大福餅が大好きであった。そのせいか、背が低く、一五五センチ少ししかなかったが、体重が七五キロもあり、太り過ぎであった。腎臓が悪かったので高血圧の持病を抱えていたものと思われる。摂生をしていたが、公使を歓迎する宴会が続き、断れなくて不摂生になっていたこと、条約の改定問題で心労が重なっていたことが、脳溢血を引き起こす理由であったであろう。

交渉相手であったデーワウオン外務大臣はただちに日本公使館に駆けつけ、見舞いをおこない、病状を知った。翌一二日藤吉の死亡を悼み、ラーマ六世は侍従武官次長を使わし、花輪を届けてきたという。

光子は当時一六歳だった久子をつれて九月三〇日横浜から鹿島丸でシャムに向けて出発する予定で

在バンコック日本公使館における霊柩（大正10年8月）

あった[28]。その準備の途中で藤吉の訃報が外務省から届いた。その三日前には「至って達者でお前達の早く来るのを待って居る」という手紙が届いたばかりであった。

六月頃、藤吉より連絡があって、隆二郎はシャムにむかって出発した。彼は当時麻布中学校に在籍し、暑中休暇を利用して七月一八日東京駅を出発した。台湾、香港、サイゴンを経て八月一三日シンガポールに到着し、そこに迎えに来てくれた親戚の星崎と大阪商船の岸田から、一一日に父が死亡したことを教えられたと言う。星崎は九鬼隆一の実家であり、隆二郎にとっては母方の祖父の実家ということになる。祖父と離婚した祖母が星崎姓を名乗っていた。隆二郎はただちにスマトラに行く予定をキャンセルして、八月二一日バンコックに到着し、三隅棄蔵臨時代理公使に伴われて挨拶回りをして二四日の葬儀に間に合った。

葬儀については、シャム宮内省が公使館員と話し合って段取りを作った。隆二郎がバンコックに到着するのを待って葬儀をおこなうことになったので、余裕を持って二四日を葬儀の日とした。

葬儀の日、午後三時三〇分先頭に騎馬巡査二名がたち、傘持、太鼓、笛等の楽団員約一〇数名が徒歩で進んだ。次に赤い服を着た引き手が霊柩車をひき、勲章持参者が馬車二台にのり、次に宮内省から差し回された馬車に喪主と三隅代理公使が乗り、その後を在留日本人が随行した。道路の警護はきびしく五〜六間ごとに巡査が一人配置され、警視総監も自動車にのって指揮をおこなった。ワッサケート寺院（Wat Saket）の特設斎場に遺体が安置された。式場には皇族親王のほとんどと各国公使が出席していた。五時二〇分になって隆二郎から国王に絹手巾の献上物を渡し、国王から賜った僧衣を参列する僧侶に配布した。僧侶の読経のあと、火葬の最初の点火をラーマ六世がおこなった。火葬台のお棺の下から大通りまで、火薬を巻き込んだ長い導火線を仕掛けてあった。自動車で大通りまで来ていた国王ラーマ六世が点火した。これがローヤルクリメーションの一つの方法であった。外交官への礼遇としては珍しい待遇であった。これは藤吉の一六年におよぶシャムでの貢献を考慮したためであろう。火葬の間に参列者は焼香をおこなった。その間に僧侶二四名の読経が鳴り響き、午後六時ごろに終了した。

翌二五日午前七時から外務次官、宮内省葬儀掛長らの立会のもとで、遺骨をひろい、国王から賜った銀製の納骨壺に納められた。藤吉の遺骨は八月三〇日紀州丸でバンコックを出発し、九月一〇日香港に到着した。船が出るまでの間、香港の本願寺布教所に安置し、その日に追悼法要を営んだ。香港総領事代理坪上貞二の主催で、在留の有志三〇名あまりが参列した(29)。九月一〇日日光丸で香港を出発し、九月二二日早朝神戸港に到着した。郵船神戸支店長や早大校友会代表伊藤重次郎らが出迎えた(30)。夕刻七時に神戸駅を発ち、九月二三日朝八時二〇分東京駅に藤吉の遺骨が隆二郎に抱かれて到着した。この日細雨が降っていた。内田外相、中橋文相、秦逓信次官、望月小太郎（憲政会）、広岡宇一郎政友会幹事長、大岡育造等の政友会のメンバー、江原素六等が集まっていた(31)。愛媛県知事代理内田内務部長も出迎えた(32)。光子、久子等の親族にむかえられて自動車で代官山の自宅に帰った。九月二五日午前九時から一〇時まで青山葬儀場で神式で葬儀をおこなった(33)。藤吉の両親の墓は大洲市にあり、浄土宗のお寺である寿永寺に祭られている。多分この葬儀は九鬼家のしきたりに従ったのではないかと思われる。九鬼隆一は生きており、娘婿のために葬儀を取りしきったのでないかと想像される。もっとも九鬼家の宗教は曹洞宗永平寺派である。喜多同郷青年会の代表として三瀬忠俊が弔辞を読んでいる。さらにエール大学時代に一緒だった村井貞之助、岡田泰蔵、若松忠太郎、松本亦太郎も葬儀に参列したことが追悼録の松本の文章の中に記録されている。

藤吉の死亡はアメリカにも伝えられた。ウイルソン大統領の時代にシャム公使であったハントは当時アリゾナ州の前知事であったが、彼は藤吉をよく知り、いち早くその死亡を知り、バンダビルト大学時代の知り合いであったハリソンに伝えられた。そこからバンダビルト大学同窓会に伝達された。それを示す手紙がバンダビルト大学の図書館内にある特別資料室に残されていた。藤吉の死はバンダビルト大学の同窓会の機関誌に掲載された。

外務省としても藤吉が死亡したことは、条約交渉に大きな支障が生じる可能性があったので、ショックであった。内田外務大臣は、次のように述べている。「突然政尾暹羅公使の訃に接して驚く外ない。公使は人も知る如く日暹両国の外交関係の改善の為に特に外務省外から入って両国の親善の為に尽くされつつあったので、公使の死は両国の為に多大の損失であると同時に日暹外交の最適任者たる氏の逝去を哀悼する」(34)。藤吉の死後、次期の公使として矢田長之助が決まるまで一年間近くもかかったために、条約の改定交渉が伸びてしまった。

4　藤吉の死後

一九二二年一月二二日麻布桜田美普教会で藤吉の追悼会が開催された。この教会はメゾソスト派の教会である。追悼式では中野ミツが中心となって、高山長幸や大洲出身の人達や喜多同郷青年会の人達を含めて一〇〇名あまりが出席したという(35)。青山墓地での神式による葬儀とは別にクリスチャンであった藤吉の追悼式を教会で締めくくったということであろう。しかし、藤吉が日本のどこかの教会に所属していたという証拠を見つけることはできなかった。この年の九月には関東大震災が起きている。

藤吉は留学していたために当時としては結婚が遅い方であったので、死亡した時には長女は結婚していたが、あとの二人の子供達はまだ学校に通っている年であった。藤吉は死亡する時には子供や妻のことが気がかりであったであろう。藤吉に先立たれた光子は、「今よりはいよいよ心を強くしていとし吾が子らおほしたててむ」という和歌を詠んだように、母としての覚悟を決めてその後の人生を歩んだ。父である枢密顧問官であった九鬼隆一も生きており、その援助を受けつつ生活していたのではないかと思われる。光子の父隆一[36]、母波津子ともに一九三一年に相次いで死亡しているが、この時には子供達は成人に達し、それぞれの生活を送っていた。

藤吉死亡後もシャムとのつながりは残っており、シャムの王室の人々が日本にやってきた場合、光子は招待されて王室の人々と会うことができた。一九三一年四月七日から三日間、プラチャーティポック王（ラーマ七世）夫妻がアメリカへ白内障の手術のために渡航の途中で立ち寄った時や、手術後タイに帰国する途中にも九月末日本に立ち寄った時も、さらに一九六三年プーミポアドゥンラヤデート王（ラーマ九世）夫妻が日本を公式訪問をされた時には、鎌倉に住んでいた光子はタイ大使館主催のレセプションに招待されている。[37]次男である隆二郎には五人、長女千代子には一人、次女久子には一人、養女チトセには二人の子供がおり、それらにかこまれて光子は一九七〇年八七歳で死亡している。

政尾吉郎氏の話によれば、一九六六年（昭和四一年）に藤吉の業績を顕彰する記念碑をバンコックに建設する話があったという。タイに在住する早稲田大学の卒業生の集まりである盤谷稲門会（当時の会長は共同通信社に勤務していた寺尾市松氏）がリーダーシップを発揮して「政尾藤吉先生顕彰会」が組織され、具体的に計画が進んでいた。寺尾市松氏が責任編集の『創立五〇周年記念号』（泰国日本人会編、一九六三年九月）の中に三木栄が、五〇年後の今日博士伝記が煙滅するのをおそれて「政尾藤吉公使履歴経」を掲載した。当然寺尾氏もそれを見ており、政尾藤吉を顕彰する企画を思いついたものと思われる。

盤谷稲門会の趣意書によれば、藤吉と生前親交があり、当時副総理であったワンワイ殿下、ダニー・ニバット親王、司法大臣ピヤ・アタカリニポン氏、最高裁長官サンヤ・タマサクン氏の賛成を取りつけており、募金活動も開始していたようであった。しかし、予定募金額は一五万バーツであったが、その建設費の集まり具合が悪いことや建設場所等の問題で実現にいたらなかった。藤吉が政友会に所属してから早稲田大学との関係が必ずしもうまくいっていなかったが、そのことがマイナスに響いたとは考えにくい。

タイの高級中学校の社会科の教科書に藤吉のことが記載されている。たとえば一九七四年刊の『タイ国史』の中で、司法制度改革に重要な役割を果たした法律顧問として藤吉が描かれている。

（1）　天田六郎「領事裁判権時代のタイの在留日本人」タイ国情報四巻一〇号（一九七〇年）一一頁。

シャムのちのタイと大使の交換をおこなったのは一九四一年であった。タイは一九四一年八月初代大使としてピヤ・シーセーナを公使から昇格させた。日本は坪上貞二が初代大使として一九四一年一〇月にバンコックに到着した。これは日本にとって一〇番目の大使交換であった。

(2) 松本亦太郎「エール在学中の政尾博士」政尾藤吉追悼録、三六頁。

(3) 東京朝日新聞一九二一年一月二九日五面。

(4) 東京朝日新聞一九二一年三月八日三面「暹羅の年金」。

(5) 『南予の群像』(新愛媛、一九六六年四月) 一九四頁。

(6) 山口武「暹羅皇叔プリンスダムロング殿下」南洋協会雑誌九巻二号(一九二三年二月) 六二頁。

(7) The Siam Observer Press ed., The Siam Directory 1921, The Siam Observer Press, p.490,天田一閑「泰国在留邦人の今昔」南洋二五巻九号(一九三九年九月) 一二頁では大正年間までは小資本で商いをする者が長期滞在していたが、昭和に入ってから日本とシャムとの経済関係が強まり、会社から派遣されてくる者やその家族や医事関係者、新聞通信員が増加したことを指摘している。一九三七年には在留日本人が五二一人にまで増加している。このことは日本人会の中で、それまで独力で活動の基盤をつくってきた自営業者と、後から来た大企業の会社員との間で対立が生じる原因となった。

(8) 杉田祥夫「暹羅と日本」外交時報五九五号(一九二九年九月) 一三八頁には藤吉の意見と同様に治外法権を廃止することによって経済の分野で日本人の活躍の場が広がることを指摘している。貧困解消の方法として日本から外国に移住する政策が明治以来採用されてきた。ハワイ、アメリカ本土、ラテン・アメリカに移住していったが、アジアへの移住もみられた。フィリッピンや太平洋諸国への移住がなされたが、シャムへの農業移住が試みられたが失敗に終わっている。灌漑設備が十分でなく、気候風土がきびしいために農業移住が不成功に終わっている。岩本千綱、石橋禹三郎、宮崎滔天の移民活動の失敗状況については石井米雄＝吉川利治・前掲書、一九四頁以下が詳細に述べている。

(9)　天田六郎・前掲論文、一二頁。

(10)　具体的に長崎地方裁判所に事件を移送した贋札事例を紹介したものとして小松緑「暹羅駐在中の追憶」財団法人暹羅協会会報九号（日暹修好五〇周年記念特別号）（一九三七年一二月）八三頁。この事件では岩本という日本人がシャムの名門出のある人からシャムの贋札の印刷を頼まれて、大阪で印刷したものをシャムに持ち込んだが、シャムの銀行で贋札であることがばれて、その刑法上の責任が問われた。シャムでは公文書偽造、官印偽造、贋造貨幣行使の三つの罪でそれぞれを合算して懲役八年の刑になった。ところが、日本では紙幣贋造の罪があるが、当時の刑法では外国貨幣の贋造には適用されないし、緊急勅令で朝鮮の銅貨贋造を処罰する制度ができ、それを適用しても一年以下の禁固または一〇〇円以下の罰金の対象になるだけである。シャム側は刑の違いに驚き、日本の領事が裁判したら、シャム側が不公平感を感じるおそれがあり、問題になることを心配した。そこで、民刑事訴訟事件で外交上必要ある場合は長崎地方裁判所に事件を移送できることが定められているのを適用して、長崎地方裁判所に事件を移送してことなきを得た。

(11)　フランスの領事裁判についてはLuang Nathabanja, Extra-Territoriality in Siam, Bangkok Daiiy Mail, 1924, pp.84-101.

(12)　シャムは一八六七年から一九〇九年までに六回もフランスやイギリスに領土を割譲した。その結果五一・八七万平方キロの領土を失い、約半分の五一・三万平方キロにまで減ってしまった。加藤和英『タイ現代政治史―国王を元首とする民主主義』（弘文堂、一九九五年一〇月）六九頁。

(13) 国王が貿易を独占していた時代、実際にその実務を請け負っていたのが華僑であり、国王もその華僑に貴族の位階を与えて支配階層に取り立てていた。ラーマ三世時代からは徴税請負制を取り入れ、華僑がその請負人となると同時に事業の独占権を得て、富を蓄えることになった。シャムの人々は農業に専念し、華僑は国王の保護のもとで商業活動をおこなってきた。人種による分業体制ができあがっていった。農業、商業以外の分野たとえばクーリーにも人手不足から中国人を積極的に導入する政策を採用し、中国人には人頭税をシャム人より安くしたのはその一例である。一九一〇年代になって、それを廃止して華僑弾圧政策に転じると同時に、華僑の同化政策が採用された。田中忠治『タイ入門』（日中出版、一九八八年一月）九九頁以下。

(14) イギリスの領事裁判についてはLuang Nathabanja, op.cit., pp.56-83.

(15) 飯島明子「タイにおける領事裁判権をめぐって―保護民問題の所在―」東南アジア研究一四巻一号、一九七六年六月、八四頁。

(16) 石井米雄＝吉川利治・前掲書、一三六頁。

(17) イギリスは一九〇八年の条約締結以前から、今はマレーシアの四州になっている地域をねらっていた。シャムはこの地域をラーマ一世の時代に属国としていた。一九〇二年ケランタンの王がイギリス人のダッフに租借地を与え、租税の徴収権まで認めた。ラーマ五世はこれに怒ってシンガポールにいた海峡植民地総督と話し合った。藤吉はこの紛争解決に乗り出したラーマ五世を助け、秘書役としてこの地域に出向いている。シャム側はケランタンの王をバンコックに連れてきて幽閉し、租借地を取り消した。しかし、シャムはケランタンを含めて治外法権を撤廃するためにイギリスに譲ることになった。『金曜会報告一〇号、法学博士政尾藤吉君講話筆記』（一九一三年一一月）一八～二一頁。

(18) 一八八三年のイギリスとシャムとの条約改正によってチェンマイなどの北部三県では刑事、民事を問わず、また被告、原告であるかを問わず、シャムが裁判権を持つことが決められた。この場合、本人の同意は必要なくなった。イギリス領事は法廷に出席して意見を述べることができた。この法廷が国際裁判所と呼ばれた。これが一九〇九年にシャム全国に拡大された。この条約でもイギリス領事による領事裁判に移送することが可能であった。これが完全になくなるのは一九三七年であった。

(19) アメリカのシャムへの外交方針をまとめたものとしてBenjamin A. Batson, "American Diplomats in Southeast Asia in the Nineteenth Century: The Case of Siam", Journal of the Siam Society, vol.64, part 2, p.92.

(20) 内田外務大臣より政尾公使宛一九二一年一月一八日第一号（JDA2-5-1-69）。

(21) 矢田長之助「暹羅に関する思出で」財団法人暹羅協会会報九号、七八頁。

(22) 村嶋英治『ピブーン―独立タイ王国の立憲革命』（岩波書店、一九九八年四月）六一頁。

(23) 石井米雄＝吉川利治『日・タイ交流六〇〇年史』（講談社、一九八七年八月）一四一頁。

(24) 三隅臨時代理公使より内田外務大臣宛一九二一年一〇月一四日第七号（JDA2-5-1-69）。

(25) 通商航海条約の改正内容について当時の新聞が報道した事例として大阪毎日新聞一九二四年三月二五日、大正ニュース事典六巻、（一九八八年九月）六六一頁参照。

(26) 各国との新しい条約を集大成した本がある。それはPhya Kalyan Maitri (Francis Bowes Sayre) ed., Siam--Treaties With Foreign Powers 1920-1927, Royal Siamese Government, H.H.Prince Traidos Prabandh (Minster for Foreign Affairs), 1928. 治外法権の撤廃についての文献として橋本乾三『在支治外法権撤廃問題（治外法権に関する研究）』司法研究三二編の八、（一九四三年）二一〇～二二二頁。
(27) 天田六郎「故政尾藤吉公使のことども」霞関会会報二二七号（一九六四年）一〇頁。
(28) 「政尾公使客死す」東京朝日新聞一九二一年八月一三日四面。
(29) 政尾隆二郎編『政尾藤吉追悼録』九六頁。
(30) 「政尾公使の遺骨到着」大阪毎日新聞一九二一年九月二三日二面。
(31) 「細雨の駅頭へ令息に抱かれて」東京朝日新聞一九二一年九月二四日二面。江原素六はキリスト教主義にもとづく教育家であり、一八七八年カナダ・メソジスト教会で洗礼を受けた。藤吉とは同じメソジスト派の教会で洗礼を受けている。一八九五年麻布尋常中学校を創設し、死亡するまで校長であった。次男の隆二郎が麻布中学校で勉強していたこと、さらに政友会選出の衆議院議員であったこともあって藤吉と親しい仲であったであろうと推測される。さらに一九〇七年以来東京基督教青年会（ＹＭＣＡ）の理事長となった。信者としては麻布メソジスト（鳥居坂）教会に所属していた。江原素六の次女よし子は一九〇〇年に高山長幸と結婚している。一九一二年からは貴族院議員であった。江原素六先生記念会委員編『基督者としての江原素六先生』（一九二二年一二月）二頁。
(32) 「政尾公使逝去」政友二五八号（一九二一年一〇月）五一頁。立憲政友会は次のような弔辞を送っている。「特命全権公使従四位勲三等法学博士政尾藤吉氏逝去洵に哀悼痛惜の至に堪す茲に恭く弔辞を呈す」

(33)「政尾公使遺骨帰る」海南新聞一九二一年九月二二日二面。

(34) 読売新聞一九二一年八月一三日五面。

(35) 後藤朝太郎編『高山長幸』(弧竹会、一九三八年)に収録の日記。

(36) 九鬼隆一は一九二四年に正二位、一九五一年八月一八日勲一等旭日桐花大授章を受ける。

(37) 天田六郎「故政尾藤吉公使のことども」霞関会会報二一七号九頁。

おわりに――藤吉の生涯とその業績

これまで縷々述べてきたことを要約すれば、藤吉の生涯は次のようにまとめることができよう。シャムでの仕事を軸に藤吉の生涯をふりかえれば、出生からアメリカに出かけ約八年間に及ぶ留学から帰国するまではシャムで仕事をするための準備期間であった。そこで民事法博士号取得という成果を持ち帰った。それがシャムに出かけるきっかけを作り、約一六年間シャムで仕事をおこない、不平等条約をなくすための法整備に努力してきた。日本に帰国後、衆議院議員として活躍したが、それは再びシャムに赴き、不平等条約をなくすための準備期間としての意味を持っていた。議員をやめてからシャムへ特命全権公使として赴き、不平等条約をなくす努力中に死亡した。不平等条約をなくすことは藤吉が努力した法整備によってシャムが近代国家となったことの証しであった。不平等条約の廃止は藤吉の死後実現した。

藤吉の生涯は波瀾万丈であったと言えよう。藤吉は五〇年の人生の約半分を海外で過ごしている。今日ほど交通機関や通信事情が発展していない時代であるし、日本の経済発展もそれほど遂げていない段階で、日本人にとっては海外での生活は大変であったであろう。アメリカでの留学生活は私費留学のために生活に苦労したであろうし、シャムでの生活は経済的には満たされていたであろうが、気候風土が厳しい中での生活であり、その困難な海外での生活によく耐えていたと思われる。それだけ神経がずぶとくできていたのであろう。「日本人離れした強靭な体質と骨太い感覚の持ち主であった」(1)という見方は妥当するであろう。シャムで働いていた外国からの顧問はシャムで病気になる場合が多く、藤吉のように一六年間も働いたケースは少なかった。それだけ体が丈夫であったということであろう。さらに家族も元気でいたからこそ一六間もシャムで働けたのである。もっとも藤吉の長男は生後わずかで船上で死亡しているが、それ以外の子供達は小さな病気には罹ったであろうが、命にかかわる大病にはならなかったのであろう。外国人の法律顧問の中には、本人および家族の病気で短期間でシャムを去った事例が多くあった。しかし、さすがの藤吉でもシャム滞在一〇年を過ぎるころから腎臓の病気を患っていたし、享年五〇歳という若さで死亡しているところからすれば、長年の苦労が偲ばれるところである。

彼を表現する言葉として、「軀幹長大、容貌豪爽堂々として人を圧するの威厳を帯ぶ而も世才に長じ応接縦横にして流るるが如く」(2)と書かれている。身長は高くなかったが、太っていた。一方、先の文章の後半では、世事にたけていたことが書かれている。ラーマ五世やラーマ六世、ジャックマンの信頼を取りつけたことや、シャムの王室の人々と友好関係を結べたのも、その結果であろう。さらに刑法の成立・施行のために高等会議を設置させたように、政治的手腕を発揮したことにも、それが現れているように思われる。

貧しい平民の子が英語を武器にして社会的に認められる地位を手に入れたのである。明治維新後の社会的不安定な時期ではあるが、士農工商という身分的差別が廃止され、だれでもチャンスがあれば、社会的地位を上げていくことができる時代がやってきた。藤吉は英語を武器に世に出ることをねらったが、それに法律が加わった。初め英語を勉強し、それを生かすためにアメリカの大学に留学した。その後、アメリカで博士号を取得したことが世にでるチャンスを作ったと言えよう。

英語を学習する過程でキリスト教との出会いがあった。しかし、キリスト教が一生を規律するほどの影響を与えたのであろうか。シャムで一夫多妻制を制度として導入することに反対したことに、その影響が見られるが、キリスト教が精神的支柱と言えるほどの地位を占めていたのであろうか。大洲の教会時代から、関西学院、バンダビルト大学、西バージニア州立大学に通っている頃まではキリスト教の影響が強くみられた。それ以降、シャムや、シャムから帰国してからキリスト教とどのようにかかわっていたのか、資料を見つけることができず不明である。彼の邸宅の近くに教会があったが、そこに通ったのであろうか。シャムにいる間に出した判決ではキリスト教に基づく考えではなく仏教的な思想によって温情を示す判決となっていたが[3]、それは多分シャムに適した解決としてあえて仏教的な思想を用いたと思われる。最後の葬儀は神式でおこなわれており、キリスト教式の葬儀でなかったが、それは九鬼家のしきたりに従ったものであろう。東京青山墓地にある藤吉の墓は「政尾藤吉之墓」と書かれているだけである。結果を見れば、英語の勉強のためにキリスト教に接近したということになり、その英語が彼の得意な分野を法律や外交問題に結びつける役割を果したと言えよう。しかし、キリスト教だけではなく、シャムという仏教の国で一六年近くも過ごしたことは、仏教への傾斜も見られたと言えよう。しかし、最後には青山墓地での葬儀の後、教会で追悼式が開かれており、クリスチャンとして生涯を終えたことになろう。藤吉の生涯でキリスト教の影響の強い時期と弱い時期があったようである。

藤吉は社会的に認められる地位を目指してかんばってきた。別の言い方をすれば上昇志向が強かったということである。つまり、ハングリー精神が旺盛であったとも言えよう。日本全体が富国強兵によって西洋に追いつけ追い越せという雰囲気が強かった時代であり、藤吉もそれを受け継いでいる。それを実現するのに、薩摩・長州・肥前・土佐という明治維新の時に貢献した雄藩でない藩の出身であり、帝国大学の卒業生ではなかった。アメリカで取得した民事法博士という学位を持っていたが、九鬼隆一男爵の長女と結婚したり、東京大学から法学博士を取得することによって、日本社会での地位向上を目指したといえよう。その結果、成り上がり者という厳しい評価も生まれてきたのであろう。(4)

藤吉が大洲出身であることも、アメリカへ私費留学という当時としては思いきった行動に出るにあたって考慮すべきことであろう。大洲藩は明治維新の時に薩長土肥ほどの貢献ができなかったが、薩長側に立って行動していた。それ以前から大洲藩では蘭学が盛んであったことが外国に目を向けるきっかけを作ったと言えよう。たとえば大洲の蘭学者である三瀬周三はシーボルトの娘イネと石井宗謙との間に生まれた娘高子と結婚していたり、シーボルトの高弟であった二宮敬作は三瀬周三の叔父にあたり、大洲藩の隣にある宇和島藩士であったように、シーボルトの影響が強く見られる地域であったことが、海外に目を向ける進取の気風を育てたのではないか。積極的に海外との交渉、特にロシアとの交渉に力のあった大井上輝前はその影響を受けた人物であったと言えよう。(5) その大井上が脱藩してアメリカに渡ったことは藤吉のアメリカ行きの決意に影響を与えたであろう。大井上はロシアとの関係を持って、北へ関心を注いだのに対して、藤吉はシャムという南へ関心を注いだという違いはあるが、共に海外での仕事が評価された点では同じである。その死後、二人とも大きく注目を浴びることなく、一部の専門家にしか知られていない点でも同じである。

日本全体が西欧列国に追いつけ追い越せの時代であったが、それは脱亜入欧を目指したのであり、そのためにアジアを一段下に見ることが一般化していた。つまり、西欧諸国、アジアの中で一等国としての日本、二等国の他のアジア諸国という序列でみるのが一般的な日本人の見方であった。その結果、アジアにかかわる人材は二流、三流であるという見方がある中で、長い年月シャムで活躍してきた。彼自身も最初は短い期間だけの赴任のつもりであったが、一六年近くになってしまった。アメリカで約八年間も過ごしていながらも、シャムという日本とは関係の薄い国で一六年近くも仕事に従事したことが、彼の経歴をユニークなものにしている。衆議院議員として国内で活躍する場合にも、アジアおよびアメリカと関連する分野で活躍しており、アメリカもアジアも両方考察することができたという意味でユニークな存在であったと言えよう。

藤吉のシャム観、より広くアジア観はどのようなものだったのであろうか。シャム公使時代の言動からすると、シャムと日本との不平等条約をなくすことに腐心しており、シャムと日本が対等な関係を築くことを目指していた。それは経済的な取引関係を強化することを目的としていた。当時日本とシャムとの経済取引は少なかったので、それを大きくすることを主張している。綿の生産を試みたことはその具体的な現れであった。そのころの日本の南進論とのかかわりから言うと、シャムに商業資本や産業資本の進出を促進させようと主張している段階である。その後出てきた日本のアジアの領土への侵略や大東亜共栄圏という発想にまでは至っていなかったと思われる。

もし、藤吉が長生きをしたとすれば、日本のアジアへの侵略に抵抗したとは言えないかもしれない。衆議院議員時代に日本の植民地政策として、朝鮮や台湾を統治する法律の制定にかかわっており、さらに東南アジアへの侵略に進んでいった場合、それに抵抗はしていなかったかもしれない。藤吉は思想的には保守的であり、理想を追求するというより状況を見て判断するプラクティカルな志向が強い人物である。それだけに時代の影響を受けやすかったと言えよう。牧師になることをやめたことにそれが表れているからである。

藤吉の死後、シャムとの友好関係を築くために一九二八年一月三一日暹羅協会が正式に設立し、一九三五年六月八日に財団法人として登録された(6)。藤吉が生きておれば有力メンバーとなって活躍したことであろう。この暹羅協会も日本がアジアに領土を求めて進出する国家の方針を側面から支援する組織に変わっていった。もし藤吉が生きていたとすれば、それに抵抗したであろうか。それ以前に藤吉は死亡しているので、意味のない問題かもしれないが。

藤吉が山田長政に傾倒したのも、日本とシャムとの交流を活発化させたいという願望の現れとみることもできる。たしかに人口に膾炙された山田長政が本当に実在していたかどうか疑問がないとは言えないが、それに近い日本人がシャムで活躍していたことを発見し、自分自身をそれに擬していたことは事実である。そして客観的に見れば、藤吉の山田長政研究や日本とシャムとの交流史研究は、明治時代からあった日本の南進論にはずみをつける役割を担ったと言えよう。

藤吉の位置づけとして、本書では法整備支援国際協力の先駆者という副題をつけている。これはシャムでの立法作業や司法制度の改革に貢献したことを指している。当時は「国際協力」という言葉や概念は一般的ではなかった時代である。藤吉の意識では、一人の日本人がシャムの国作りに協力しているというものであったであろう。しかし、それに至る過程を見れば、国と国の交渉の結果藤吉がシャムに出かけることになったのであり、藤吉個人だけで仕事ができたのではなく、二カ国間の勢力関係が背景に存在していたことを無視できない。

さらに注意すべき点がある。藤吉の仕事は一人でできるものではなく、共同作業が必要であるが、ただ一人の日本人としてリーダーシップを発揮して、シャムの法の近代化に貢献したと言えよう。べルギー人やイギリス人、フランス人、シャムの人々との融和を図りつつ、立法作業を続けるためには、相当の忍耐力が必要であったであろう。シャムでは直接的に利害が身辺におよぶまで何事もやらぬ悠長な態度がよく見られる中で、一定の成果を上げるまでには相当の時間がかかる。一六年もシャムに滞在したのもそのためである。さらにラーマ五世の「チャクリ改革」に批判的な王族もおり、それらとの調整をはかりつつ成果をあげてきたが、そこに至る作業こそが国際協力そのものであったであろう。

さらに立法作業だけでなく、裁判官として法律の運用面にもかかわり、その定着に貢献したことは、法律分野での国際協力のあり方を示していると考えられる。お雇い外国人が裁判官になれたのは、シャムが王政国家であったからであり、ラーマ五世の時代だからこそできたことである。国際協力のあり方として司法制度の運用にまで関わることの重要性は今も変わらないことを示していよう。

藤吉を通して日本法がタイの法律に影響を与える結果となった。藤吉は日本の法律を英語に訳して、それを立法作りに利用してきたからである。それが可能になったのは、日本が法整備に成功して不平等条約を破棄することができたという状況があったからである。日本も自力で近代法を生み出したのではない。ボワソナード（Gustave Emile Boissonade）、レースラー（Hermann Roesler）、モッセ（Albert Mosse）、テッヒョー（Techow）、アペール（George Apert）、ブスケ（Bousquet）、ルドルフ（Rudolf）等々を代表とするお雇い外国人の指導によって法典作業や法学教育がなされ、そこから育った日本人が、その後を引き継いで日本法の近代化を進めていった。その経過を見ていたシャムに、日本を見習おうという意識が生まれたことが、藤吉がシャムにやってくる背景に存在していた。藤吉一人が日本人として立法作業にかかわったが、その背後で日本法の近代化に向けての試みが追い風となっていたのである。

藤吉の業績をシャム側から見ればどうなるか。ラーマ五世のチャクリ改革の重要な分野である司法改革に貢献したということになる。チャクリ改革はシャムを近代国家に作り上げるためになされた改革であるが、その改革は国王を中心とする中央集権化を目指し、それを支えるために官僚組織を制度化していって、西欧列国と対等の立場に立てる近代国家を作ることを目指していた。つまり西欧諸国のシャムへの進出を阻止して国の独立を維持することを目標としていた。しかし、憲法や議会制度を導入する段階にはまだいたっていなかった。シャムで立憲君主制が採用されたのは一九三二年のことである。それ以前の国王を中心とする中央集権化、つまり国の統一のための専制君主制を目指した「チャクリ改革」を支える役割の一端を藤吉も担ったということになる。当時のお雇い外国人はそれを期待されていた。そのために藤吉の努力は主に立法作業や司法改革に向けられ、シャムの「近代化」に貢献した。この「近代化」はカッコ付きであって、専制君主制を前提としての国の近代化であったが、一九三二年の立憲革命後も藤吉のかかわった法律は効力を維持し、議会制が導入された後でも効力を存続できたことは、近代法としての内容を持ちつつ、タイ社会の中で存在価値を持ち得たことを意味しよう。

立法作業にあたり、伝統的に存在する法や慣習をどうように取り入れるかという問題が、藤吉の仕事を検討するにあたって重要な論点である。パドューはできるかぎり伝統法を調査して、取り入れていこうとするのに対して、藤吉は近代法となるためには問題となる伝統法を取り入れるべきではないという意見を持っており、両者は対立している。前者は西欧からの法継受によってシャム社会の法や慣習を変更することを避けたいという考えが基本にある。それに対して、藤吉は伝統的な法や慣習の中でも、そのまま生かしていける部分となくしていくべき部分があり、近代法に転換する上で支障のある部分はなくしていくべきであるという考えが基礎にある。法継受に際して当然おこってくる問題であり、日本で法典論争・民法典論争を引き起こしたように、シャムでも一夫多妻制をめぐる論争がおきた。

次に、シャム法に与えた外国の影響をどのように整理していくかという問題がある。法律分野でのお雇い外国人は、はじめはベルギー人が多かったが、しだいにイギリス人とフランス人が増えて、ベルギー人が激減した。ベルギー人はシャムでの初期の司法改革の導入時期に貢献をしたが、その後はイギリス人とフランス人の貢献が目立つ。両国の貢献の場は住み分けがなされていた。イギリス人が実際の裁判の場で貢献し、フランス人は立法作業の場で貢献した。立法作業では新しい法律の成立というはっきりと目に見える成果を生み出したが、裁判を通した貢献は個別具体的であるために、はっきりとした成果を示しにくい分野である。しかし、特に法律がまだ成立していない時期には裁判によって形成される判例法理が紛争処理の基準となるので、イギリス人の裁判官によって形成された裁判基準も無視しえない貢献であったと言えよう。さらに法学教育の場でもイギリス方式の教育がなされていたことも無視できない。現在のタイではフランス法の影響が大きかったことが強調されているが、イギリス人の裁判を通してのタイへの影響があまり評価されていないのはおかしいという気がする。本稿のテーマからずれるので、具体的にそれを分析の対象にはしていないが、大陸法に属するフランス法とコモンローの国であるイギリス法がどのようにシャムの中で融合されていったのか、はたまた矛盾した状態を生み出したのかを探るのはおもしろいテーマであろう。

イギリス法とフランス法の影響に比較して、日本法の影響をどう評価できるであろうか。日本法がタイの法律、特に刑法と民商法の領域で影響を与えたが、その結果はどうなったのであろうか。この点については、まだ十分な解明がなされていない。まだ法律の規定の相互関係を調べる段階に終わっている。より深く各規定の社会的機能が日本とタイとでどのように相違しているのかを今後研究していく必要がある。これまでタイの法律はフランス、ドイツ、イギリスの国々の影響の下にあったとされてきた。タイでも日本法の影響があまり評価されてこなかったが、最近になって日本法の影響があったことが共通の認識になってきたが、それを規定上だけでなく、具体的にどのような効果をもたらしているか、タイと日本でどのような相違点があるかを確認する必要がある。

日本からの法律顧問が一人だけであったことは、当時の日本の国際的地位の反映という気がする。ベルギー、フランス、イギリスは複数の法律顧問をシャムに送り込んでいるのに、日本から結局一人しか送り込めなかった。日本側でも法律顧問を増やす試みがなされたが、うまくいかなかった。藤吉はそれらの法律顧問のトップの地位にはいたが、一人であった。その報酬は最初低い額であったことは日本人への評価が低かったことの現れであったと思われる。他の分野での日本人顧問の報酬も欧米の顧問と比較して低かったことと合わせ考えると、シャムでの日本人への評価が欧米と比べて低かったことを示していよう。当時の日本の国際的地位の反映を示していると考えられる。その中で、藤吉は法律顧問としてトップの地位について、当然もっとも高い報酬をもらったが、それは実力がみとめられた段階になってからである。

藤吉が死亡してから八二年が過ぎている。その間に藤吉に関する資料が失われてきている。アメリカで調査した時も、消失したり、燃えてしまってなくなっている資料があることを知った。一方、新しい資料が見つかる可能性は否定できない。特にタイではこれから捜せば出てくる可能性はある。特にタイの公文館や司法省の倉庫は有望な情報源となろう。そこで資料を捜す努力をして、見つかった資料を前提として、藤吉の業績を日本とタイの共同研究でまとめる必要がある。この論文では彼の人生経歴を中心にまとめたが、その業績の集大成をおこなう必要がある。タイでも法制史、民法、刑法の研究者が藤吉に関心を持ってきている。日本側でもタイの法律を研究する者が少しづつではあるが増えてきている。それらの研究者との共同研究ができないものかと考えている。

それを前提として、法の継受の比較研究が可能になってくる。アジアに限定してもインド・マレーシア・シンガポールのイギリス法の受容、韓国の日本法の受容、台湾の日本法の受容、日本のドイツ・フランス法やアメリカ法の受容、フィリッピンのスペイン・アメリカ法の受容、インドネシアのオランダ法の受容等が見られる。そこで、それを担当した人物に焦点をあてて比較することもできるし、どのように選択的継受がなされたのか、その内容と要因を比較することができる。日本法の継受がなされた韓国、台湾（大陸における清国や中華民国時代を含む）[7]、タイの比較研究はそれらの国々の研究者との共同研究によって取り組むべき課題である。今後これらは比較法文化論の重要なテーマとなりえよう。本書もそのための一歩であり、政尾藤吉という人物を通じて分析した著書という位置づけもできよう。

藤吉の波瀾万丈の人生は小説やテレビドラマの題材にもなりうる。本書では学術書としてまとめたので、きちんと立証できるだけの裏付けが必要であった。しかし、残念ながら十分な裏付けが見つからない場合があった。そこで藤吉の人生すべてが明らかになっているわけではないので、想像力を働かせて小説やテレビドラマとしてまとめることは可能であろう。ラーマ四世とアンナの関係を描いた「王様と私」があるが、日本版「王様と私」ができるかもしれない。

（1） 吉川利治「『アジア主義』者のタイ国進出」東南アジア研究一六巻一号九一頁。

(2) 「政尾候補略歴」海南新聞一九一五年三月一八日二面。

(3) 三木栄「泰国法律顧問政尾藤吉博士伝」新亜細亜一巻四号(一九三九年一一月)一四六頁。

(4) きびしい見方をしている文献があった。磯部美知「ムアング・タイ──大自由国暹羅──」日タイ協会会報一一号、(一九三八年六月)、七八頁に、「彼れが一六年の久しきに亘ってその法律顧問として暹羅国に尽くした功績は没す可らざるものがある」としつつ、「彼れは見事にお伽の国にほうりこまれて、噂のはなやかなわりにはつまらない生涯を送って終った」と述べている。その意味するところが不明確であり、なぜつまらない生涯なのかその理由が述べられていない。

(5) この点を指摘するのは重松一義『北海道行刑史』(図譜出版、一九七九年一二月)二五三頁。

(6) 山口武「暹羅協会の生立より最近迄の歩み」財団法人暹羅協会会報九号(日暹修好五〇周年記念特別号)(一九三七年一二月)七〇頁。

(7) 韓国、台湾への日本法の継受は日本が韓国、台湾を植民地としたことからはじまった。さらに満州への法移植もあった。この点はシャムへの日本法の継受とは根本的に異なるが、異なる社会に法を移植するという点では共通性がある。清国での近代的立法にかかわった日本人法律家については宮坂宏「清国の法典化と日本法律家─清末─の刑法典編纂の問題について」仁井田陞追悼論文集第三巻『日本法とアジア』(勁草書房)二三八~二五五頁。梅謙次郎の中国や朝鮮での立法作業については平野義太郎「民族の独立と条約改正と法典編纂─梅博士の日本および中国における法律事業とその背景」法学志林四九巻一号(一九四九年)二頁以下。その成果の一部として織田萬等編『清国行政法、全六巻』臨時台湾旧慣調査会、一九一〇年一一月~一九一四年三月。中華民国時代では松本蒸治が中華民国法制研究会を組織している。その成果は次のように発表されている。我妻栄=村上貞吉＝広瀬武文『中華民国民法総則』（一九三一年）、我妻栄『中華民国民法─債権各則(上)』一九三四年、我妻栄＝川島武宣『中華民国民法─債権各則(上)(中)(下)』（一九三四年、一九三六年、一九三八年）、我妻栄『中華民国民法─債権総則』（一九三三年）、小野清一郎『中華民国刑法─総則』（一九三三年）、田中耕太郎＝鈴木竹雄『中華民国会社法』（一九三三年）、我妻栄＝川島武宣『中華民国民法─物権(上)』（一九四一年）、我妻栄＝広瀬武文『中華民国商標法』（一九四一年）、我妻栄『中華民国民法─総則』（一九四五年）。台湾では岡松参太郎を中心とする台湾旧慣制度の調査が注目される。一九三八年開所した東亜研究所が満鉄調査部と一緒におこなった「北支那法的慣行調査」も立法作業に必要な調査として注目される。それは『中国農村慣行調査─全六巻』（岩波書店、一九五二年一二月～一九五八年一〇月）として出版されている。当時の文献を調べる上で参考になるのが、東京大学東洋文化研究所図書室編『我妻栄先生旧蔵アジア法制関係文献資料目録』（一九八二年三月）。

資料(1)　政尾藤吉が執筆したり、講演した記録の中で発見できたリスト

寸灰居士ノ大審院判例ノ批判ノ就テ　法学新報五八号（一八九六年一月）
水面使用権ニ就テ　法学新報五九号（一八九六年二月）
The Kowshing in the Light of International Law　Yale Law Journal, vol.5（一八九六年六月）
北米諸州立法の傾向　法学新報七一号（一八九七年二月）
暹羅国の法律事情　国家学会雑誌一三巻（通算一四一号）（一八九九年）
暹羅国古代法研究ニ就テ　法学協会雑誌一八巻九号（一九〇〇年九月）
Siamese Law of Partnerships and Companies translated by T.Masao（一九〇〇年）
政尾法学博士の暹羅談　法律新聞一四七号（一九〇三年七月）
The Sources of Ancient Siamese Law　Yale Law Journal, vol.15（一九〇四年一一月）
Researches into Indigenous Law of Siam as a Study of Comparative Jurisprudence　Journal of the Siam Society, vol.2（一九〇五年）
暹羅の話　慶応義塾学報九三号（一九〇五年八月）
暹羅国法制現況　法学協会雑誌二五巻一号（一九〇七年一月）
暹羅国刑法草案　法学協会雑誌二五巻五号（一九〇七年五月）
暹羅の新刑法に就て　法学協会雑誌二五巻一一号（一九〇七年一一月）

資料(1)　政尾藤吉が執筆したり，講演した記録の中で発見できたリスト

The Civil Code of Japan Book I. translated by T. Masao（発行年月不明）

暹羅国　貿易一〇巻一二号（一九〇八年一二月一五日）

The Penal Code of Siam　Yale Law Journal, vol.18（一九〇八年）

The Penal Code of Siam　Journal of the Siam Society, vol.5（一九〇八年）

Siamese Law: Old and New　Arnold Wright & Breakspear ed., Twentieth Century Impression of Siam, 一九〇八年（Reprinted ed., White Lotus, 一九九四年）

暹羅の経済事情　専修大学学報二号（一九一三年）

暹羅国の富源　貿易一四巻一一号（一九一三年一一月）

法学博士政尾藤吉君講話　金曜会報告第一〇号（一九一三年一一月一九日）

暹羅の国情　東京経済雑誌一七二八号（一九一三年一二月一三日）

生産上の暹羅　改題日本及日本人六二〇号（一九一三年一二月）

暹羅の国状一斑　銀行通信録三三七号（一九一三年一二月）

隠れたる暹羅の国情　政友一六三号（一九一四年一月）

山田長政を憶ふ　学生五巻二号（一九一四年）

政尾博士の話　南海新聞一九一五年一月一八・一九日

責任支出問題　政友一八一号（一九一五年六月）

資料(1)　政尾藤吉が執筆したり，講演した記録の中で発見できたリスト

暹羅の国情と日本関係　農業世界一〇巻一四号（一九一五年一一月）
ダンピング問題に就て　政友一九六号（一九一六年八月）
大陸経営者としての日本人　東方時論二巻一号（一九一七年一月）
南洋排貨運動の教訓　南洋協会雑誌五巻一〇号（一九一九年一〇月）
南洋視察談　政友二三六号（一九一九年一二月）

資料(2)　政尾藤吉年譜

〈藤吉に関わる年譜〉

一八七〇年一一月一七日　愛媛県喜多郡大洲町で藤吉誕生

一八七五年一二月二四日　弟覚治郎誕生

〈シャムにおける一般的事項の年譜〉

一八五五年　イギリスとの友好通商条約（ボーリング条約）締結

一八五六年　アメリカと友好通商条約を締結

一八五九年　最初の官報を刊行

一八六〇年　オランダと友好通商条約締結

一八六七年　フランスのカンボジアに対する宗主権を承認する条約締結

一八六八年　モンクット王の死去によってチュラロンコン一五歳でラーマ五世

一八七〇年　アンナ・レオノーウエンズが『シャム宮廷のイギリス人家庭教師』を出版

一八七一年三月　ラーマ五世、ジャワ、シンガポールを視察

一八七一年一二月　ラーマ五世、インド、ビルマを視察

一八七三年　ラーマ五世、第二次即位式で王の前でひれふす慣習廃止を発表

一八七四年五月八日　国政協議会設置

一八七四年　奴隷制度の段階的廃止がはじまる

一八七五年　国家歳入室設置し税収入を同室に納めさせる

一八七四年八月一五日　枢密院開設

一八七六年　チカー裁判所設置

一八八三年　次女ヤス、矢野家に養子
一八八四年　父母の離婚のため、郡中町岡井家に寄宿
一八八五年　父、郡中の郵便局に勤務
一八八七年七月　藤吉、青山彦太郎から英語を習う
　一二月一〇日　宣教師ハーストから洗礼を受ける
一八八八年二月　喜多学校に入学
　三月二三日　父死亡
　八月一七日　覚治郎、赤松家に養子
　八月　家出して大阪へ
　一一月　慶応義塾に入学
一八八九年三月一日　東京専門学校英語普通科に入学
　七月　東京専門学校英語普通科卒業
　広島のミッション・スクールで英語教師
一八九〇年九月一五日　関西学院神学部に入学
一八九一年八月　大洲に一時帰郷

一八八三年　イギリスが領事裁判権についての条約締結。国際裁判所を設置
一八八三年　バンコックに郵便電話局設置
一八八四年　最初の国立学校をマハン寺院に設置
一八八五年一月九日　王族留学生らが立憲君主制への移行をラーマ五世に進言
一八八七年九月二六日　日本暹羅友好通商宣言
一八九一年　破産法成立
一八九二年　バンコック市内に初めて電灯がつく

一八九三年六月　一〇月　バンダビルト大学神学部に入学
一八九三年九月　神学コース終了の証明書を取得
西バージニア州立大学ロースクールに入学
一八九四年　母かめ死亡
一八九五年六月　西バージニア州立大学ロースクール卒業
西バージニア州弁護士免許を取得
九月　エール大学ロースクールに入学
一八九六年二月　法学新報五九号に「水面使用権ニ就テ」を掲載
六月　法学修士を取得
エール大学助手に採用
九月　連邦政府弁護士免許を取得

一八九二年四月一日　一二省を設置し、そこで司法省設立、サワット親王が大臣
一八九二年九月　ロラン・ジャックマン赴任
一八九三年　裁判所構成法成立
一八九三年七月一三日　パークナム事件発生
一八九三年一〇月三日　フランスとシャムが条約締結
一八九三年　最初の鉄道がバンコックとパクナム間で運行開始
一八九四年　日清戦争
一八九四年　全国をモントン（州）に編成
一八九四年一〇月　ピチェット親王、司法大臣
一八九五年一月　立法評議会設置
一八九五年　ワチルナヒット親王死去によりワチラウット親王が皇太子
一八九六年一月一五日　英仏間でシャムを緩衝国とすることで合意
一八九六年　ラーマ五世、ジャワへ旅行
一八九六年　暫定民事訴訟法、暫定刑事訴訟法公布
一八九七年三月　ラートブリー親王、司法大臣

一八九七年二月　法学新報七一号に「北米諸州立法ノ傾向」を掲載
六月　エール・ロースクールから民事法博士号を取得
六月二八日　博士論文発表会で報告
七月二九日　ハワイを経て日本に帰国、郷里に立ち寄る
八月　ジャパン・タイムズの主筆代理
一〇月　外務省の委嘱によりシャムへ
一一月二一日　シャムに到着、シャム外務省書記官となる
一二月一五日　ラーマ五世とはじめて会見
一八九八年四月　ロラン・ジャックマン総務顧問の補佐
六月　弟覚治郎、同志社高等普通学校卒業
六月　刑法第一次草案を作成
九月　日本に一時帰国
一一月　九鬼男爵の長女光子と結婚

一八九七年三月　バンコック―アユタヤ間の鉄道開通、司法省法律学校設置
一八九七年　一六のモントン（州）を設置
一八九七年四月　ラーマ五世、ヨーロッパ視察へ出発
一八九七年五月　シャムに日本公使館開設
一八九七年一二月　第一回司法試験実施
一八九八年一月　法律結集委員会設置
一八九八年二月　日本暹羅修好通商条約締結

一二月二〇日　東京帝国大学法科大学で講演「暹羅国法律事情」

一八九九年

一九〇〇年
二月　藤吉、会社法草案を作成
五月二六日　長女千代子誕生
六月　シャムから日本に一時帰国
九月　東京帝国大学法科大学で講演「シャム古代法研究ニ就テ」を法学協会雑誌に掲載

一九〇一年四月　総務顧問補佐から司法顧問となる
第二次刑法草案を提出
控訴院裁判官に就任

一九〇二年四月　シャムで弁護士として働く村松山壽を呼び寄せる

一九〇三年三月一〇日　東京帝国大学より法学博士を授与

一八九九年　ジャックマンが病気でベルギーに帰国
一八九九年　賦役制度を廃止し、人頭税制度に切り替える
一八九九年　ピヤ・リッティロンナチェートが日本公使
一九〇〇年　仏舎利の一部を日本に寄贈。名古屋に日暹寺を建立
一九〇〇年一二月　バンコックとナコーンラーチャシーマー間の鉄道完成
一九〇一年　ラーマ五世、ジャワへ旅行
一九〇一年　米国宣教師団、バンコック・クリスチャン・カレッジを設立
一九〇二年一月　ロラン・ジャックマン死亡
一九〇二年　サンガ統治法制定、紙幣の発行
一九〇二年　バンコックで水道建設開始、ラビが自動車をバンコックで運転
一九〇二年　ラーマ五世、シンガポール訪問、藤吉も同行
一九〇二年一二月　ワチラーウット親王、日本訪問

三月一二日　長男一郎誕生
五月二三日　シャムの留学生をつれて日本に帰国中、船中で長男死亡
一〇月　チカー裁判所(最高裁判所)裁判官
一九〇四年二月二六日　Siam Society結成とともに理事に就任
八月一二日　次男隆二郎誕生
九月　次男誕生祝いをくれた安井てつを晩餐に呼ぶ
一〇月　日本公使館で映画の試写会を楽しむ
一一月　「The Sources of Ancient Siamese Law」Yale Law Journal vol.15に掲載
一九〇五年四月　シャム国白像第三勲章を受領
一九〇五年六月六日　日本に一時帰国
六月一七日　横浜商業会議所で「暹羅国実業談」の講演
八月　「暹羅の話」を慶応義塾学報九三号に掲載
一九〇六年一月八日　次女久子誕生

一九〇三年　ストローベルが総務顧問に就任
一九〇四年　日露戦争開始
一九〇四年　スチュアート・ブラック法律顧問に就任
一九〇四年　フランスとの条約でフランス臣民として登録を制限
ウアン・プラバーンの割譲を認める条約締結
一九〇五年　デンマークとイタリアが臣民の登録と領事裁判権を制限
一九〇五年四月一日　奴隷制度全廃
パドュー立法顧問
徴兵制が公布
一二月　海軍の留学生一一名が日本に向け出発
一九〇六年　刑法草案
会社法成立

一九〇七年一月　「暹羅国法制現況」法学協会雑誌に掲載
五月　「暹羅国刑法草案」法学協会雑誌に掲載
九月一九日　東京帝国大学でシャム刑法について講演
一一月　「暹羅新刑法に就て」法学協会雑誌に掲載
一一月　「The New Penal Code of Siam」Yale Law Journal vol.18に掲載
一一月　日本に一時帰国
一九〇八年二月　「暹羅国」貿易に掲載
九月　シャム国王冠第三勲章受領

一九〇七年三月二三日　フランスが領事裁判権を一部放棄するのと引換えに西カンボジアを割譲
一九〇七年　ラーマ五世、二回目のヨーロッパ旅行
一九〇八年　中華総商会の設立
一九〇八年六月一日　刑法典発布
九月二二日　刑法典施行
一〇月一九日　破産法改正法発布
一九〇八年　裁判所構成・民事訴訟法改正
一九〇八年　法典編纂委員会を組織
一九〇八年　通貨の十進法を採用
一九〇八年　中華総商会の結成で、華僑の代表機関となる
一九〇九年三月二三日　イギリスの領事裁判権の一部廃止と引き替えにマレー四州を割譲

一九一一年一月二〇日　債権法制定の審議に参加
一九一二年三月　ビヤ爵を受領
三月　日本に一時帰国し、五月に虫垂炎の手術を受ける
六月　勲四等に叙し、旭日小授章受領
一一月　シャム国皇族勲章第二等受領
一九一三年八月　シャム国王冠大授賞を受領
八月　送別会に出席、吉田公使も出席
八月　シャムを離れる
九月　神戸港に到着
一一月　日本シャム交通史料編纂を内田銀蔵に依頼
一一月一九日　金曜会例会で講話

一九〇九年　阿片の請負制度を廃止、政府の専売事業とする
一九一〇年六月　シャムの華僑がシャム人と同じ人頭税に反対のゼネスト実施
一九一〇年六月　ラビ司法大臣辞任
一九一〇年一〇月二三日　ラーマ五世死亡、ラーマ六世が即位
一九一一年五月　スア・パー（野虎）部隊を結成
一九一一年一二月二日　ラーマ六世の戴冠式、伏見宮参列
一九一二年一月一日　会社法施行
一九一二年　債権法成立
一九一二年三月一日　陸軍青年将校のクーデター計画発覚し逮捕
一九一三年三月二二日　苗字の使用を義務づける法律公布
一九一三年四月一〇日　属地主義を採用する国籍法施行
九月一日　シャム日本人会結成

一二月　「シャムの経済事情」専修大学学報に掲載
一九一四年
一二月　「シャムの国情」東京経済雑誌に掲載
　九月　「山田長政を憶ふ」学生に掲載
　　　　暹羅日本交通史料をシャムに送付
一九一五年一月一二日　郡中尋常小学校で講演
一月二七日　横浜港でカムペングペチ殿下等を迎える
一月三〇日　南洋協会が設立され、藤吉は会員になる
三月二五日　衆議院議員に当選
五月二〇日　三六回衆議院開院式に出席
五月二九日　衆議院本会議で責任問題で質問
七月一日　弟覚治郎死亡
九月六日　松山で開催の政友会中四国大会に出席
一九一六年二月二五日　国籍法中改正法律委員会で質問
四月　勲三等に叙し、瑞賓章を受領
一九一七年三月　義兄九鬼一造死亡
四月二〇日　衆議院議員に再選
五月一七日　チトセ（矢野竹三郎・ヤスの長女）を養女とする

一九一四年　ラーマ六世、「東洋のユダヤ人」を発行
一九一五年　国王奨学金制度を設置し、平民にも留学の機会を付与
一九一七年　赤、白、青の三色国旗を国旗と定める
一九一七年三月二六日　チュラロンコーン大学設立
七月二二日　シャム、第一次世界大戦に連合国側として参戦

六月三〇日　衆議院でシャムとの不平等条約について質問
七月二七日　木下成太郎の養子三四彦とチトセ結婚
九月一八日　衆議院特派議員団団長として北米
一〇月三〇日　ニューヨークで日本人会主催の天皇誕生日パーティに出席
一二月　アメリカから帰国
一九一八年一月　義弟九鬼周造分家
二月　朝鮮事業公債法中改正法律委員会の委員長
三月　共通法案について提案説明
四月　次女久子、女子学習院に入学
八月一五日　生活資料に関する特別委員
九月二六日　原敬内閣成立
一二月二六日　四二回衆議院開院式に出席
一九一九年六月　衆議院特派議員団団長として東南アジアに派遣
八月二〇日　議員団がバンコックに到着
一〇月　「南洋排貨運動の教訓」を南洋協会雑誌に掲載

一〇月　ロシア一〇月革命
一〇月　徴税請負制度完全廃止
一九一八年六月　ヨーロッパに一三〇〇名を派兵
一九一九年　国際連盟に加盟

一九二〇年二月一〇日　衆議院で大正八年勅令三〇四号の提案理由を説明
二月二四日　衆議院国有財産法案委員会委員長として議事進行
三月四日　長女千代子結婚
五月　一四回衆議院選挙に不出馬
九月二五日　第五回関西連合学生英語雄弁大会で「欧州戦争の哲理」の題で講演(神戸高等商業学校講堂)
一二月一七日　交詢社午餐会に招待される
一二月二〇日　正五位に叙せられる
特命全権公使（高等官二等）に任ぜられる
一九二一年一月一六日　エール大学会主催の送別会
一月二八日　シャムに向け出発
二月二五日　シャム特命全権公使としてバンコックに到着
七月一八日　次男隆二郎、バンコックに向け東京を出発
八月一一日　脳溢血のため死亡
従四位に叙せられる

一九二〇年八月七日　ラビ元司法大臣死亡
一九二〇年一二月一六日　アメリカとの条約で領事裁判権を撤廃、関税自主権を獲得
一九二〇年　ラジオ放送局開設
一九二一年一〇月一日　初等教育（義務教育）法施行

八月二四日　シャムで火葬式
九月二五日　青山斎場にて葬式
一九二三年一月　麻布桜田美普教会で藤吉の追悼式
一一月　政尾藤吉追悼録を出版
一九二六年九月一八日　中野ミツ死亡

一九二三年　地方行政を内務省下に統一

〈政尾家系図〉1

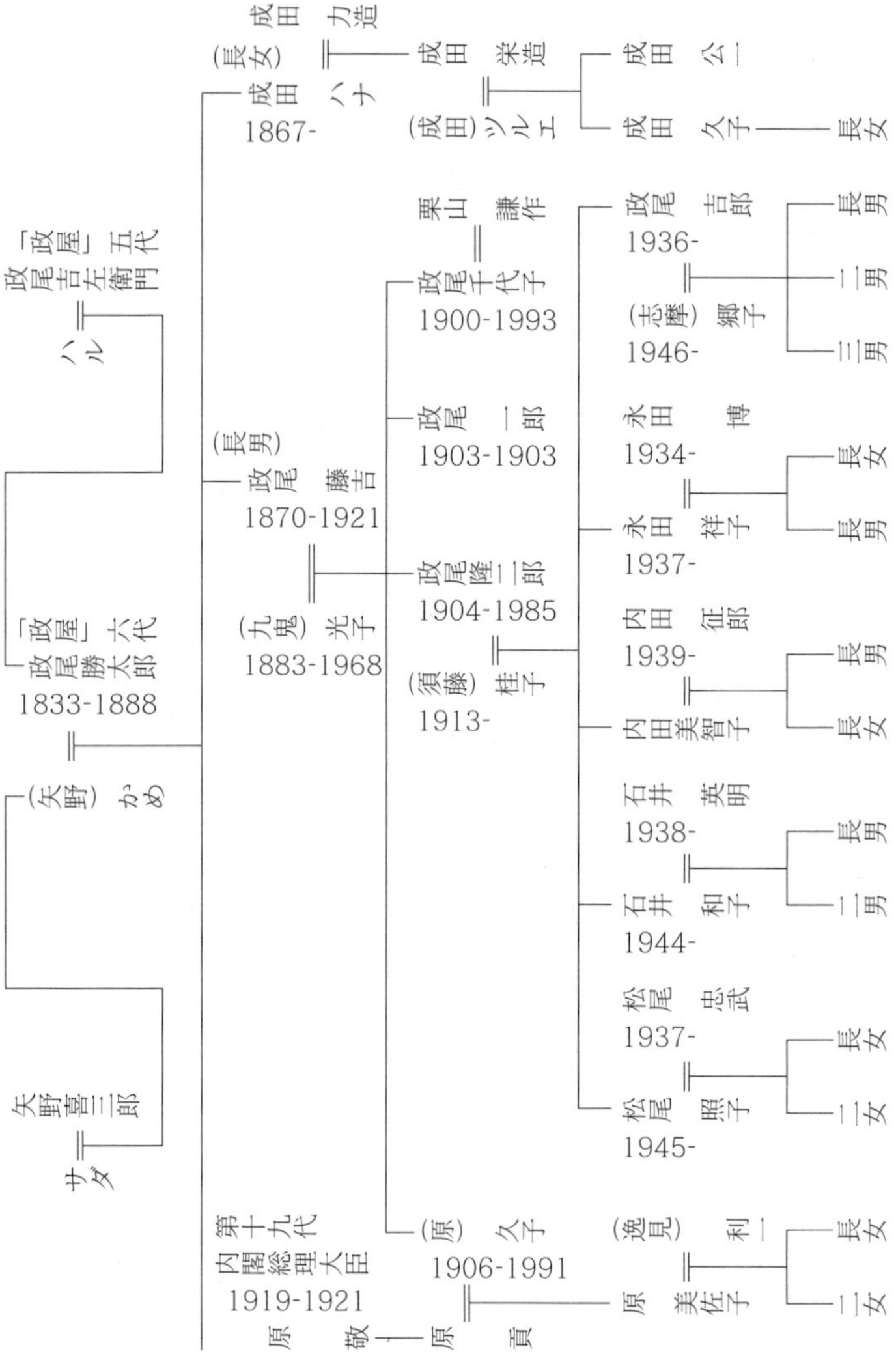
長女
成田 久子
成田 公一
(成田)ツルエ
成田 栄造
成田 力造
(長女)
成田 ハナ
1867-
長男
二男
三男
政尾 吉郎
1936-
(志摩) 郷子
1946-
栗山 謙作
政尾千代子
1900-1993
長女
長男
永田 博
1934-
永田 祥子
1937-
政尾 一郎
1903-1903
長男
長女
内田 征郎
1939-
内田美智子
政尾隆二郎
1904-1985
(須藤) 桂子
1913-
長男
二男
石井 英明
1938-
石井 和子
1944-
長女
二女
松尾 忠武
1937-
松尾 照子
1945-
(長男)
政尾 藤吉
1870-1921
(九鬼) 光子
1883-1968
「政屋」五代
政尾吉左衛門
ハル
「政屋」六代
政尾勝太郎
1833-1888
(矢野) かめ
矢野喜三郎
サダ
長女
二女
(逸見) 利一
原 美佐子
(原) 久子
1906-1991
原 貢
第十九代
内閣総理大臣
1919-1921
原 敬

〈政尾家系図〉 2

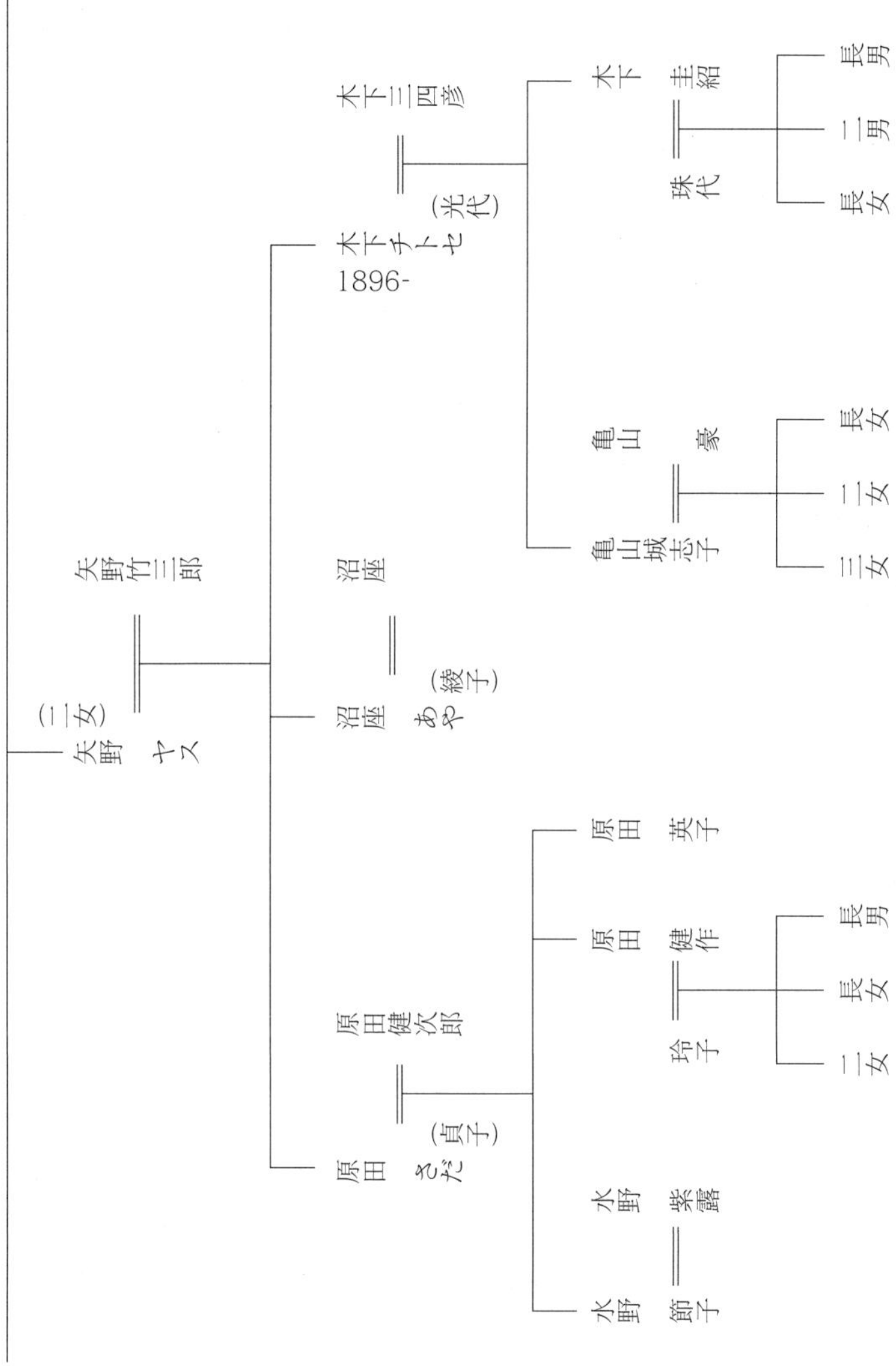
(二女) 矢野 ヤス
矢野竹三郎
木下チトセ 1896-
木下三四彦
(光代)
木下 圭紹
珠代
長男
二男
長女
亀山 豪
亀山城志子
長女
二女
三女
沼座 あや
(綾子)
沼座
原田 さだ
(貞子)
原田健次郎
原田 英子
原田 健作
玲子
長男
長女
二女
水野 節子
水野 紫露

〈政尾家系図〉3

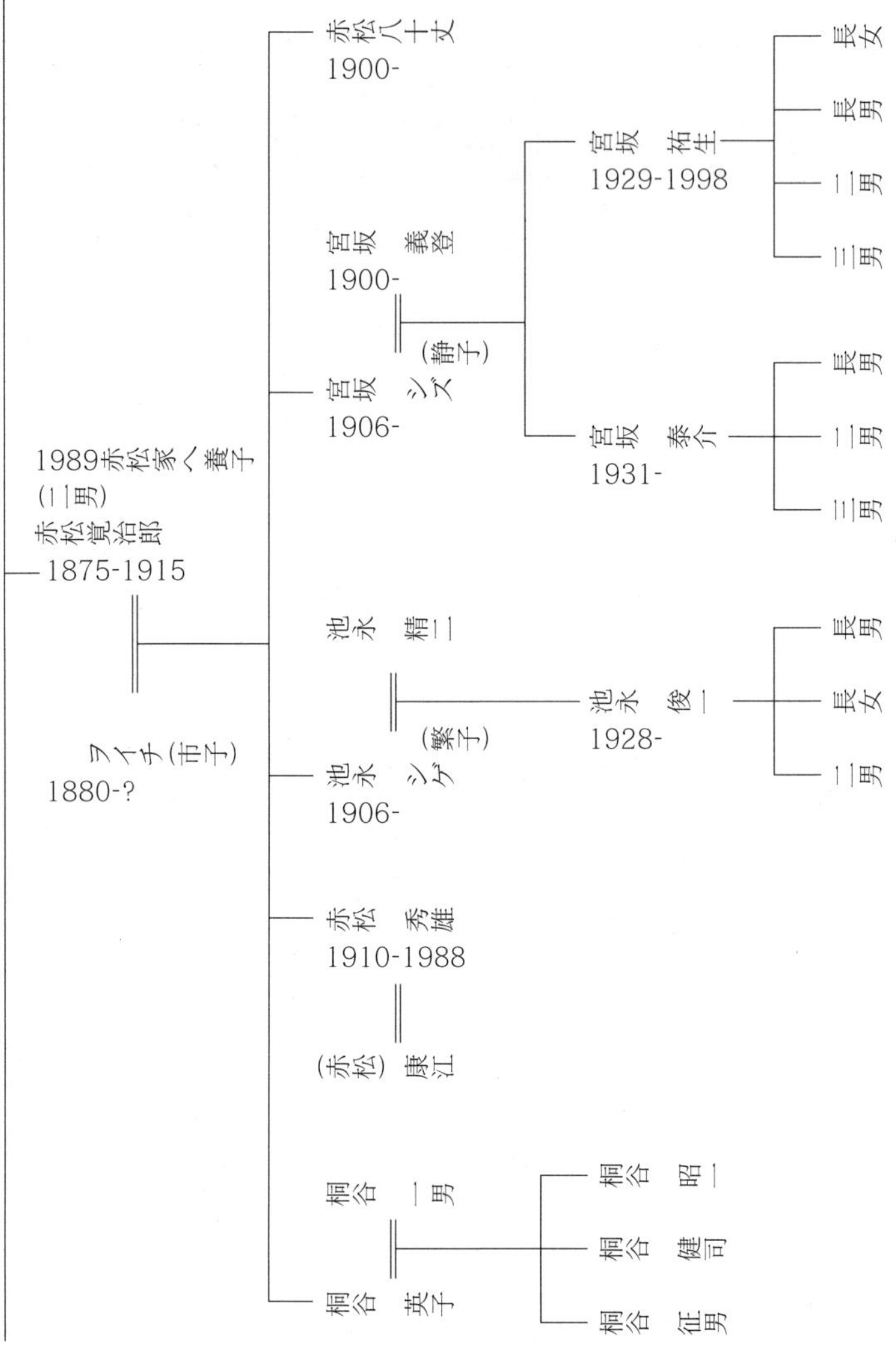
1989赤松家へ養子
(二男)
赤松寛治郎
1875-1915
ヲイチ(市子)
1880-?
赤松八十丈
1900-
宮坂　義登
1900-
宮坂　シヅ(静子)
1906-
宮坂　祐生
1929-1998
長女
長男
二男
三男
宮坂　泰介
1931-
長男
二男
三男
池永　精二
池永　シゲ(繁子)
1906-
池永　俊一
1928-
長男
長女
二男
赤松　秀雄
1910-1988
(赤松)康江
桐谷　一男
桐谷　英子
桐谷　昭一
桐谷　健司
桐谷　征男

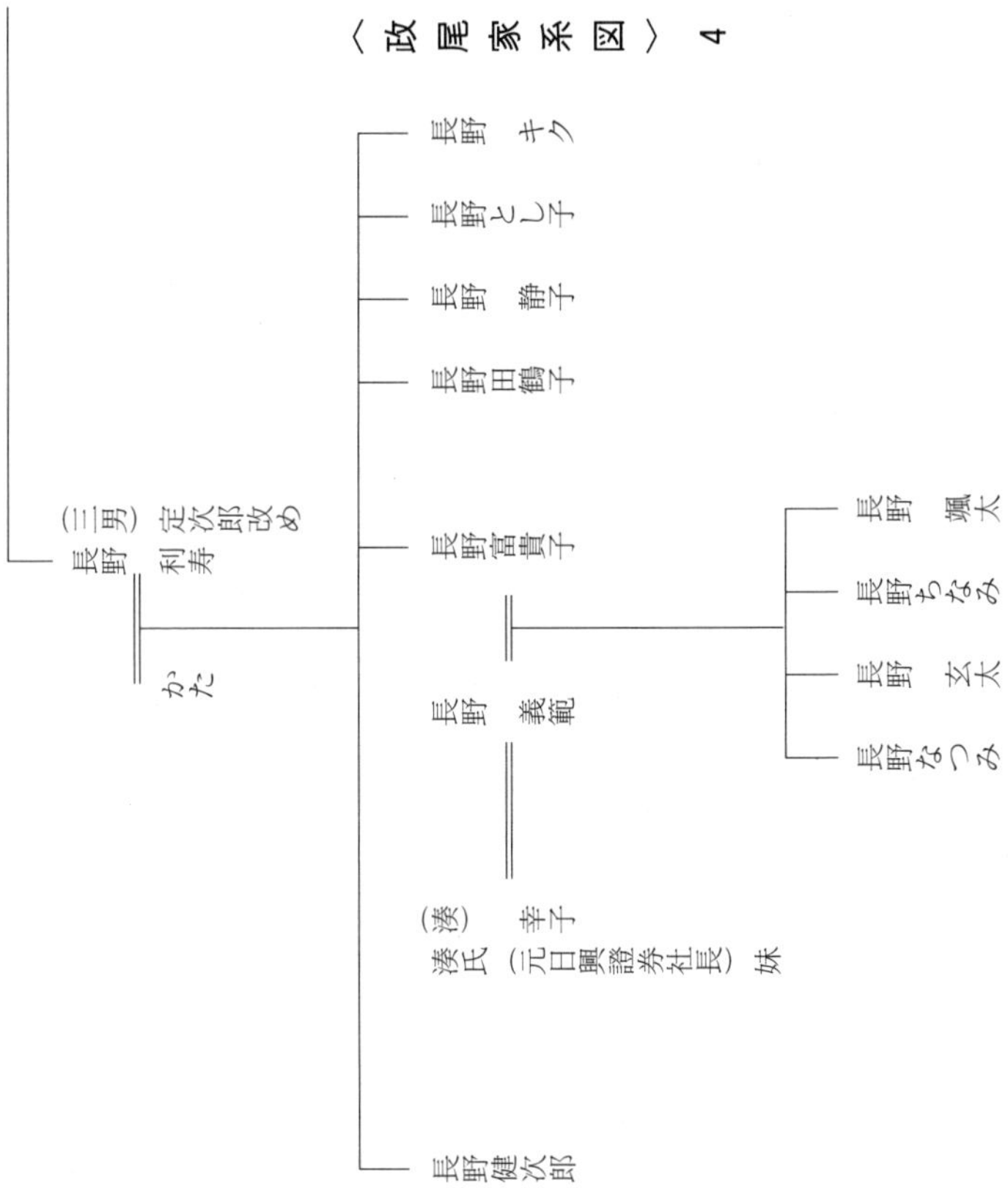
〈政尾家系図〉4
(三男)定次郎改め
長野　利寿
かた
長野　キク
長野とし子
長野　静子
長野田鶴子
長野富貴子
長野　義範
(湊)　幸子
湊氏(元日興證券社長)妹
長野健次郎
長野　颯太
長野ちなみ
長野　玄太
長野なつみ

〈九鬼家系図〉

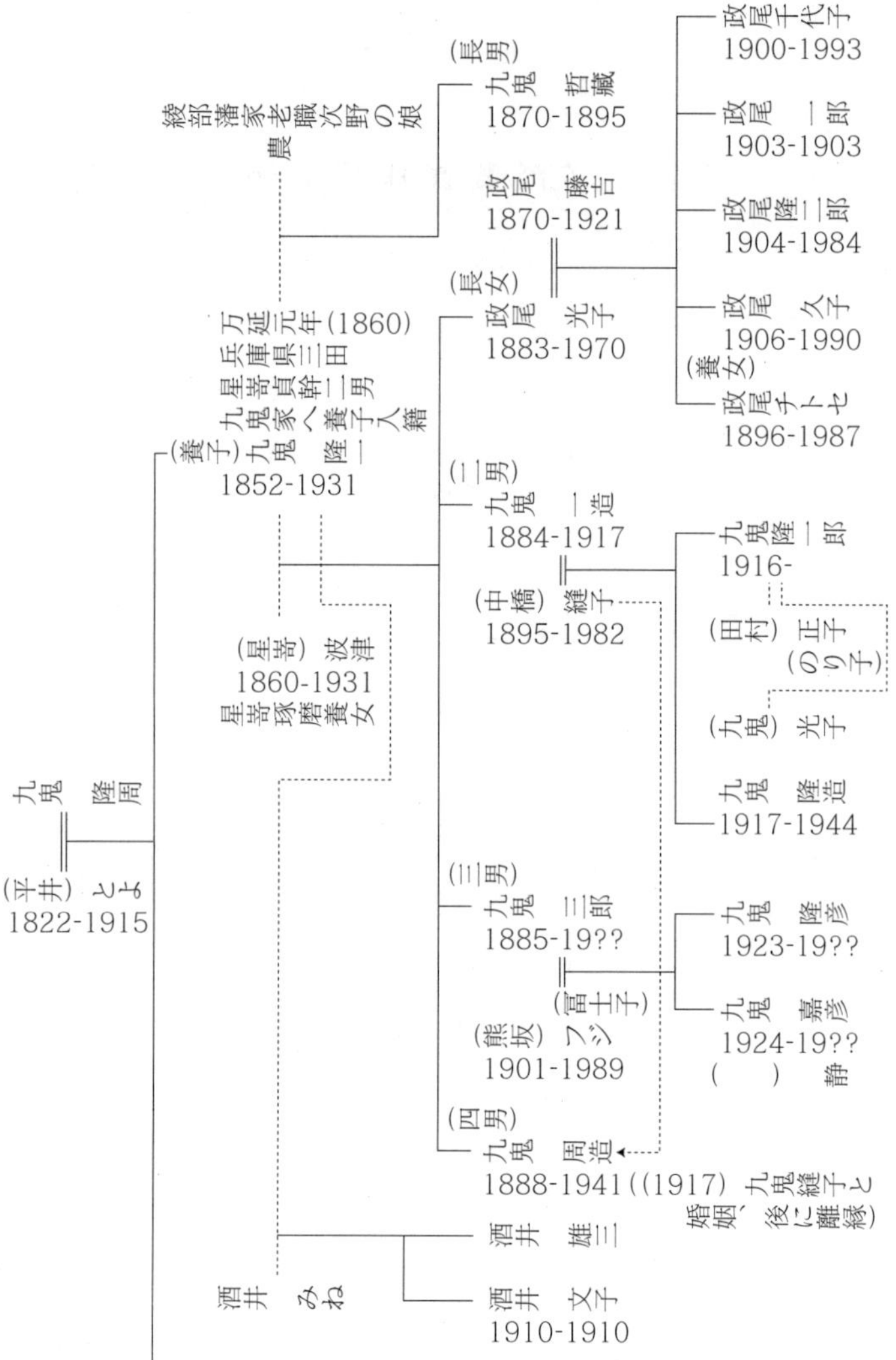

政尾千代子
1900-1993
政尾　一郎
1903-1903
政尾隆二郎
1904-1984
政尾　久子
1906-1990
(養女)
政尾チトセ
1896-1987
(長男)
九鬼　哲蔵
1870-1895
政尾　藤吉
1870-1921
(長女)
政尾　光子
1883-1970
綾部藩家老職次野の娘
農
万延元年(1860)
兵庫県三田
星嵜貞幹二男
九鬼家へ養子入籍
(養子)九鬼　隆一
1852-1931
(二男)
九鬼　一造
1884-1917
(中橋)縫子
1895-1982
九鬼隆一郎
1916-
(田村)正子
(のり子)
(九鬼)光子
九鬼　隆造
1917-1944
(星嵜)波津
1860-1931
星嵜琢磨養女
九鬼　隆周
(平井)とよ
1822-1915
(三男)
九鬼　三郎
1885-19??
(富士子)
(熊坂)フジ
1901-1989
九鬼　隆彦
1923-19??
九鬼　嘉彦
1924-19??
(　)静
(四男)
九鬼　周造
1888-1941((1917)九鬼縫子と婚姻、後に離縁)
酒井　雄三
酒井　文子
1910-1910
酒井　みね

(家系図は政尾吉郎氏の提供による。若干修正をおこなっている)

人名索引

あ　行

か　行

さ　行

た 行

な 行

は 行

ま 行

や 行

ら 行

わ 行

著者紹介

香　川　孝　三（かがわ・こうぞう）

現　在　神戸大学大学院国際協力研究科教授

主要著作

『わが国海外進出企業の労働問題 ── インド編 ── 』（日本労働協会，1978年）

『インドの労働関係と法』（成文堂，1986年）

『マレーシア労働関係法論』（信山社，1995年）

『アジアの労働と法』（信山社，2000年）

政尾藤吉伝 ── 法整備支援国際協力の先駆者 ──

2002年（平成14年）６月10日　第１版第１刷発行

著　者　香　川　孝　三

発行者　今　井　　貴
渡　辺　左　近

発行所　信山社出版株式会社

〒113-0033 東京都文京区本郷 6-2-9-102
電　話　03（3818）1019
FAX　03（3818）0344

Printed in Japan.

エーヴィスシステムズ・大三製本

ISBN4-7972-2221-2　C3332